华为创新三十年
解密华为成功基因丛书

华为 之 企业文化

王京生　陶一桃／主编

杨　柳／执行主编

陈　广／著

海天出版社

·深圳·

图书在版编目（CIP）数据

华为之企业文化 / 陈广著. — 深圳 : 海天出版社，
2018.12（2022.4重印）
（华为创新三十年 : 解密华为成功基因丛书 / 王京
生, 陶一桃主编）
ISBN 978-7-5507-2522-5

Ⅰ. ①华… Ⅱ. ①陈… Ⅲ. ①通信企业—企业文化—
研究—深圳 Ⅳ. ①F632.765.3

中国版本图书馆CIP数据核字(2018)第244925号

华为之企业文化
HUAWEI ZHI QIYE WENHUA

出 品 人　聂雄前
责任编辑　侯天伦　　张绪华
责任技编　陈洁霞
封面设计　元明·设计

出版发行　海天出版社
地　　址　深圳市彩田路2038号海天综合大厦（518033）
网　　址　www.htph.com.cn
订购电话　0755-83460239（邮购）0755-83460202（批发）
设计制作　蒙丹广告0755-82027867
印　　刷　深圳市希望印务有限公司
开　　本　787mm×1092mm　1/16
印　　张　19.75
字　　数　236千
版　　次　2018年12月第1版
印　　次　2022年4月第3次
定　　价　58.00元

华为是一种文化

历史的长河浩瀚、深远而又奇异，任何人都无法通晓所有的历史，我们能做到的只是抓住历史上那些标志性的事件、人物，给出一个解释和说法，这便是对历史的研究了。比如，当我们说到中国的改革开放的时候，必然会提到邓小平，必然会提到联产承包责任制，尤其必然会提到深圳。而在提到深圳时，必然会提到华为，因为华为是一种文化。

其实观察任何事物，无论是企业还是世界，文化都是最基础、最深厚、最重要的。由于眼光和研究方向的不同，也有人更注意企业的产品市场占有率、人才和管理。但在我们看来，这一切不过是企业的外在表现而已。如果我们从文化视角去观察华为，也许更能看清楚，这朵根植于深圳而又影响世界的奇葩，是如何展现了这个民营企业的雄心壮志以及为此而付出的艰苦卓绝的努力。同时，我们还会看到它的"掌门人"及团队的格局、眼光和不同于一般企业家的智慧。

如果从头说起，华为的诞生充满了悲壮的色彩。1987年，任正非从部队退役后，用21000元人民币创办了一家规模很小的民营企业。当时，日本的NEC（日本电气股份有限公司）和富士通、美国的朗讯、加拿大的北电、瑞典的爱立信、德国的西门子、比利时的BTM（贝尔电话公司)和法国的阿尔卡特等洋品牌正在中国市场上耀武扬威。作为一个名不见经传的民族交换机品牌，华为置身于"八国联军"的包围中，要活下去尚且很艰难，又何谈三分天下占其一呢？

它的"掌门人"任正非偏偏不信邪，还放出豪言："十年后，世界通信行业三分天下，华为将占'一分'。"这是何等的自信与格局！正如西方经济学家约瑟夫·熊彼特在《经济发展理论》一书中所说："典型的企业家比起其他类型的人，是更加以自我为中心的，因为相比其他类型的人，他不那么依靠传统和社会关系，他的独特任务——从理论上讲以及从历史上讲——恰恰在于打破旧传统，创造新传统。"熊彼特认为，企业家精神一是存有建立自己的王国的梦想；二是存在征服的意志、战斗的冲动；三是存在创造的欢乐，为改革而改革，以冒险为乐事。这些论述冥冥之中讲的就是任正非。可以说，企业家精神就是企业的灵魂，与工匠精神、创新精神一起，构成企业文化的三大精神支柱。当然，光有精神是不够的，华为能够一路跋山涉水走到今天，也离不开它所建立起的包括人才、技术、财务、市场在内的一整套完善的制度管理体系。

和很多中国创业企业最后变成家族企业，结果一代企业家的老去让企业走向衰亡不一样，创造了华为奇迹的任正非并没有唯我独尊。今天的华为，在全球拥有18万多名员工。通过持股计划，任正非让员工持有华为股份，自己仅持1.4%的股份，其余90%多的股份都属于华为员工。谁说民营企业家胸怀有限？华为通过全员持股，让大家结成利益攸关的命运共同体，走的是共建、共治、共享之路，这是任正非的一个独创。其实，它的根本在于"得人心者得天下"。《孙子兵法》载"知之者胜，不知者不胜"的五个方面："一曰道，二曰天，三曰地，四曰将，五曰法。"又载"上下同欲者胜"。华为正是如此，有行于天下的大道，有一批精兵猛将，有凝心聚力的法度，得天时、地利、人和，上下同欲，何能不胜？

华为的成功是来之不易的。30年间，华为由弱到强的过程中充满了汗水、血泪、挣扎和拼搏，不仅有管理过程中的"市场部辞职风波""华为的冬天"等忧思，还有在海外拓展中面临专利诉讼等各种艰辛，在选择业务方向时也有人对华为进入智能手机市场表示质疑。不论来时的路多么艰险曲折，华为人始终坚持"以客户为中心""以奋斗者为本""长期坚持艰苦奋斗"的经营哲学和成长逻辑，一路走来，越走越自信，越走道路越开阔。经过30年的发展，逐渐形成的"华为精神"实际包含了任正非所倡导的以人为本、艰苦奋斗和自我批判等重要思想。

看似简单的道理，实践起来相当不易。当企业管理遇到瓶颈的时候，华为与世界一流管理咨询公司合作，在集成产品开发(IPD)、集成供应链(ISC)、人力资源管理、财务管理和质量控制等方面进行深刻变革。任正非提出著名的"先僵化，后优化，再固化"的管理改革理论。这一管理变革经过20多年的实践，取得了巨大成功。华为从民营小企业一跃登上全球最大的通信设备供应商的宝座，不仅因为它在技术上从模仿到跟进又到领先，更因为华为一直在不断探索管理模式的创新，建立了与国际接轨的管理模式。

我们可以看到很多这样的例子：不少非常优秀的企业曾处于巅峰，不料短短数年后，却出现断崖式崩溃。华为毫无疑问也经历过多次这样的危险时刻，它为什么可以不断从危险境地中走出来呢？任正非带领企业一步一步地由弱到强，带领华为进入"无人区"，走向更大的胜利，这是因为他深谙发展和灭亡的无限循环之道，并且不断地追问自己："华为的红旗到底能打多久？"企业，不是在危机中成熟，就是在危机中死亡。因此，任正非充满了危机意识，而他思考的结论是："世界上只有那些善于自我批判的公司才能存活下来。"他曾如此写道："20多年的奋斗实践，使我们领悟了自我批判对一个公司的发展有多么的重要。如果我们没有坚持这条原则，华为绝不会有今天……只有长期坚持自我批判的人，才有广阔的胸怀，只有长期坚持自我批判的公司，才有光明的未来。自我批判让我们走到了今天，我们还能向前走多远，取决于我们还能继续坚持自我批判多久。"

企业越强大，危机意识越强。这种强大的危机意识构成了华为企业文化的DNA。正因为如此，任正非在公司2018年第四季度工作会议上又一次敲响警钟："现在外界过分夸大了华为公司，也有可能是灾难，因为他们不知道我们今天承受的高度痛苦，我们实际到底行不行呢？……如果只是表面的繁荣带来我们内心的自豪，就会导致惰怠，我们绝对不允许惰怠……"面对纷繁复杂的现实，华为高层的头脑是清醒的。他们明白，这种忧患意识，不应只存在于任正非一个人的头脑中，而要成为整个团队的自觉意识。

所谓"物壮则老"，唯有深根固柢，才能枝繁叶茂。企业要保持蓬勃向上的活力，必须形成一种可持续发展的文化。我们看到，改革开放以来，很多企业在不同阶段各领风骚，短短40年已大浪淘沙了好几回，有的折戟沉沙，有的销声匿迹，有的步履维艰，有的跌宕起伏……华为能否跳出这个"魔咒"，取决于其下一步的努力。

有一段时间，有媒体炒作华为总部要迁至东莞。为此，任正非专门找到深圳市委主要领导，要求同深圳市政府签订华为总部30年不外迁的协议。市委主要领导大气地对他说，协议就不用签了，因为签了协议，如果心不在这里，迟早会走，不签协议，只要我们的服务和环境好，你们也不会走。在任正非的一再坚持下，最后双方还是签了协议。

这个细节，让我们看见了深圳的包容、大气和华为的笃定、忠诚。深圳的崛起和华为的成长是同步的，两者有着共同的基因和血脉。华为是深圳发展的缩影，它体现了深圳人敢闯敢试、杀出一条血路的英勇坚毅。它的成长也和这座城市一样，充满悲壮、欢乐、成功和欲望的交响。因为有了这些深圳人，才有了华为；因为有了以华为为代表的企业和卓越的市民，才有了深圳的辉煌和对未来的信心。

当前城市之间的竞争，已经从"拼经济""拼管理"进入"拼文化"的阶段，企业亦是如此。文化是驱动创新的根本力量，文化的土壤越丰沃，创新的大树越苗壮。美国学者丹尼尔·贝尔（Daniel Bell）在《资本主义文化矛盾》一书中指出："文化已成为我们的文明中最具活力的成分，其能量超过了技术本身……上述文化冲动力已经获得合法地位。社会承认了想象的作用，而不再像过去那样把文化看作制定规范、肯定其道德与哲学传统并以此来衡量、（通常是）非难新生事物的力量……我们如今的文化担负起前所未有的使命——它变成了一种合法合理的、对新事物永无休止的探索活动。"这最后一句话，是我们今天理解文化重要性的最深刻的一种表达。

诚然，只有根深，才能叶茂。这是世界的一个通行法则。人是文化的基本载体，最好的可持续发展是人的可持续发展。我们看到，今天的华为尤其注重基础教育、基础研究，秉持"用最优秀的人去培养更优秀的人"的理念，呼吁并致力大规模培育各类人才，为创新型国家建设和产业振兴发展点亮更多的火种。

翻开这套丛书，随处可以看到任正非原汁原味的讲话，这些话语闪耀着人文的光辉。我们可以看到，任正非身上富有远见、胆识过人、信念坚定和从容大度的领导特质。华为发展过程中的经典故事被娓娓道来，富有启迪意义，对于广大善于学习和积累的读者朋友来说，可以从中获得丰富的生活经验，吸取宝贵的人生智慧。

这套丛书不仅讲述了华为的成功是如何取得的，而且描述了华为充满辩证法和创新理念的企业文化，分析了华为人力资源管理的成功秘诀，介绍了华为国际化的战略选择及实现路径，因此这套丛书对于创业者和产业界人士来说是巨大的宝藏，可以从中受益。

当前，我国经济已由高速增长阶段转向高质量发展阶段，正处在转变发展方式、优化经济结构、转换增长动力的攻关期，建设现代化经济体系成为跨越关口的迫切要求和我国发展的战略目标。党的十九大报告指出，要深化供给侧结构性改革，激发和保护企业家精神，鼓励更多社会主体投身创新创业。眼下创新创业大潮在九州土地上风起云涌，无数有志之士正在商海搏击，他们同样怀着雄心壮志，试图用创新创业改变世界；他们也同样面临激烈的市场竞争、资产薄弱、人才匮乏等问题。华为由弱到强的发展历程势必将带给他们一些启迪，让这些弄潮儿了解创业者的使命以及企业成功与企业家内在修为之间的联系，并且培养如何获得自我反省的能力，由此激发出巨大能量，进而不屈不挠地奋斗。

华为是一种文化。中华民族最终自强于世界，最基础、最深沉的恐怕还是文化。而这种文化与中国古代文明既一脉相承，又推陈出新。它必须是一种创新型、智慧型、包容型、力量型的文化。所谓"创新型文化"，包括观念创新、制度创新、技术创新，等等。所谓"智慧型文化"，强调张扬人的理性，包括工具理性和价值理性。所谓"包容型文化"，强调开放、宽容、多样性和对话，具有海纳百川的气度和厚德载物的襟怀，是文化创造力的根本所在。所谓"力量型文化"，就是对真理"朝闻道，夕死可矣"；对事业"苟利国家生死以，岂因祸福避趋之"；对强敌"流血五步，血溅七尺""拼将十万头颅血，须把乾坤力挽回"。它与中国先秦文化中宝贵的"士"的精神一脉相承，是我们民族血性的灵魂。

"四型文化"作为一种崭新的文化，既是中华民族自立于世界之林的根基，又是大到一国，小到一人，包括城市和企业生生不息、自我完善的力量之源。而今天我们看到，这种文化正在华为生成和发展。创新型、智慧型、包容型自不待说，华为的力量型文化更是堪为民族企业的典范。华为若能持续不断地发展这种文化，必会走向更为强盛的未来。若这种文化式微，则再强大的企业或个人，亦将归于沉寂或失败。

华为30年磨一剑，只对准通信这个"城墙口"冲锋。这种执意与纯粹，不禁令人想起唐代诗人张籍。张籍为韩愈弟子，历任水部员外郎、国子司业等职，擅作乐府诗，世称"张水部"或"张司业"。今人耳熟能详的"还君明珠双泪垂，恨不相逢未嫁时"便出自其手。冯贽的《云仙散录》记载，张籍执迷于杜甫诗，常将杜诗烧灰拌蜜而食。有友来访，见其如此，不解，问其故。张答，吃了杜诗即可改换肝肠，写出与他一样的好诗。宋代王安石读张籍诗集时曾拍案叫绝，赋诗赞之："苏州司业诗名老，乐府皆言妙入神。看似寻常最奇崛，成如容易却艰辛。"这首《题张司业诗》虽谈诗歌创作，但同样可以用在任正非和华为身上。他们的成功看似寻常，实则奇崛，背后不知凝结了多少艰辛的汗水和血泪，写下的是一部更为辉煌的史诗。

任正非是一位很可贵的商业思想家，我们的时代需要更多像他这样负责任有担当的风云人物，需要更多像华为这样具有创新活力和国际视野的高科技企业。本套丛书给我们提供了学习任正非思想和华为经验的宝贵窗口，希望这套书的出版能让更多读者获益，帮助他们实现自己的梦想。

王京生

2018年11月

鱼为奔波始成龙

时逢中国改革开放40周年之际，在中国改革开放进程中拥有代表性地位的杰出民营企业和它的创始者，再一次在历史上留下厚重的印记，这无疑是一件具有社会价值与划时代意义的事情。这不仅仅是对一家企业成长历史和发展奇迹的描述，也是对一座城市神奇般崛起与灿烂辉煌的历程的记载，更是对一个伟大的变革时代的激情礼赞。

我们生活在一个需要企业家而又产生着企业家的时代；也生活在一个需要企业家精神而又产生着企业家精神的时代。可以说，在中国现代史上，没有哪一座城市能像深圳那样，为国家培育出那么多奋斗在改革开放最前沿的真正的第一代企业家。同样可以无愧地说，深圳是中国现代企业家的摇篮。正是与这座年轻的城市一同成长起来的企业家和企业家精神，才使得昔日的小渔村创造出了令世人瞩目的中国奇迹，华为就是其中极富代表性的一个。所以我认为，对华为的记载不仅有故事的讲述，还有故事所蕴含的对我们所生活的时代能够产生震撼的那种力量，能留给一个奋斗中的民族世代承继的那些情怀与精神。这就是能够创造(物质)财富的(精神)财富之企业家精神，能在不断创新中改变世界的来自企业家自身的无穷的魅力与力量。

对于改革开放的中国而言，是伟大的时代造就了企业家，而伟大的企业家又推动了时代的发展。彼得·德鲁克认为：企业家精神中最主要的是创新，创新是企业家精神的灵魂。同样，熊彼特关于企业家是从事"创造性破坏"（Creative Destruction）的创新者观点，凸显了企业家精神的实质和特征。但创新绝不是"天才的闪烁"，而是企业家艰苦工作的结果。创新精神的实质是"做不同的事，而不是将已经做过的事做得更好一些"。所以，这需要社会给予一视同仁的机会与包容宽松的制度-文化空间。而来自所有制的歧视，是最深重的歧视。这种歧视，会从根本上扼杀企业家的创新精神。因为，任何人面对无法改变的制度风险，都不会去创新。深圳正是为如华为这样的民营企业提供了生长壮大的制度-文化土壤，从而使占所有制结构90%以上的民营企业成为深圳经济发展的肥沃土壤与内在原动力。

完善市场经济体制，尊重市场规律为企业家和企业家精神创造了赖以生存的制度环境。因为，只有成熟的市场经济才能培养出真正的企业家，才能培育出真正的企业家精神。市场经济是原因，而不是结果。企业家既不是由行政机关提拔起来的，也不是如劳模一样被评选出来的，而是在市场中"锻造"出来的。

冒险可谓企业家的天性。其实，如果没有冒险精神，就不可能有任正非当初自称"纯属无奈"的下海；没有冒险精神，同样不可能有华为的所谓"狼性文化"和"虎口夺食"的一个个惊心动魄的故事。法国经济学家理查德·坎迪隆（Richard Cantillion）和美国经济学家弗兰克·H·奈特 (Frank Hyneman Rnight)曾将企业家精神与风险（Risk）或不确定 (Uncertainty)联系在一起。他们甚至认为，没有甘冒风险和承担风险的魄力，就不可能成为企业家。企业创新是有风险的，这种风险只能对冲不能交易。也就是说，这样做，要么成功，要么失败，没有第三条道路。

当然，在成熟的市场经济秩序下，企业家的冒险是与市场赌博，而不是与权力较量。市场越自由竞争,企业家越敢于冒险。因为,相对于权力干预,市场是可预期的。与权力较量，在大多数情况下只有一个结果，那就是输;与市场赌博则会有输有赢，其结果取决于个人智慧和判断，既便输也愿赌服输。同时，权力的参与还会引发寻租行为的发生，影响健康的市场经济文化的培育。没有过多权力干预的市场，才是真正健康的市场，而真正健康的市场，才能培育出真正的企业家和企业家精神。

中国40年改革开放的成功实践证明，法制健全的社会和敬畏法律的精神，是企业和企业家精神的生命力保障。合作是企业家精神的精华。尽管伟大的企业家看上去似乎是"一个人的表演"（One Man Show），但成功企业家的身后一定会站着"惠己悦人"的合作伙伴。正如经济学家阿尔伯特·赫希曼（Albert Otto Hirschman）所言：

企业家在重大决策中实行集体行为而非个人行为。企业家既不可能也没有必要成为一个超人(Super-man)，但企业家应努力成为蜘蛛人(Spider-man)，要有非常强的"结网"的能力和意识。

法律是一种制度安排，它以告之后果的方式限制人与人交往时可能出现的投机主义行为和损害他人利益的行为，从而降低社会的交易成本和机会成本。所以，从这个意义上说，法制健全的社会才是低成本运作的社会。每一个成功的企业家，一定首先是法律的"奴隶"，然后才是一个拥有选择权利的自由的人。

依法治国的关键不仅仅在于政府依法管理社会，更在于政府本身受法律约束。只有一视同仁，社会才会有公平，企业家精神才能真正富有生命力。

正因为如此，政府放权，给企业家选择的自由，已成为一种不可或缺的制度－文化环境支撑。它可以使企业家精神真正成为一种文化，真正成为改造社会的物质力量。在政府与市场的关系上，还应该是罗马归罗马，恺撒归恺撒。给企业和企业家在市场规则中自由"跳舞"的空间，就是给社会创造奇迹的机会。当然，一个富有改变精神的政府，又是实现这一切的根本保障。

德国著名政治经济学家和社会学家马克斯·韦伯(Max Weber)在《新教伦理与资本主义精神》中说：货币只是成功的标志之一，对事业的忠诚和责任，才是企业家的"顶峰体验"和不竭动力。诺贝尔经济学奖得主米尔顿·弗里德曼(Milton Friedman)更是明确指出："企业家只有一个责任，就是在符合游戏规则下，运用生产资源从事产生利润的活动。亦即须从事公开和自由的竞争，不能有欺瞒和诈欺。"

强大的国家与发达的市场是我们期望的，但它的前提是政府具有远见卓识。以华为为代表的一大批民营企业的成功与辉煌证实了这一点，中国改革开放的成功和中国奇迹的创造更加证明了这一点。华为不仅让我们看到改革开放的成就，更看到了中国制造的力量，可谓"红了樱桃，绿了芭蕉"。

我们的社会不会因为没有奇迹而枯萎，但会因为丧失创造奇迹的精神而失去生命。

陶一桃

2018年11月7日于南洋理工大学

前言

向华为学习什么

企业的命运都会随着时代潮流的变化而跌宕起伏，但华为似乎可以算是一个例外。在每一个浪尖谷底，它总是坦然走着自己的路，并最终开辟出一条通往世界的全球化之路。

华为作为中国最成功的民营企业之一，其营业额已经步入世界500强的门槛，成为真正意义上的世界级企业。华为2017年实现全球销售收入6036亿元人民币（同比增长15.7%），净利润475亿元人民币（同比增长28.1%），稳居全球第一大电信设备商之位，成为最受瞩目的行业领导者。

"10年之后，世界通信行业三分天下，华为将占'一分'。"华为创始人任正非当年的豪言犹在耳边。如今，华为这一梦想已然实现。任正非凭借着自己出色的经营思想和卓越的管理才能创建了华为，带领华为不断地发展壮大，从中国走向世界，使华为在世界上产生了巨大的影响并最终改写了全球电信业的"生存规则"。

《时代周刊》多年前曾如此评价任正非："年过六旬的任正非显示出惊人的企业家才能。他在1987年创办了华为公司，这家公司已重复当年思科、爱立信卓著的全球化大公司的历程，如今这些电信巨头已把华为视为'最危险'的竞争对手。"

改革开放之初，深圳对改革开放的贡献不仅仅是"破"，更重要的是"立"。华为是深圳建立现代企业制度的先锋，是中国企业开展国际化战略和走向跨国公司之路的先行者，是最早迈入知识密集型发展道路的中国公司。华为是中国企业实现国际化的一面旗帜，它所走过的路正在被众多中国企业追随。华为的价值，在于它探索出了一条在中国发展与管理高科技企业的道路，包括如何建设企业的治理结构、价值观体系、研发管理体系、人力资源管理体系、财务管控体系等；华为的价值，在于它成功地探索出在中国管理与运营国际化大企业的方法，探索出具有中国特色，又与国际接轨的经营模式和内在机制，创造性地解决了国际先进企业管理模式如何在中国落地的难题，实现国外先进管理体系的中国化；华为的价值，还在于它对技术创新长期重视，持续巨资投入，在全球化拓展中坚持"开放但不结盟"的原则，形成了强大的技术实力和独特的商业运营模式，成为一家享誉全球的创新标杆企业。

华为就在我们身边，鲜活而真实。对于这个触手可及的商业案例，我们如果加以深入分析和研究，挖掘它的成长逻辑、管理哲学，认真总结，彰显其示范作用，必定具有非常重大的现实意义。本套丛书分为《华为之管理模式》《华为之人力资源管理》《华为之企业文化》《华为之国际化战略》《华为之研发模式》5本，系统介绍了华为不同方面的宝贵经验，以便广大读者和企业经营者深入地了解华为的管理哲学和经营智慧。

成功经验之一：管理模式

华为之所以成为中国民营企业的标杆，不仅因为它在技术上从模仿到跟进又到领先，更因为它与国际接轨的管理模式。华为的管理，始终存在中西方管理理念的碰撞和结合。从流程和财务制度这些最容易标准化、不需质疑的"硬件"开始，华为从制度管理到运营管理逐步推动"软件"的国际化。

诞生于 1995 年的《华为之歌》道："学习美国的先进技术，吸取日本的优良管理，像德国人那样一丝不苟，踏踏实实，兢兢业业。"华为最终决定向美国企业学习管理。

华为同 IBM(国际商业机器公司)、Hay Group(合益集团)、PwC (普华永道国际会计事务所) 和 FhG (德国弗劳恩霍夫应用研究促进协会) 等世界一流管理咨询公司合作，在集成产品开发(IPD)、集成供应链建设(ISC)、人力资源管理、财务管理和质量控制等方面进行深刻变革，引进业界最佳的实践方式，建立了基于 IT 的管理体系。任正非表示："在管理上，我不是一个激进主义者，而是一个改良主义者，主张不断地进步。""我们要的是变革而不是革命，我们的变革是退一步进两步。"

"先僵化，后优化，再固化"，这是任正非提出的一个著名的管理改革理论。

华为的管理优化进行得如火如荼的关键是其领袖任正非对管理的重视。在任正非心里，只要有利于实现"成为世界级领先企业"的梦想，一切改变和改革都是必要的。任正非强势地推动了这一切。"……这些管理的方法论是看似无生命实则有生命的东西。它的无生命体现在管理者会离开，会死亡，而管理体系会代代相传，它的有生命则在于随着我们一代一代奋斗者生命的终结，管理体系会一代一代越来越成熟，因为每一代管理者都在给我们的体系添砖加瓦。"

军人出身的任正非很喜欢读《毛泽东选集》。一有工夫，他就琢磨怎样使毛泽东的兵法转化成华为的战略。仔细研究华为的发展历程，我们不难发现其市场攻略、客户政策、竞争策略以及内部管理与运作方式，无不深深打上传统谋略智慧和"毛式"哲学思想的烙印。其内部讲话和宣传资料，频频出现战争术语，极富煽动性。

在敌强我弱、敌众我寡的形势下，任正非创造了华为著名的"压强原则"。"我们坚持'压强原则'，在成功关键因素和选定的战略生长点上，以超过主要竞争对手的强度配置资源。我们要么不做，要做，就极大地集中人力、物力和财力，实现重点突破。"任正非信奉"将所有的鸡蛋都放在同一个篮子里"的原则，无论是在业务选择、研发投入还是在国际化的道路上，这种专业化战略的坚持，至今仍让诸多企业家折服。正是华为的远大目标和华为全体人员不断坚持，使得华为走到了今天。

任正非曾说："面对不确定的未来，我们在管理上不是要超越，而是要补课，补上科学管理这一课。"组织管理、人力资源管理、市场管理、变革管理、资本管理、危机管理等，无一不彰显出华为独特的管理智慧。任正非希望华为能回到一些最本质的问题上来，重新思考管理对于企业的重要作用。企业管理的目标是流程化组织建设，探索建设科学的流程体系，以规则的确定应对结果的不确定。《华为之管理模式》一书编写的目的，是通过对华为的管理理念及其实践的研究，总结出一些建立有效的管理机制和制度的经验。

成功经验之二：人力资源管理

日本著名企业家稻盛和夫曾经说过："企业员工的主动性和积极性才是企业发展的原动力。"当企业人力资源管理制度、企业文化立足于杰出的经营理念，必然得到员工发自内心的认同，并主动采取行动，积极推动企业的发展。而这种企业员工的主动性和积极性才是企业最宝贵的财富和发展的动力源泉，并且只有不断地激发员工的主动性和积极性，企业才能跨越时代，永远保持兴旺。任正非对此持有相同的观点："华为唯一可以依存的是人，认真负责和管理有效的员工是华为最大的财富。员工在企业成长圈中处于重要的主动位置。"

任正非在华为人力资源管理中坚持"人力资本的增值一定要大于财务资本的增

值""对人的能力进行管理的能力才是企业的核心竞争力"。要拥有人才就要有适合人才发展的机制，华为之所以能成为中国顶尖企业，就是因为有一套独特的人力资源管理机制。

价值创造、价值评价和价值分配构成了现代人力资源管理体系的主体，企业人力资源管理体系应该围绕这三方面构成的"价值链"来构建。也就是说，全力创造价值、科学评价价值、合理分配价值以及三者的闭合循环，是现代企业人力资源管理体系建设的核心和重点。华为的人力资源管理机制其实是打造了一个价值创造、价值评价和价值分配的价值链条，并且使之形成了良性循环，让整个人力资源体系为企业发展贡献出无穷的智慧和能量。

华为每次在人力资源上的调整都会在业界引起轩然大波，其真实目的在于："不断地向员工的太平意识宣战。""人力资源改革，受益最大的是那些有奋斗精神、勇于承担责任、冲锋在前并做出贡献的员工；受鞭策的是那些安于现状、不思进取、躺在功劳簿上睡大觉的员工。"

华为不仅建立了在自由雇佣制基础上的人力资源管理体制，而且引入人才竞争和选择机制，在内部建立劳动力市场，促进内部人才的合理流动。在人才流动上，华为强调中、高级干部强制轮换，以培养和提高他们能担当重任的综合素质；支持基层员工自然流动，让他们爱一行干一行，在岗位上做实，成为某一方面的管理或技术专家。

《华为之人力资源管理》系统地讲述了华为人力资源管理的价值创造体系、价值评价体系、价值分配体系、激活组织等内容。该书的一个重要特点在于理论和实践的结合，特别是与我国人力资源管理实践的结合。该书关注人力资源管理方法在真实的组织环境和情境下的运用，对现状和管理导向的思考始终贯穿全书。该书中还提供了丰富的华为人力资源管理案例，是理论与实践相结合的佳作，具有很强的可读性。

成功经验之三：企业文化

"世界第一 CEO(首席执行官)"杰克·韦尔奇说过："如果你想让列车速度再快10公里，只需要加一加马力；而要使列车速度增加一倍，你就必须更换铁轨了。资产重组可以一时提高公司的生产力，但是如果没有文化上的改变，就无法维持高速的发展。"支撑企业高速发展的"铁轨"，就是企业文化。

美国著名管理专家托马斯·彼得斯和小罗伯特·沃特曼研究了美国43家优秀公司的成功因素，发现成功的背后总有各自的管理风格，而决定这些管理风格的是各自的企业文化。

任正非在《致新员工书》中写道："华为的企业文化是建立在国家优良传统文化基础上的企业文化，这个企业文化黏合全体员工团结合作，走群体奋斗的道路。有了这个平台，你的聪明才智方能很好地发挥，并有所成就。没有责任心，不善于合作，不能群体奋斗的人，等于丧失了在华为进步的机会。华为非常厌恶的是个人英雄主义，主张的是团队作战，胜则举杯相庆，败则拼死相救。"

企业文化是企业的软实力，是一支队伍战斗力的源泉。好的企业文化对外让四方各界对企业心向往之，倾心接纳；对内则是一种最好的凝聚力，会让团队发自内心地热爱事业，奋勇前行。一家没有文化的企业是走不长远的，企业文化不好同样走不长远。

华为之所以能成为中国民营企业的标杆，不仅因为它用30年时间成为中国最大的民营高科技企业，也不仅因为它在技术上从模仿到跟进又到领先，更因为华为独特的企业文化。它的企业文化核心是华为的愿景、使命和核心价值观，定义了华为的方向以及是非标准，即华为为什么存在，华为向何处去，什么是对的，什么是错的。对这些的认同是企业员工得以凝聚在一起面对各种艰难险阻的基础。

华为文化是中华文化与世界文化融合并以企业组织形态进入世界的典型代表。华为主动接轨、融合、拓展并创造新企业文化，是华为企业文化的典型特征。华为文化变革历程表明，力量型文化、创新型文化是华为初期企业发展的文化特征，而创新型、智慧型、包容型、力量型"四型"文化的构建，才是华为企业可持续发展的关键所在。

任正非曾说："世界上一切资源都可能枯竭，只有一种资源可以生生不息，那就是文化。"任正非强调的文化，不仅仅是华为的企业文化，不仅仅是每大所需执行的流程和制度，更是文化本身，积极将文化渗入华为人的修养中去。

华为的企业文化载体中一个非常具有辨识度的东西是《华为公司基本法》，这个基本法的意义在于，将高层的思维真正转化为大家能够看得见、摸得着的东西，使彼此之间能够达成共识，这是一个权力智慧化的过程。任正非表示："避免陷入经验主义，这是我们制定《华为公司基本法》的基本立场。""成为世界级领先企业"被写入《华为公司基本法》第一章第一条，它是华为的终极目标与理想。

难能可贵的是，华为在不同的阶段，不断地变革企业文化，然而在30年时间里，华为从小到大，始终坚持了两点：一点是核心价值观，即以客户为中心，以奋斗者为本，长期坚持艰苦奋斗；另外一点是自我批判——从初创时的几十个人发展到今天的企业规模，华为的自我批判工作从来没有间断过。

企业文化建设的最高境界是让文化理念融在思想里，沉淀在流程中，落实到岗位上，体现在行动中。要达到这一境界，离不开企业文化的有效传递。华为在这方面做出了卓有成效的探索。华为的企业文化传递通过制度建设得到很好的保障，华为的制度为企业文化提供有力的支撑，能够使之成为具有深远影响力和顽强生命力的文化，并对组织绩效产生很大的影响，使华为成长为一家赢得广泛赞誉的世界级企业。

《华为之企业文化》从实践出发，系统总结了华为企业文化的形成及其变革、企业文化制度的建立、企业文化落地和传播方法等。该书不仅适合需要了解企业文化的管理者，也适合对华为文化有兴趣的读者阅读。

成功经验之四：国际化战略

任正非判断国际化是华为渡过"冬天"的唯一出路。20世纪90年代中期，在与中国人民大学的教授一起规划《华为公司基本法》时，任正非就明确提出，要把华为做成一家国际化的公司。与此同时，华为的国际化行动就跌跌撞撞地开始了。

1998年，英国《经济学人》杂志载：华为这样的中国公司的崛起，将是外国跨国公司的灾难。这话也许并不是危言耸听。在思科与华为的知识产权纠纷案之后，思科董事会前主席兼首席执行官约翰·钱伯斯表示："华为是一家值得尊重的企业。"美国花旗银行高级顾问罗伯特·劳伦斯·库恩博士曾称，华为已经具备"世界级企业"的资质，它的崛起"震惊了原来的大佬们——北电、诺基亚、阿尔卡特－朗讯"。

在任正非的领导下，华为成功地完成了由"活下去"到"走出去"，再到"走上去"的惊险一跃，依靠独特的国际化战略，改变行业竞争格局，让竞争对手由"忽视"华为，到"平视"华为，再到"重视"华为。

在和跨国公司产生不可避免的对抗性竞争的时候，华为屡屡获胜，为中国赢得骄傲。然而，这份骄傲来得并不是那么容易。在最初的国际化过程中，华为是屡战屡败，屡败屡战。最终，华为采用了巧妙的"农村包围城市"的办法，取得了国际化的初步胜利。即使在今天，亚非拉等一些不发达的国家和地区，依然为华为创造着很大的利润。为何华为会选择"农村包围城市"的战略呢？从技术水平看，创业不久的华为还难以与国际一流企业在发达国家市场竞争；从政治关系看，南南合作成本低于南北合作；从企业战略看，华为产品和模式的直接推广有利于资本积累，符合华为"生存是底线"的思想。

中国企业与跨国公司的距离有多远？企业"走出去"的道路有多长？华为公司的实践说明：只要不等不靠，坚定地走出去，看似遥不可及的目标可能就在眼前。《华为之国际化战略》通过丰富翔实的案例，揭示了华为国际化的指导方针、实现路径和战略突破，重点阐述华为的价格战略、"开放但不结盟"等经验，这些经验可以给更多优秀的中国企业走向海外市场提供有益的借鉴。

成功经验之五：研发与创新

华为推崇创新。30多年来，在任正非的领导下，华为对技术创新孜孜以求。华为对创新也形成了自己的观点：不创新是华为最大的风险。

如今华为在国际上的地位，来源于其多年来在研发上的巨额投入。在别人觉得搞技术是赔钱买卖的时候，任正非却每年将华为收入的10%以上投入研发中。2017年，华为持续投入未来的研发费用达897亿元人民币，同比增长17.4%，而近10年投入的研发费用则超过3940亿元人民币。任正非认为，正是这样一种创新精神和对技术的追求，使得华为成就了一系列的第一。

从一家早期以低价格竞争取胜的企业，几年之间迅速转变成技术型企业，30年后成为世界通信行业的领头羊，华为所用时间之短，让人为之咋舌。

《华为之研发模式》一书剖析了华为成立30多年来保持活力的秘诀，那就是始终坚持创新。正所谓"创新无止境"，即使华为今天已经居世界通信行业的前列，任正非仍然感到"前途茫茫"，因为华为进入"无人区"之后需要考虑方向，需要进行更重大的创新以开辟新的市场。2016年5月，任正非在全国科技创新大会上说"感到前途茫茫，找不到方向"，这是对华为肩头所担负的使命以及对中国企业从事重大创新的一种深刻的忧思，或者说是一种迫切的呼唤。长期以来，中国企业跟随在西方领跑者之后已经成为一种习惯，在不断追赶中的巨大压力下成长起来；如今，华为已经成为行业的领跑者，必然要承担起更大的责任，必须要取得重大的理论突破，才能实现科技发展上的质的飞跃。

2017年年底，华为重新确立了公司的愿景和使命：把数字世界带给每个人，每个家庭，每个组织，构建万物互联的智能世界。这是华为的愿景，是华为对未来发展勾勒出的一幅愿景图。

《第五项修炼》一书指出，在人的自我超越中，会有两种张力发生作用，一种是创造性张力，一种是情绪张力。愿景是具象化的目标，它能让人产生创造性张力。人的愿景越大，所产生的创造性张力就越大。愿力无穷，潜力无限。面向未来，基于确定的愿景和使命，华为的战略是聚焦 ICT（Information and Communications Technology，信息和通信技术）基础设施和智能终端，做智能社会的开拓者。这是一个美好的、宏大的愿景，代表着中国式创新典范企业的腾飞梦想。

让我们祝福华为，向华为致敬！

说明：本套书中所有数据统计截止时间为 2018 年 6 月 30 日。

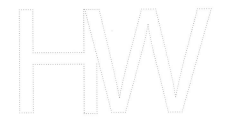

目录

第三章　华为企业文化的基石——核心价值观

第四章　文化传递：来自于制度

第五章　落地：文化观念要传播出去

第一章

只有文化可以生生不息

伴随着华为的发展壮大，华为的文化得到越来越多员工的认同，华为已经形成了独具特色的企业文化价值体系。任正非关于企业文化的重要性有这样一段精辟的阐述："资源是会枯竭的，唯有文化才会生生不息。一切工业产品都是人类智慧创造的，华为没有可以依存的自然资源，唯有在人的头脑中挖掘出大油田、大森林、大煤矿……精神是可以转化成物质的，物质文明有利于巩固精神文明，我们坚持以精神文明促进物质文明的方针。这里的文化，不仅仅包含知识、技术、管理、情操……也包含了一切促进生产力发展的无形因素。"

华为文化是中华文化与世界文化融合并以企业组织形态进入世界的典型代表。华为主动接轨、融合、拓展并创造新企业文化，是华为企业文化的典型特征。

第一节　华为文化的核心是高绩效

华为的愿景、使命、核心价值观及其工作文化，说到底是一种高绩效文化。高绩效文化的核心是解决两个问题：其一，让企业及所有的员工总在做正确的事；其二，所有的员工用正确的高效的方式做事并保证质量的高水平。从这一角度去理解企业核心价值观及其工作文化，全世界的优秀企业其内容几乎是一样的，不一样的地方只是阐述的方式不同而已。为了保证企业的高绩效，管理者"应该做什么"也是一样的，至于"细节做法"可能受地区中的世俗文化的影响而有所差异。

为什么华为企业文化的核心要定位于高绩效文化？这一基本命题来自于华为公司的基本使命：为客户创造价值是华为公司存在的唯一价值和理由。

对于客户来讲，其需求内涵可以概括为三点：低价、优质和完善的服务。公司要持续不断地满足客户的这种需求，必须具有强大的价值创造能力，这种能力在企业内部的具体体现就是高绩效。高绩效是保证实现客户需求的基础。客户的价值观决定着华为公司的价值观。因此，华为公司的远景、使命、基本价值观、战略、组织及业务流程必须聚焦于高绩效，公司企业文化的核心必须，也只能是高绩效。

从市场竞争的角度看，在激烈的竞争过程中，并不是每一家公司都能得到为客户服务的机会，因为客户掌握着选择企业的权力。

企业的生存价值和生存空间只能通过市场竞争来取得，企业要取得为更多客户服务的机会，必须持续不断地提高自身的效率，并依靠效率的持续提升，降低产品和服务的成本，提升产品和服务的质量，以更快的速度响应客户的需求。企业之间的生存竞争本质上是效率的竞争，因为唯有高效率，才能降低单位产品的成本，产品才具有价格上的相对优势，企业才会有足够的生存空间；唯有高效率，才能先于竞争对手发现并满足客户的需求；唯有高效率，企业才能为客户提供全方位的服务。效率的竞争永远是市场竞争的主旋律，而效率的客观表现是企业内部的绩效水平的高低。①

华为的企业文化在《华为公司基本法》中已经有明确的界定。华为公司的基本价值主张和企业文化建设实践，一直是围绕高绩效展开的，高绩效的企业文化构成了华为企业文化建设的核心命题。②

2004 年，任正非专门写了一篇文章《持续提高人均效益，建设高绩效企业文化》。任正非这样表示："我们的一切是为了满足客户需要，我们的流程和组织就要围绕这个目的来建设。管理干部的配置是以能满足服务和监控所需的基本数量为基础，过大的配置会造成资源浪费，而且由于责任不清反而会降低效率。客户的需求归纳起来是质量好、服务好、成本低。那么一切多余的流程与干部设置，都不利于这一目的的实现。我们不能人为地绕一条弯路，增加几道关卡来安置干部。因此，必须压缩管理干部的数量，将这些人转移到专业及业务管理岗位上去。当然不可避免会裁掉一些无效的管理岗位，精简一部分干部。"

"永远要合理地减少非生产性人员，增加专业与业务人员，才有可能提高人均效益。"

---

① 吴春波.企业文化的核心是高绩效[EB/OL].华夏基石 e 洞察,2015.http://www.hr.com.cn/p/1423414200.

② 杰克·韦尔奇,苏茜·韦尔奇.赢[M].余江,玉书,译.北京:中信出版社,2005.

华为文化承载了华为的核心价值观，使得华为的客户需求导向战略能够层层分解并融入所有员工的每项工作之中。不断强化"为客户服务是华为存在的唯一理由"，这提升了全员的客户服务意识，并深入人心。通过强化以责任结果为导向的价值评价体系和良好的激励机制，华为使得所有的目标都指向客户的需求，用一系列流程化的组织结构和规范化的操作规程来保证满足客户需求，由此形成了静水潜流的基于客户导向的高绩效企业文化。

华为公司最初向IBM（国际商业机器公司）学习，其基本的目的在于提升公司的运作效率和公司的整体绩效，以更好地满足客户的需求，并通过管理变革，进一步强化公司的高绩效文化。

这里先回顾一下IBM自身的企业文化再造过程。

1993年，IBM这家超大型企业因为机构臃肿和孤立封闭的企业文化而变得步履蹒跚，亏损高达160亿美元，面临着被拆分的危险，媒体将其描述为"一只脚已经迈进了坟墓"。

面对这样一个烂摊子，众多职业经理人都不敢接手，没有人自信能够教会这头大象跳舞。最终，不懂技术懂管理的郭士纳接过了这个烫手山芋。

郭士纳后来在回忆为什么有胆量接手IBM时说："高科技企业都不是技术问题，而是管理问题。"流程和文化是紧密相连的。郭士纳上任后做的第一件事情就是改造IBM的流程，着重强化IBM的管理，而不再把目光集中在经营上。过去IBM的流程是封闭的，郭士纳大胆地将IBM的流程和组织结构以客户导向为原则进行再造。流程的改造带来了IBM文化的变化，郭士纳成功地将老沃森父子创造的 IBM 家庭文化改造成了高绩效文化。

企业有前途、工作有效率和个人有成就，是企业的三个最初始的命题，效率（或称绩效）永远是问题的核心。工作的高绩效支撑了公司的前途，公司的前途保障了员工的成就，其实问题就这么简单。企业是通过经营行为满足客户的需要，来实现自己的功利目标的，并通过管理来提升效率以实现盈利目标的最大化。企业的盈利目标能否实现，企业能否持续地生存和发展，在于组织内部成员是否有价值创造能力，即员工是否有持续的高绩效行为。

同时我们也可以发现，那些世界级领先企业的企业文化尽管在表述上各不相同，但其内核却存在着共性，正是这些文化上的共性支撑着不同企业的成功。

IBM 前 CEO（首席执行官）郭士纳认为："最优秀的公司领导人会给自己的公司带来高绩效的公司文化。"

GE（通用电器公司）前 CEO 杰克·韦尔奇也认为："我们的活力曲线之所以能有效发挥作用，是因为我们花了十年的时间在我们企业里建立起一种绩效文化。""如果说，在我奉行的价值观里，要找出一个真正（对企业经营成功）有推动力的，那就是有鉴别力的（绩效）考评（即绩效考核）。"杰克·韦尔奇自喻自己是一个区别考评（绩效考核）制度的狂热支持者，因为他曾亲眼看见，绩效考核把一些公司从默默无闻提升到卓越的层次。为此，杰克·韦尔奇将实施绩效考核列为企业经理人必须履行的任务，他指出："他们（职业经理人）要清楚地辨别出，哪些员工或哪些业务取得了出色的成绩，哪些表现最差；他们要扶持强者的成长，把缺乏效率的部分剔除出去；只有这样，公司才能争取赢的结局。反之，如果对每一项工作和每一位员工都不做区分，像天女散花一样随意分配企业的资源，则只能让公司遭受损失。" ①

流行于业界的"执行文化"，其实质同样是高绩效文化。按照西方经济学和管理学的观点，绩效管理是对人性的深刻理解和认同，顺应人性，是绩效管理的最终目的。换句话说，只有挖掘人性，并想办法去顺应它，才能促使员工自觉去工作、主动去工作。那么，什么是人性？人性即"人是理性的"，"人总是追求自身利益的最大化"。"利"就是"利益"，包括物质上和精神上的，比如，有的人好名，认为名就是利；有的人好财，认为财就是利；有的人好权，认为权就是利；有的人重情，认为情就是利。

华为的考核大致经过这么几代。

首先是人事考核。1995 年 12 月，华为的人事考核请中国人民大学的 6 位教授来做顾问。当时，这些中国人民大学的教授也不知道绩效管理。他们给了华为一张表，其中包括工作态度、工作能力、工作绩效，然后给出权重。这三块，态度、能力、绩效一块考。这种绩效考核在华为做了将近三年。

1998 年到 2000 年，在这个阶段，华为的绩效考核将劳动态度拿出去了，将工作能力放在任职资格那儿去了，专门考绩效。这是第二阶段。2000 年以后没有做大调整。如果说有调整就是权重上有些调整，比如说，强制比例分布，A 所占的百分比。到如今，绩效管

---

① 杰克•韦尔奇.赢 [M].余江,等,译.北京:中信出版社,2005.

理还是考结果、考过程。不考德、不考能、不考勤，只考绩效。绩效，是企业做大和活下去最重要的基础。

华为绩效考核用的是 KPI（Key Performance Indicator，关键绩效指标）。很多中国企业不用 KPI，而是在用平衡计分卡。华为为什么不用比 KPI 更先进的平衡计分卡，而要用 KPI 呢？我们可以从 KPI 和平衡计分卡最大的区别来找到原因。第一点，平衡计分卡强调的是平衡，KPI 强调的是关键。考核要抓关键而不是抓平衡，什么都考就等于什么都不考。第二点，KPI 很简单实用，平衡计分卡太复杂。我们算一算，假如你的企业有 1 万名员工，一年考核 4 次，这就是 4 万人次，然后再乘以一个 16（一张表里有 4 个维度、4 张表），这是很大的工作量。

第二节 华为文化的特征就是服务文化

2017 年 8 月 8 日 21 时 19 分，在四川阿坝州九寨沟县（北纬 33.20 度，东经 103.82 度）发生 7.0 级地震，震源深度 20 千米。受到地震影响，震区通信部分中断。灾情就是命令，为保证灾区通信生命线的畅通，灾情发生后，华为与运营商紧密配合，协同作战，第一时间成立华为中国区四川九寨沟抗震救灾工作组，启动应急通信保障，对受灾地区通信设施进行核查，并协调资源，落实货物及抢通方案，推动并完成各项工作措施，以确保通信快速恢复。

当天 22 时，由多名保障专家，华为 fellow 级专家组成的抢险队伍出发赶往九寨沟受灾现场。同时，华为第一批抗震救灾应急保障物资也已出发运往灾区，所需通信设备已完成紧急备货，可根据需求随时送往受灾区域。

截至 8 月 9 日 10 时，华为已有数百名专家和工程师与运营商一起，全力投入抗震救灾应急通信保障工作中，在成都、马尔康等地运营商机房、网管中心值守，同时加强了无线、数通、传输、核心网等设备的远程监控值守，进行 24 小时通信保障。

这就是华为的速度，华为的高效服务。而遍布全球的华为通信设施可能面临各种自然灾害，华为人以同样的高品质服务为全球数亿用户提供通信保障。

图 1-1 "九寨沟"地震抢险救灾华为指挥部现场。图片来源：第 332 期《华为人》

华为在《致新员工书》里，明确说道："华为文化的特征就是服务文化，谁为谁服务的问题一定要解决。服务的含义是很广的，总的来讲是为用户服务，但具体来讲，下一道工序就是用户，就是您的'上帝'。您必须认真地对待每一道工序和每一个用户。任何时间，任何地点，华为都意味着高品质。希望您时刻牢记。"

全心全意为客户服务

"为客户服务是华为存在的唯一理由"。华为文化的特征就是服务文化，全心全意为客户服务的文化。

在经济全球化加速发展的趋势下，电信运营商们的服务竞争时代已经来临。服务作为一种商业模式成为众多运营商的战略选择，企业能否提供不断提高的服务质量和水平，对于能否稳定市场和开拓市场，增强企业的综合实力，体现竞争优势，起着至关重要的作用。一些欧美国家的电信巨头，如沃达丰、德国电信、AT&T 等，无一不把服务作为竞争的利器，并取得了巨大的成功。作为电信运营供应商的华为，更需要将服务文化作为重点。

任正非在其文章《资源是会枯竭的，唯有文化才能生生不息》中这样写道："华为是一个功利集团，我们的一切都是围绕商业利益的。因此，我们的文化叫企业文化，而不是其他文化或政治。因此，华为文化的特征就是服务文化，因为只有服务才能换来商业利益。服务的含义是很广的，不仅仅指售后服务，它包括产品的研究、生产，产品生命终结前的优化升级，员工的思想意识、家庭生活……因此，我们要以服务来定队伍建设的宗旨。我们只有用优良的服务去争取用户的信任，才能创造资源，这种信任的力量是无穷的，是我们取之不尽、用之不竭的源泉。有一天我们不用服务了，就是要关门、破产了。因此，服务贯穿于我们公司及个人生命的始终。"

任正非一再强调：坚持为客户服务好，是华为一切工作的指导方针。他对服务文化的强调总是不遗余力，从企业竞争的角度、从以客户为中心价值观的角度，他不厌其烦地讲述做好服务工作的重要性。

任正非在一次讲话中这样说道：

20 年来，我们由于生存压力，在工作中自觉不自觉地建立了以客户为中心的价值观；应客户的需求开发一些产品，如接入服务器、商业网、校园网……因为那时客户需要一些独特的业务来提升他们的竞争力。不以客户需求为中心，他们就不买我们小公司的货，我们就无米下锅，我们被迫接近了真理。但我们并没有真正认识它的重要性，没有认识它是唯一的原则，因而对真理的追求是不坚定的、漂移的。

在（20 世纪）90 年代的后期，公司摆脱困境后，自我开始膨胀，曾以自我为中心过。我们那时常常对客户说，他们应该做什么，不做什么……我们有什么好东西，你们应该怎么用。例如，在 NGN（下一代网络）的推介过程中，我们曾以自己的技术路标，去反复说服运营商，而听不进运营商的需求，最后导致在中国选型时，我们被淘汰出局——连一次试验机会都不给。历经千难万苦，我们请求以坂田的基地为试验局的要求，都苦苦得不到批准。我们知道自己错了，我们从自我批判中整改，大力倡导"从泥坑中爬起来的人就是圣人"的自我批判文化。我们聚集了优势资源，争分夺秒地追赶。我们赶上来了，现在软交换占世界市场的40%，为世界第一。

公司正在迈向新的管理高度，以什么来确定我们的组织、流程、干部的发展方向呢？以什么作为工作成绩的标尺呢？我们要以为客户提供有效服务，来作为我们工作的方向，作为价值评价的标尺，当然是包括了直接价值与间接价值。不能为客户创造价值的部门为多余的部门，不能为客户创造价值的流程为多余的流程，不能为客户创造价值的人为多余的人；不管他多么辛苦，也许他花在内部公关上的力气是很大的，但他还是要被精简。这样我们的组织效率一定会有提高，并直接产生相关员工的利益。因此，各级领导在变革自己的流程与组织时，要区分哪些是烦琐哲学，哪些是形式主义，哪些是教条，哪些是合理必需的。

任正非表示，华为的企业战略就是要活下来。而活下来的充分必要条件就是建立在优先满足客户需求的基础上。

用户时代重视客户体验

用户时代，体验为王。对于一家通信设备供应商来说，只关注运营商体验的时代已经结束，触角已不得不延伸到最终消费者，原因不言而喻，没有人买单，一切都是扯淡。

　　如何和运营商一起研究客户体验？如何帮助运营商真正将客户体验转化为商业成功？华为在用户时代极为关注客户体验，有效地提升了服务的水平和价值。

　　2014年4月24日，在全球顶尖分析师的见证下，华为开启了业界第一个客户体验转型中心——CETC（Customer Experience Transformation Center），帮助更多运营商端到端管理客户体验。

图1-2　时任华为GTS（全球技术支持与客户服务）总裁梁华与客户在CETC共同体验。引自2014年《华为人合订本》

　　那么，CETC诞生的背景是什么呢？

　　2013年，客户沃达丰来深圳做交流，主题是关于专业服务。PPT在幕布上展开了，35页。GTS网络技术专家王明敏用他还算流利的英语讲述着华为的解决方案。他已经记不清楚这是自己第几次讲述这一方案了。

　　但是，客户将信将疑。纸上谈兵，谁知道呢？

　　华为的PPT之痛，已经波及客户。在华为，PPT汇报已成"不治之症",不仅是做得痛苦,更大的挫败是"效果差",既浪费成本,又降低效率。

Trevor Cheung 为此苦恼不已。这位来自香港的客户满意度管理专家,三年前作为高端人才被招入华为,使命就是打造 SmartCare CEM(一种客户解决方案)品牌、树立高端专业服务形象,促进解决方案的销售。"每次客户来总部,都需要到各个产品线找专家,把散落在个人电脑里的 PPT 找出来,专家讲得口干舌燥,客户看得似懂非懂。"本来是为了提高客户体验来交流网络,但刚开始的体验就已经不行了,怎么办?

与沃达丰的两次交流,双方互相启发,Trevor 提出一个想法:"我们可以建立模拟特定客户运营环境的实验室,一起展现 CEM 的模型、方法论,让客户参与进来,进行 Use Case(使用案例)的开发和验证,通过华为的平台和模型看到自己的问题,并计算商业投资回报。这样客户就能直观地感受到华为 CEM 解决方案的能力。"

这个主意得到了华为公司高层的支持,两个月,从选址到设备调试、方案设计、平台搭建,蓝图变成了现实。它将客户关注的"网络、业务、客户和商业价值"等四个方面集中在一个地方展现。

今天,只要客户一走进华为 CETC 门口,就可以看见一面墙上写着"Outside in""C2B2B""Per Service Per User"的字样;一面墙上贴着客户参观的照片和评语;还有一面是 CETC 的专家照片墙。除了王明敏这种在华为多年的网络专家,还有来自全球不同领域的专家。邓丹指着照片说:"这是 Kedar,来自英国,商业价值计算专家;这是 Jonathan,也是英国人,CEM 指标体系专家;这是 Sanjya,

用户行为分析专家……"

邓丹是 CETC 执行落地负责人，这位打扮时尚、说话爽朗的女士一直在做 CEM 解决方案，CETC 为她打开了另外一扇门："大家都知道做 CEM，必须要从用户出发，但是以前我们更多地就是直接推方案，现在我们跟客户开场最先谈的是用户。"

没有用户，何来客户？所以，这个 200 平方米的空间被划分为需求识别区、方案设计区、实验室验证区、智真连线区、联合办公区等 5 个大小不一的区域。运营商客户来了，通常从"TM Forum 客户体验全生命周期模型"开始了解，不再是从选择产品开始，而是先了解一个用户的体验历程，购买、使用、分享，每个阶段都会涉及大大小小的体验。

运营商本身在不同环节零散地做用户体验管理，但无法端到端地审视整个客户体验历程。因此，这个模型提供了全流程的视角，在每个节点，华为都能提供相应的解决方案，促进运营商优化组织、业务流程，解决各个节点的问题。

备受运营商青睐的还有"CEM 成熟度评估模型""商业价值计算器""Benchmark 数据库"等等。通过计算器上增加的漫游用户、主动关怀指数、降低的潜在投诉量、增加的带宽等维度的数据变化，可以快速计算商业利润的变化。"大家只要把自己的数据放到里面一测算，就很清楚在哪些方面提升可以最大限度最快速提高利润了。"

眼见为实，很多时候，人总是相信自己的眼睛，胜过相信自己的内心。CETC 将无形的方案一下子变得"通透又可视"了，这个有形，第一时间改变了运营商客户的体验，由此展开的针对用户体验的方案探索、联合创新才能得以继续。

所以，邓丹一再强调："原来我们靠卖盒子就可以成功。但现在这不只是一个展厅，它还是一种理念，把原来的 B2B 延伸成了 C2B2B，我们关注的是体验，用户体验。"

如果说 CETC 是因网络专业服务业务而生，那么 Trevor Cheung 对它的期望要远高于此。他希望更多其他领域懂客户体验的专家加入进来，这样未来的 CETC 才可以在更广阔的行业和领域，服务更多企业客户。

突发事件考验服务水平

2017 年 9 月 7 日和 9 月 19 日，墨西哥城分别发生里氏 8.2 级和 7.1 级的强烈地震，导致客户 1081 个通信站点信号中断。灾情就是命令，在地震发生后，华为全球技术支持中心紧急启动业务，成立应急保障团队，并在 15 分钟内启动远程客户网络保障，华为墨西哥子公司立即派专家赶到现场。

华为与运营商客户紧密配合，协同作战，保证灾区通信畅通。华为累计投入 170 多名工程师，工作超过 2200 小时，并投入了 12 台油机及 24 台车辆，迅速恢复网络。此外，华为还积极协助客户针对友商网络拥塞快速实施用户迁移；关闭 4G 小区，延长站点电池使用时长；部署大话务量预案，保障灾区网络畅通，应对大话务量的冲击。

2017 年 10 月初，印尼巴厘岛的阿贡火山开始断断续续冒烟，华为印尼运维团队第一时间成立保障小组，迅速开展应急工作：识别危险站点、核查备件库存、扩充电池容量、VIP站点增加防尘措施、开展火山应急演习。11月21日，阿贡火山喷发，火山灰柱最高达到4000米，当地机场临时关闭，疏散22个村庄共10万人，由于华为公司前期准备充分，当地网络设备未遭受大的影响。火山喷发当天，一个传输站点宕机造成5个基站业务中断，华为工程师冒着火山灰雨上站解决故障，保障了通信畅通。

2017年11月28日，东爪哇省Pacitan和日惹特区Yogyakarta区域相继发生洪灾，导致200多个站点业务中断。华为快速对部分中断站点调整传输的方案，3小时内共20多个站点恢复正常；华为员工与客户一起提前准备站点物料，以便洪水退去后能立即抢通设备，同时利用便携的20多台移动油机给VIP站点供电。10个小时后洪水退去，华为调用推土机扫清道路障碍，进入灾区，物料也连夜运送到灾区。经过连续30多个小时的奋战，全部站点恢复正常。

一桩桩突发事件，时刻考验着华为的应急反应能力和服务水平。保障通信畅通，协助客户快速恢复和保障网络稳定运行，从而保障生命财产安全，是华为最重要的社会责任。每个紧要关头，华为人都"急客户所急"，华为的网络保障服务以专业的流程组织、可视的实时监控、快速的应急措施，赢得了各地客户的高度赞誉，夯实了双方的合作基础。

随着华为全球化布局的不断扩大，华为人深刻地认识到，在企业全球化这样的进程中，除了硬性产品的销售和占有市场，更为重要的是服务的同步建设。"服务"在华为人的理解中，并不仅仅是简单的态度良好，或沟通顺畅。准确把握客户需求，并不断提供预防性、增值性服务，真正帮助客户提高服务质量、降低运营成本和增加效益，这才是华为服务的价值。

第三节　开放、妥协和灰度是华为文化的精髓

古希腊物理学家阿基米德说过一句名言："给我一个支点，我可以撬起整个地球。"任正非则认为，给我一杯咖啡，我可以吸收宇宙能量。

在任正非看来，喝咖啡的目的在于与外界交流思想，吸收能量，走开放的创新之路。如果故步自封，就会造成落后挨打的局面。因此，开放、妥协和灰度是华为文化的精髓，也是一个领导者的风范。一个不开放的文化，就不会努力地吸取别人的优点，就会逐渐被边缘化，是没有出路的。一个不开放的组织，迟早也会成为一潭死水。

任正非指出："我们无论在产品开发上，还是销售服务、供应管理、财务管理……都要开放地吸取别人的好东西，不要故步自封，不要过多强调自我。创新是站在别人的肩膀上进行的，同时要像海绵一样不断吸收别人的优秀成果，而并非封闭起来的'自主创新'。""向一切人学习，应该是华为文化的一个特色，华为开放就能永存，不开放就会昙花一现。我们在前进的路上，随着时间、空间的变化，必要的妥协是重要的。"

没有宽容就没有妥协；没有妥协就没有灰度；不能依据不同的

时间、空间，掌握一定的灰度，就难有合理的审时度势的正确决策。开放、妥协的关键是如何掌握好灰度。

开放：不断地吸纳别人优秀的文化

"华为文化是什么东西我也讲不清楚，它的包容性，这些年来把别人好多文化都吸纳进来了，太多了，我解释不清一个具体的表现形式。"任正非如是说。

这是他和新员工对话的时候对员工提问的回答，当时有新员工提出，我们经过文化培训对文化有了一定的了解，但是我们还是有些问题搞不清楚，老板你能不能讲讲华为的文化是什么？任正非说：华为的文化，第一，洋葱头。不断吸纳别人优秀的文化，把自己的文化做大做强。

华为的企业文化是建立在民族优良传统文化基础上的企业文化，同时，这个文化是开放的、包容的，不断吸纳世界上的优良文化和好的管理方法。

华为的文化吸纳了国外优秀企业、客户以及它的竞争对手的文化，华为不断地吸纳别人优秀的东西。新员工又说，老板，能不能举个具体的例子来讲一讲。

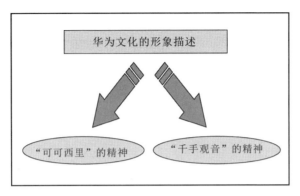

图 1-3 华为文化的形象描述

"物质资源终会枯竭，唯有文化才能生生不息。一个高新技术企业，不能没有文化，只有文化才能支撑它持续发展，华为的文化就是奋斗文化，我也不能形象地描述什么叫华为文化，我看了电影《可可西里》以及残疾人表演的《千手观音》，我想他们的精神就叫华为文化吧！"

这就是任正非心中的华为文化。华为文化就是《可可西里》，就是《千手观音》。从《可可西里》，我们可以看到八个字——"艰苦奋斗、无私奉献"；《千手观音》是由一群残疾人表演的震撼人心的舞蹈，人们从艺术欣赏中可以感受到演员们"自强不息、顽强拼搏"的精神。

华为文化中既有鲜明的中国特色，又有西方现代管理思想的影子，可以说是中西合璧的产物。其思想来源于三个方面：一是中国传统文化，二是毛泽东思想，三是西方的现代管理方法。

中国传统文化：华为文化从传统文化中汲取了许多养分。一方面，艰苦奋斗、同甘共苦等思想来源于中国优良的文化传统，也是华为创业初期的企业文化的重要特点；另一方面，华为文化也不可避免地包含了中华传统文化中的糟粕——权力崇拜、胜者为王等，是一种非常功利的企业文化。这种文化为官僚主义的滋生，提供了直接的条件。

毛泽东思想：任正非对于毛泽东是十分推崇的，在部队期间就是"学毛标兵"，对毛泽东思想有着全面和深入的理解。毛泽东思想在华为的许多商业实践中都有体现，例如：华为对程控交换机的市场策略"农村包围城市，逐步占领城市"，就是来源于毛泽东在革命战争时期提出的"农村包围城市"理论；华为广为人知的"压强原则"则与毛泽东军事理论中"大步进退，诱敌深入、集中兵力、各个击破"颇有相通之处。任正非曾这样说过：

> 有人问：有人不是在炒作以奋斗者为本、炒作华为的奋斗吗？我说奋斗怎么了？我们全是向共产党学的，为实现共产主义而奋斗终生，为祖国实现"四个现代化"而奋斗，为祖国的繁荣昌盛而奋斗，为把你的家乡建设得更美而奋斗，生命不息，奋斗不止。这些都是共产党的口号，我们不高举共产党的口号，我们高举什么？
>
> 但手段上由于我们民营体制的局限性，不可能有其他方法，只能是用钱作为尺度，来测量你的奋斗。你是奋斗者，就给你股票，给你奖金。我们不能倒过来，为了奖金和股票而奋斗，如果这样价值观就倒退了。所以我们讲以奋斗者为本，辅以一些物质鼓励的手段，我认为可能是找到了一条路，我们坚持这条路线不动摇。

西方的现代管理方法：华为学习 IBM 通过流程再造来对文化进行重塑——引进 IBM 的 IPD（集成产品开发）研发模式。华为用了相当长的时间和精力，建立起这套模型，将整个公司的成本几乎都折算到了各个产品线上，所有的工作都围绕一个核心——高绩效。

对企业文化的再造，使得华为不仅在规模上进入世界同行业的先进行列，也使得华为在管理文化方面与世界接轨，真正完成了由内到外的蜕变。

任正非所引进的西方的现代管理流程，对华为的管理进行变革，正是开放的体现。他说：

> 很庆幸的是，IPD、ISC（集成供应链）在美国顾问的帮助下，到现在我们终于可以说没有失败。注意，我们为什么还不能说成功呢？因为 IPD、ISC 成不成功还依赖于未来数千年而不是数十年实践的努力和检验。是的，不是数十年，是数千年。因为即使一代一代人不在了，这个世界还会有管理，管理还会不断地优化、发展下去。管理做得如何，需要很长时间的实践检验。我们已经成熟的管理，不要用随意创新去破坏它，而是在使用中不断严肃认真去完善它，这种无生命的管理，只会随时间的推移越来越有水平。一代一代人死去，而无生命的管理在一代一代优化中越来越成熟。
>
> 在管理上，有时候需要别人带着我们走路，就像一个小孩，需要靠保姆、靠幼儿园的老师带着走路一样。但是，一个人终究要自己站起来走路，一直走下去，我们的管理也要

靠自己。师傅领入门，修行靠自身。我们的 IPD、ISC 变革也是这样的道理。

《下一个倒下的会不会是华为》书中介绍，从 1998 年到 2008 年，是华为沉默的十年，也是华为向西方全面学习的十年，但在媒体眼中，华为显得太过低调、神秘，不够开放。2005—2008 年期间，华为高层面对越来越透明的媒体环境和"80 后"员工比例增大的现实，开始思考对华为文化要不要进行调整。任正非说："华为走到今天，该到改变的时刻了，要国际化，还是要更开放一些，有什么不可以争论的呢？天不会塌下来……"到 2010 年，华为与媒体的关系才得到较大改善，尤其是从 2012 年开始，华为几乎所有的"门"和"窗"都打开了，轮值 CEO、董事会成员在全球各地欣然接受媒体的采访，发布公司各类最新信息，任正非也开始与记者进行坦率的交流。

2015 年 1 月 22 日，任正非在瑞士达沃斯论坛的闭门会上，接受了 BBC（英国广播公司）记者的访谈，并面向全球媒体进行现场直播。美国《外交政策》杂志撰文称，这是此次达沃斯论坛的三大亮点之一。

图 1-4 2015 年 1 月，任正非在在瑞士达沃斯论坛上接受
BBC 记者采访照片。来源：80 后励志网。

今天的华为，已经没有所谓的"神秘面纱"了，人们从华为的官网上可以看到公司领导的最新讲话、重大决议等，"心声社区"还有"华为家事""七彩生活"等栏目，华为员工可以发表各种言论，这里就好像是一个开放的"罗马广场"。华为的文化中西合璧，华为选择在"狼文化"与西式管理文化之间寻找平衡点，创造出具有华为特色的新文化。

妥协：正确的方向来自妥协

妥协一词似乎人人都懂，用不着深究，其实不然。妥协的内涵和底蕴比它的字面含义丰富得多，而懂得它与实践它更是完全不同的两回事。华为的干部，大多比较年轻，血气方刚，干劲冲天，不大懂得必要的妥协，也会产生较大的阻力。

任正非借古喻今：

我们纵观中国历史上的变法，虽然对中国社会进步产生了不灭的影响，但大多没有达到变革者的理想。我认为，面对他们所处的时代环境，他们的变革太激进、太僵化，冲破阻力的方法太苛刻。如果他们用较长时间来实践，而不是太急迫、太全面，收效也许会好一些。其实就是缺少灰度。方向是坚定不移的，但并不是一条直线，也许是不断左右摇摆的曲线，在某些时段来说，还会画一个圈，但我们离得远一些或粗一些来看，它的方向仍是紧紧地指着前方。

我们今天提出了以正现金流、正利润流、正的人力资源效率增长，以及通过分权制衡的方式，将权力通过授权、行权、监管的方式，授给直接作战部队，这也是一种变革。这次变革，也许与20年来的决策方向是有矛盾的，也将涉及许多人的机会与前途，我想我们相互之间都要有理解与宽容。

任正非表示，宽容是领导者的成功之道，为什么要对各级主管说宽容？这同领导工作的性质有关。任何管理者，都必须同人打交道。有人把管理定义为"通过别人做好工作的技能"。一旦同人打交道，宽容的重要性立即就会显示出来。人与人的差异是客观存在的，所谓宽容，本质就是容忍人与人之间的差异。不同性格、不同特长、不同偏好的人能否凝聚在组织目标和愿景的旗帜下，靠的就是管理者的宽容。

宽容是一种坚强，而不是软弱。宽容所体现出来的退让是有目的、有计划的，主动权掌握在自己的手中。无奈和迫不得已不能算宽容。

只有勇敢的人，才懂得如何宽容，懦夫绝不会宽容，这不是他的本性。宽容是一种美德。

只有宽容才会团结大多数人与你一起认知方向，只有妥协才会使坚定不移的正确方向减少对抗，只有如此才能达到你的正确目的。

没有妥协就没有灰度。坚持正确的方向，与妥协并不矛盾，相反，妥协是对方向坚定不移的坚持。任正非表示："方向是不可以妥协的，原则也是不可以妥协的。但是，实现目标过程中的一切都可以妥协，只要它有利于目标的实现，为什么不能妥协一下？当目标方向清楚了，如果此路不通，我们妥协一下，绕个弯，总比原地踏步要好，干吗要一头撞到南墙上？"

在一些人的眼中，妥协似乎是软弱和不坚定的表现，似乎只有毫不妥协，方能显示出英雄本色。但是，这种非此即彼的思维方式，实际上是认定人与人之间的关系是征服与被征服的关系，没有任何妥协的余地。

任正非认为：

"妥协"其实是非常务实、通权达变的丛林智慧，凡是人性丛林里的智者，都懂得在恰当时机接受别人的妥协，或向别人提出妥协，毕竟人要生存，靠的是理性，而不是意气。

"妥协"是双方或多方在某种条件下达成的共识，在解决问题上，它不是最好的办法，但在没有更好的方法出现之前，它却是最好的方法，因为它有不少的好处。

妥协并不意味着放弃原则，一味地让步。明智的妥协是一种适当的交换。为了达到主要的目标，可以在次要的目标上做适当的让步。这种妥协并不是完全放弃原则，而是以退为进，通过适当的交换来确保目标的实现。相反，不明智的妥协，就是缺乏适当的权衡，或是坚持了次要目标而放弃了主要目标，或是妥协的代价过高遭受不必要的损失。

明智的妥协是一种让步的艺术，妥协也是一种美德，而掌握这种高超的艺术，是管理者的必备素质。

华为现在是全球第一大电信设备制造商，它现在崇尚的原则是开放、妥协和灰度。互相妥协是最理性的选择。

只有妥协，才能实现"双赢"和"多赢"，否则必然两败俱伤。妥协能够消除冲突；拒绝妥协，必然是对抗的前奏。我们的各级干部真正领悟了妥协的艺术，学会了宽容，保持开放的心态，就会真正达到灰度的境界，就能够在正确的道路上走得更远，走得更扎实。华为以通信设备业务起家，在拓展国际市场时，更容易被运营商接受，这是一般传统手机厂商不具备的业务优势。但在华为国际化扩展样本中，仍有可以学习的策略，如贯穿始终的妥协和叫板。妥协针对的是大环境，叫板针对的是竞争对手。

任正非强调，华为不是希特勒，当华为谋求独霸这个世界时，就是华为毁灭和垮台之日。所以，华为倡导妥协哲学，要做投降派。任正非说，"我 20 多年来，多数情况下是投降主义"。

在这种指导思想之下，华为构建了独有的国际化策略，华为公司顾问田涛将其总结为"三个遵从"。一是管理遵从。主动接纳和融入由西方人所主导的全球商业秩序，在管理制度和流程方面"全面西化"。二是法律遵从。严格遵守联合国法律和所在国家法律。三是文化遵从。华为设有道德遵从委员会，引导和规范华为员工从语言、习俗、宗教，乃至生活习惯等方面主动适应和融入所在国家或地区。对于国产手机厂商来说，在国际化的过程中，不要妄想用国内的办法通吃，那样往往走不通，学会妥协、放低姿态更容易被接受。①

灰度：华为的生命之树

　　灰度理论其实才是华为全部管理哲学的核心基点，任正非曾明确讲过："管理的灰色，是我们的生命之树。"

　　他说："一个领导人重要的素质是方向、节奏。他的水平就是合适的灰度。坚定不移的正确方向来自灰度、妥协与宽容。一个清晰的方向，是在混沌中产生的，是从灰色中脱颖而出的，方向是随时间与空间而变的，它常常又会变得不清晰。并不是非白即黑、非此即彼。掌握合适的灰度，是使各种影响企业发展的要素，在一段时间相互和谐，这种和谐的过程叫妥协，这种和谐的结果叫灰度。"

　　何谓"灰度"？华为依靠制度创新（"工者有其股"等）、文化创新（非中非西）、技术创新等获得了高速成长，但"创新"尤其是"自主创新"一词在华为的历史文献中是被提到得最少的。任正非讲："创新就是在消灭自己，不创新就会被别人消灭"，"快三步是先烈，快两步是英雄"，总前提是"建设性大于破坏性"，而又必须包容"破坏性创新"。这即是灰度的系统性。一切基于功利性原则和实用主义，这就是灰度哲学的又一特性。

　　任正非所说的灰度管理，实际上浓缩了他的人生智慧。灰度理论其实是东西方智慧的融合，既暗含唯物辩证法的思想成分，也蕴藏着西方实用主义哲学的因素。中庸之道讲的是调和折中，不偏不

---

①梅花园陈述.华为：品牌主义和策略式妥协的胜利［EB/OL］.钛媒体，2014.http://www.tmtpost.com/160044.html.

倚，和谐共生；实用主义哲学强调行动和效果，认为有用才是真理。灰度理论本身存在着模糊性和不确定性，如何把握好就需要掌握适当的分寸，因此，灰度理论实际上是对企业高级管理者的职业要求。

灰度理论不可泛用滥用。任正非主张只在高中级干部中进行学习，基层员工学不学不重要，他们甚至会学偏。组织体系中越朝上越要讲灰度，越朝下越要黑白分明、规则清晰；研发文化必须坚持"工程师思维"，不允许任何的模糊与中庸；尤其是"以客户为中心，以奋斗者为本，长期坚持艰苦奋斗"的核心价值观，更容不得任何扭曲与变形。至于外界对灰度的庸俗化理解，诸如"打擦边球""世故圆通的处人术"等，显然与"狼文化"的被误读一样，被严重曲解了。①

在企业变革中，更要有一种灰色思维，任正非曾这样说过："我们处在一个变革时期，从过去的高速增长、强调规模，转向强调效益的管理变革，以满足客户需求为目标，从而获得持续生存的能力，在整个变革时期中，我们都要有心理承受能力，必须接受变革的事实，学会变革的方法。同时，我们要有灰色的观念，在变革中不要走极端，有些事情是需要变革，但是任何极端的变革，都会对原有的积累产生破坏，适得其反。"

当"中庸之道"触碰"工程师思维"，会产生神奇的效果。灰度来自中国传统文化"中庸"，是和而不同，是和谐而又有差异的文化形态，既主张承认个体的个性，同时又强调整体的和谐性。灰

---

①田涛解读任正非讲话：灰度是华为管理哲学核心 [EB/OL]. 正和岛，2013. http://www. haokoo.com/job/110495.html.

度思维与工程师思维，就仿佛蝴蝶的一对翅膀，一片是技术创新导向的文化，另一片是高效管理导向的文化，这对华为形成开放创新的企业文化有很大的帮助。

任正非：为客户服务是华为存在的唯一理由

1. 真正认识到为客户服务是华为存在的唯一理由

从企业活下去的根本来看，企业要有利润，但利润只能从客户那里来。华为的生存本身是靠满足客户需求，提供客户所需的产品和服务并获得合理的回报来作为支撑；员工是要给工资的，股东是要给回报的，天底下唯一给华为钱的，只有客户。我们不为客户服务，还能为谁服务？客户是我们生存的唯一理由！既然决定企业生死存亡的是客户，提供企业生存价值的是客户，企业就必须为客户服务。现代企业竞争已不是单个企业与单个企业的竞争，而是一条供应链与另一条供应链的竞争。企业的供应链就是一条生态链，客户、合作者、供应商、制造商的命运在一条船上。只有加强合作，关注客户、合作者的利益，追求多赢，企业才能活得长久。因为，只有帮助客户实现他们的利益，华为才能在利益链上找到自己的位置。只有真正了解客户需求，了解客户的压力与挑战，并为其提升竞争力提供满意的服务，客户才能与你的企业长期共同成长与合作，你才能活得更久。所以华为需要聚焦客户关注的挑战和压力，提供有竞争力的通信解决方案及服务。

2. 真正认识到客户需求是华为发展的原动力

　　我们处在一个信息产品过剩的时代，这与物质社会的规律不一致。人们对物质的需求与欲望是无限的，而资源是有限的。而信息恰好反过来，人们对信息的需求是有限的（人要睡觉，人口不能无限地增长……），而制造信息产品的资源是无限的。我们不能无限地拔高人们对物质的需要，因为资源满足不了。我们也没有能力无限地刺激信息的需求，因为人还要睡觉。技术创新到今天，很多人都已经伤痕累累了，为什么？由于互联网及芯片的巨大进步，促进了人们思维的进步，使人大脑的等效当量成千倍地增长。美国只有 2 亿人口，但是美国却相当于有 4000 亿个大脑。这些大脑一起运作，产生新的技术、新的知识和新的文化，它会大大超越人类真实需求。因为人类的需求是随生理和心理进步而增长的，人的生理和心理进步是缓慢的。因此过去一味像崇拜宗教一样崇拜技术，导致了很多公司全面破产。技术在哪一个阶段是最有效、最有作用的呢？我们就是要去看清客户的需求，客户需要什么我们就做什么。卖得出去的东西，或略略抢先一点点市场的产品，才是客户的真正技术需求。超前太多的技术，当然也是人类的瑰宝，但必须牺牲自己来完成。

　　IT 泡沫破灭的浪潮使世界损失了 20 万亿美元的财富。从统计分析可以看出，几乎 100% 的公司并不是因技术不先进而死掉的，而是因技术先进到别人还没有对它完全认识与认可，以致没有人来买，产品卖不出去却消耗了大量的人力、物力、财力，丧失了竞争力。许多领导世界潮流的技术，虽然是万米赛跑的领跑者，却不一定是赢家，反而为"清洗盐碱地"和推广新技术而付出大量的成本。但是企业没有先进技术也不行。华为的观点是，在产品技术创新上，华为要保持技术领先，但只能是领先竞争对手半步，领先三步就会成为"先烈"，明确将技术导向战略转为客户需求导向战略。通过对客户需求的分析，提出解决方案，以这些解决方案引导开发出低成本、高增值的产品。盲目地在技术创新上引导世界新潮流，是要成为"先烈"的。为此，华为一再强调产品的发展路径是以客户需求为导向的。以客户的需求为目标，以新的技术手段去实现客户的需求，技术只是一个工具。新技术一定要能促进质量更好、服务更好、成本更低，非此是没有商业意义的。

　　……

　　同时，我们反对盲目创新。我们公司以前也是盲目创新的公司，也是非常崇拜技术的公司，我们从来不管客户需求，研究出好东西就反复给客户介绍，客户说的话根本听不进去，所以在 NGN 交换机上，犯了主观主义的严重错误，曾在中国市场上被赶出局。后来，我们认识到自己错了，及时调整追赶，现在已经追赶上了，产品在国内外得到了大量使用，在中国重新获得了机会。中国移动、中国电信、中国网通……都接纳了我们，例如中国移动的 T 网全部是我们承建的，也是世界上最大的 NGN 网。盲目创新导致了很多西方公司的快速死亡。

　　高端的 DWDM（密集波分复用器），我们处在世界先进或领先位置。我们的光传输技术在 4600 多公里长的中间不需要电中继，世界最长的一个光环网也是我们公司提供的，这个网在俄罗斯，总长1.8

万公里——其实这个技术是我们从美国花了 400 万美元买的。在经济泡沫破灭后，西方一些公司破产时，很多新技术舍不得丢掉，他们不希望自己的发明烟消云散，希望后人能够接着研究和应用，我们参加拍卖，用不到投资者原投资1% 的价格买到了这项技术。我们想说明的是，技术并不像有些人认为的是万能的，而客户资源才是更加重要的。我们认为市场最重要，只要我们顺应了客户需求，就会成功。如果没有资源和市场，自己说得再好也是没有用的。因此，为客户服务是华为存在的唯一理由，这句话要发自几万员工的内心，落实在行动上，而不只是一句口号。

3. 基于客户需求导向的组织、流程、制度及企业文化建设、人力资源和干部管理

客户购买产品，一般都很关注以下五个方面：产品质量高、可靠稳定；技术领先，满足需求；及时有效和高质量的售后服务；产品的可持续发展、技术的可持续发展和公司的可持续发展；产品功能强大，能满足需要且价格有竞争力。任何公司都有可能做到其中的一两条，但要同时做到五条不容易。

……

4. 质量好、服务好、运作成本低，优先满足客户需求，提升客户竞争力和盈利能力

真正认识到"质量好、服务好、运作成本低，优先满足客户需求"是提升客户竞争力和盈利能力的关键，也是华为的基本准则。

华为所处的通信行业属于投资类市场，客户购买通信网络设备往往要使用 10 ～ 20 年，而不像快消品一样使用年限较短。因此，客户购买设备时首先是选择伙伴，而不是设备，因为他们知道，一旦双方合作，就需在一个相当长时间内共同为消费者提供服务。因此，客户选择的合作伙伴不但要具有领先的技术水平、高度稳定可靠的产品，能快速响应其发展需求，还要服务好，这样的合作伙伴才有长远生存下去的可能。如果达不到前面几个条件，产品就是送给客户，客户也不会要。客户的要求就是质量好、服务好、价格低，且要快速响应需求，这就是客户朴素的价值观，这也决定了华为的价值观。但是质量好、服务好、快速响应客户需求往往意味着高成本，意味着高价格，客户又不能接受高价格，所以华为必须做到质量好、服务好、价格低，优先满足客户需求，才能生存下去。当然，价格低就意味着必须降低内部运作的成本，不仅要在各个运作环节寻求优化，而且在员工的工资薪酬上，要理智合理地控制，凌驾在他们头上的。另一方面，客户只有获得质量好、服务好、价格低的产品和解决方案，同时合作伙伴又能快速响应其需求，才能提升其竞争力和盈利能力。

（本文摘编自任正非的文章《华为公司的核心价值观》，来源：《中国企业家》，2005 年 9 月）

第二章

变革：重塑华为文化

　　企业主动适应外部环境和在自身成长过程中做出的其他部分的变革，都要求企业文化变革的配合，也就是企业在进行其他变革时，都要求企业文化也随之发生改变。华为的文化建设也经历了从初期的"狼性文化"，发展到后来的"基本法"，再逐渐形成了成熟的高绩效文化，华为的核心价值观也在企业文化的不断变革中逐渐清晰和凝练。

　　华为文化变革历程表明，力量型文化、创新型文化是华为初期企业发展的文化特征，而创新型、智慧型、包容型、力量型"四型"文化的构建，才是华为企业文化可持续发展的关键所在。

　　"狼性文化"与"基本法"的探索是华为企业文化自觉的体现，高绩效文化的确立是华为企业文化自信的体现，企业文化国际化是华为企业文化自强的体现。从文化自觉、文化自信到文化自强，是华为企业文化发展各阶段的具体体现。

第一节　初期的"狼性文化"

很多书籍和报道都曾提到华为的"狼性文化"，华为的合作伙伴英特尔对此的描述是"Aggressive"，意思是侵略性的、有进取心的。

初期的"狼性文化"

初创阶段的华为，不论是人力、物力，与其竞争对手相比都没有优势。任正非本人对狼的精神十分认可，为了摆脱困境、站稳脚跟，华为选择了向狼学习。

他曾经对"土狼时代"的华为精神作了如下经典概括："发展中的企业犹如一匹狼。狼有三大特性：一是敏锐的嗅觉；二是不屈不挠、奋不顾身的进攻精神；三是群体奋斗的意识。企业要扩张，必须要具备狼的这三个特性。"

具体地讲，首先就是要及时发现可能存在的商机，并作出正确的判断，认准真正的机会后就算破釜沉舟也绝不错过；反之则要能够如勾践一样卧薪尝胆，抵制住各种诱惑，耐心等待时机。其次，对于确定的目标，不管如何困难，都必须如狼一样具有进攻精神，未达目的誓不罢休，甚至不择手段，并坚持到底。最后，为了达成共同的目标，团队要具有狼一样的协作精神，做到分工明确、默契配合。任正非带领着华为"狼群"，与市场中的"豹子""狮子"拼杀，将企业的狼性表现得淋漓尽致，屡建奇功。在业界，华为的"狼性"闻名遐迩。在跨国公司占尽优势的情况下，华为依然不断成长，因为它有成功的欲望，更执着地追求发展，采用市场中尽可能有效的战术，常常以集体作战的模式，斗过了比其强大若干倍的对手，找到了生存之法。

"狼性文化"一直存在于华为早期创业阶段，只是没有被提炼出来。

在华为内部，任正非对"狼性文化"第一次，也是唯一一次系统阐述，是在20世纪90年代初期与美国某著名咨询公司女高管的一次会谈中。

"那天全都是谈动物。任总说跨国公司是大象，华为是老鼠。华为打不过大象，但是要有狼的精神，要有敏锐的嗅觉、强烈的竞争意识、团队合作和牺牲精神。"《华为公司基本法》的起草者之一吴春波回忆说。作为上述会谈的会议记录者，吴春波将会议纪要的题目整理成《建立一个适合狼生存的机制》，后来改成了《建立一个适合企业发展的机制》。他解释道："任总对狼文化讲得不多，华为还是比较反感狼文化的提法的。"

但后来"狼性文化"还是贯彻到华为内部了。据称在1997年一个会议上，任正非特别称道"狼"和"狈"的攻击组合。在任正非讲完之后，华为市场部就提出了一个"狼狈计划"——狼狈一片，一线的是狼，其他职工是狈，提供相应的资源，一线和二线紧密配合。如今，虽然那项计划已消散，但"狼性"却作为华为精神被延续下来。

1996年，华为公司与美国著名的 HAY 咨询公司合作实施人力资源管理变革。当时 HAY 公司要选拔具有"狼性"的人才。而为了培养具有"狼性"特质的人才，任正非提议华为要构筑一个宽松的环境，让大家去努力奋斗，这样，当新机会出现时，自然会有一批领袖站出来去争夺市场先机。

那时，任正非宏大的理想与煽动性的语录口号、运动式的内部交流方式，成为艰难环境中华为这个"土狼群体"拓展生存空间最有效的方式。华为市场部人员具有可怕的进攻性，由于任正非一直提倡拼搏精神和以身作则，华为市场人员为了合同可以不回家过年，老婆孩子都无法顾及；研发人员一有任务立即顶上去通宵不眠。这种在后来者看来属于非良性竞争的市场手段却是华为得以快速成长起来的法宝。

任正非曾用"英雄"这个词来形容这些华为人："华为是由无数无名英雄组成的，而且无数的无名英雄还要继续涌入，他们已在创造历史，华为的光辉历史，我们永远不要忘记他们。当我们的产品覆盖全球时，我们要来纪念这些为华为的发展贡献了青春与热血的萤火虫。"在美国著名作家约瑟夫·坎贝尔看来，"英雄"是一个完美的、总会把事情做对的人。事实远不止如此，英雄的特征是能"在常规的成就范畴之外发现、实现（或做到）一些事情"，"并把生命奉献给高于自身或自身之外的东西"。[1]

根据这一"英雄"的定义，华为在全球化的进程中，确实拥有无数的无名英雄。

为了不辜负"英雄"这个称谓，为了华为的生存，为了华为能

---

①瑞·达利欧.原则[M].北京：中信出版集团股份有限公司，2018.

达到业界最佳，包括任正非在内的华为高层领导牺牲了自己的健康，后来者也因为忘我的工作而不断地在无私奉献。

如果就华为文化的特征询问 10 个人，也许有 9 个人都会说是"狼性文化"。可见华为文化等于"狼性文化"的认知已经深入人心。但事实上，"狼性文化"是任正非在 1998 年之前提及的定义，而在 2000 年之后他已经很少正面强调这个概念了。

然而，事实证明，华为人向狼的学习是卓有成效的，在短短 30 年时间内，华为就从一家注册资本只有 2.1 万元人民币的小企业迅速成长为年销售额突破 1000 亿美元的国际通信产业巨头，而"狼性文化"也在这个企业当中生根发芽，影响着一代又一代的华为人，成为华为的标志。

军事化文化

在美国，最大、最优秀的"商学院"，不在哈佛，也不在斯坦福，而在西点军校。第二次世界大战以来，西点军校培养出来的董事长有 1000 多名，副董事长有 2000 多名，总裁有 5000 多名。军事化人才之所以是很多企业梦寐以求的人才，是因为他们拥有在军事化文化的熏陶下所形成的良好素质。

军事文化是军队建设的灵魂和巨大精神动力，也是军队战斗力形成的文化根基。对于企业而言，培养一种军事化的文化，虽然和严格意义上的规范化管理有区别，并且也存在着许多如若运用不当或不适度就会造成危害的可能性，却能在一定程度上弥补我国企业因人而治所造成的各种不规范带来的负面影响。

出生于 1944 年的任正非，经历了"大跃进"，经历了动荡的"文革"年代，像那个时代的很多人一样，心中始终对毛泽东有着无限的尊敬与崇拜。而且，任正非在部队服役期间，对毛泽东的军事理论、群众路线、矛盾论等思想有着深刻的理解。创立了华为之后，任正非更是在公司的各种场合无数次地引用毛泽东的诸多军事思想和原理论述。一名与任正非接触多年、对其管理思想作过一些研究的华为高层认为，《毛泽东选集》是任正非百读不厌的书，其讲话、办事、为人处世的态度和做事方法都带有浓厚的毛泽东风格和特点。可以说，华为的管理思想基础，就是毛泽东思想在企业中的"活学活用"。

的确，毛泽东是一个英明而伟大的领导者，特别是他的一整套军事思想更是令人赞叹，这也往往是他影响后人最深远的地方。在他的这种影响下，不仅是任正非，我国大多数出生在 20 世纪五六十年代的民营企业家都自觉不自觉地把毛泽东的一些思想运用到经营管理中来。比如着力于打造军区化区域管理模型的三株的老总吴炳新，硬是将三株的组织形态转变成一种集西方事业部和军队建制于一体的杂交产物。

任正非运用毛泽东思想到了极致地步，连英国权威杂志《经济学人》都专门撰文进行讨论。

在华为，任正非很少直接向人提起自己的军旅生涯，顶多是口头上滑过一些当年施工时的军事和技术术语。在关注华为的海外媒体眼里，任正非是否具有军方的背景一直是议论的焦点，有说法说他是中国军队的高级干部，经营华为是一种身份掩护，甚至美国国防部也因此不断地对华为展开各种调查。

因为其创始人是军人出身，因此华为文化的一个特色就是时刻散发着一种军事化文化气息。

就拿华为每年招聘大学生来说，到华为报到后，这些天之骄子无一例外都要进行至少为期五个月的严格的封闭式培训，而这其中有一个月完全是单纯的军事训练。负责训练的教官全部都是优秀的退伍军人，而且很多都是由国旗班退役的军官。华为的这种训练，不像员工以往在中学或是大学中所接受的军训那样随意，一切都是按照严格的军事标准进行的。比如说，在训练的开始，每个人都会有一个 20 分的基本分，然后根据个人的表现或加或减。在训练结束时，按一定的比例进行低分淘汰。凡是在训练过程中遭到淘汰的员工将被辞退。在训练期间的各项要求中，华为对于时间的要求是十分严格的，它规定每天要点 4 次名，每次点名迟到扣 3 分。一向散漫的大学生在这种军事化的训练过程中不知不觉就树立起一种绝对守时的观念。

有人会觉得这样严格的管理没有必要。但是任正非认为，凡是守时的民族都是在世界舞台上强大的民族。比如最守时的德国人，虽然在两次世界大战中战败，但每次都能够在战后几十年里再次迅速强大起来，又成为世界强国。正是在这种类似于军事化的守时观念的影响下，华为在 2002 年与思科竞争一个合同金额达几千万元的全国电力调度网项目中胜出。原因很简单——思科代理商交标书晚了 5 分钟，废标了。这些可以说就是军事化文化在华为所起的良好作用的最佳体现。

在对员工进行军训的过程中，华为有过这样一条规定，若某一个人迟到，和他紧邻的两个小组成员和小组组长都要受罚。华为的理由是你们属于一个团队，就有相互帮助的责任，这样才会在以后工作中形成团结协作的习惯。通过这种意识的灌输，华为许多员工的合作意识都非常强，这也就是为什么华为能够应用好系统原理的缘由之一。

华为的军事化文化还表现在其特有的纪律性上。中国人在世界上被公认有一个缺点，就是纪律性差。举个例子来说，每次观看国际比赛，中国人聚集的地方总是留下垃圾最多的地方。但是在华为，持续几个小时的员工大会、演讲或报告，其间没有响过手机的声音。散会后，会场的地上也是干干净净，几乎没有留下一点垃圾。

充分发动和调动群众的积极性，这也是毛泽东经常使用的策略之一。华为最著名的一次群众运动就是1996年华为召开的集体辞职大会，从市场部总裁到各办事处主任，无一例外要向公司提交两份报告——述职报告和辞职报告，一切归零，接受公司的再挑选。这次运动成为华为一次有名的管理创新。

如果说20世纪60年代的企业内部实行军事化文化是因为当时全国的大环境所致，那么到了21世纪，地处深圳的华为依然秉承了军事化文化的很多内容，成为全国罕见的倡导军事文化的企业，其原因可能要归结为任正非的个人情愫和华为的特定背景。

初期"狼性文化"的弊端

初创阶段的华为文化的产生并不是偶然的，总结起来主要是两方面的原因：一是由于华为自身发展的客观需要；二是出于任正非的存在。第一，华为在初创阶段所面临的市场环境是十分恶劣的，前有国际通信巨头的阻截，后有国内后起之秀的追击。在这样的环境中，为了生存，他们要像狼一样去抢夺市场。为了赶超竞争对手，他们需要没日没夜地工作，以床垫为家；为了统一思想，提高效率，他们用军队的优秀经验来武装自己。唯有如此，他们才能获得生存和发展所需要的空间，否则，华为是否能生存到今天都是个未知数。第二，任正非作为华为的创始人，也是初创阶段的华为文化的奠基人。年轻组织的企业文化往往是创始人的产物，企业家的个人性格、价值观念，会直接影响企业文化的形成，并将这种文化传递给每一位员工。当企业由此取得成功以后，这种文化会被整个企业所认可。

结合华为的实际，任正非个人对狼性的认可，促使了"狼性文化"在华为的落地生根；任正非做事"拼命三郎"的风格，无疑对员工有着极大的表率作用，并通过逐级传递，对"床垫文化"的产生起到了积极的作用；任正非军人的经历，是华为军事化文化的基础。可以说，如果没有任正非，或许就不会有初创阶段的华为文化。

初创阶段的这些文化对于华为的发展起到了至关重要的作用，使华为在十年之内成为国内通信领域的领军企业，并具备了与国际通信巨头一较高下的能力。但是任何事物都具有两面性，初创阶段中的华为文化在为华为助力的同时，也存在着天然的弊端。

首先，在"狼文化"中对于狼的个性的过分崇拜，将狼的本性与"狼性文化"等同视之。在企业内部，同级之间冷酷地对待自己的同伴，面临内部竞争时，他们也往往不择手段。不同级之间，上级对于下级的态度极其冷漠，除了要求下级向团队靠拢，向企业靠拢外，不关心员工的个人发展，缺乏足够的人文关怀。在企业外部，面对竞争对手时没有合作共赢的意识，只有你死我活，血拼到底，缺乏战略意识，导致敌人越来越多，朋友越来越少，给企业的发展人为制造了许多障碍。针对种种狼性泛滥的弊端，任正非也逐渐意识到了问题的严重性，从 2000 年以后，不再对"狼性文化"进行过分的强调。

此外，在华为创立初期，几乎每个研发人员都有一张床垫，午休时席地而卧，晚上加班，整月不回宿舍，于是形成华为特有的"床垫文化"。"床垫文化"是华为艰苦奋斗精神的具体体现，但外界对此颇多责难，毕竟"床垫文化"对员工身体健康的摧残是显而易见的，究竟能为华为健康工作多少年成为不少员工讨论的焦点，这一定程度上挫伤了员工特别是新员工的工作积极性。

最后，军队的管理要求是整齐划一，是绝对服从上级命令。然而一个企业的发展，远没有这么简单。在企业发展初期，由于这个团体是新组建的，可能需要更多的纪律性，需要更多的士气。但当一个企业发展到一定规模之后，它会逐步僵化，难免会使得员工行为上的统一，掩盖了思想意识上的差别和分歧。这时企业逐渐需要创造性，只有这样企业才可能有更大的发展。在一些事情上，华为要求员工不管有什么想法，都要无条件地执行上级传达下来的命令，这在无形中加大了员工的抵触情绪，也使得越来越多具有创造性思维的人才选择拒绝华为，给华为的选才工作带来了困难。

第二节 "基本法"嬗变的缘由及挑战

《华为公司基本法》从1995年萌芽，到1996年正式定位为"管理大纲"，到1998年3月审议通过，历时数年。这期间华为也经历了巨变，从1995年的销售额14亿元、员工800多人，到1996年销售额26亿元，再到1997年销售额41亿元、员工5600多人。1998年，华为销售额达到89亿元，员工8000多人。从1995年到1998年华为年销售额平均增长率超过了40%，这为华为的持续发展奠定了坚实的经济基础。

从1996年与香港和记电信项目签订之后，华为开始了境外市场探索之路。通过随国家领导人出访、与国外厂商成立合资公司、与国外厂商建立联合实验室、在国外设立代表处、成立海外资料编辑委员会，所有的一切都是在为向国外市场进行拓展铺路。尽管一路跌跌撞撞，但是华为还是将自己这艘小船勇敢地驶向了远方。

《华为公司基本法》产生背景

华为在企业文化的建设上，尤其是在早期，到处可以看到任正非的身影和文字。那个时期每年都要搞大合唱，搞许多的学习活动。任正非还亲自发表演讲和撰写文章解释企业文化，现在回头看这是非常必要的。但是自从华为全面引入外界管理顾问，通过系统来固化企业文化后，任正非就在有意识地淡化各种口号和运动了。

任正非说："华为要的是成功，而不是口号。我们需要静水潜流，表面上很平静的水流，往往下面的水会很深很急。那些很浅的水在石头上流过，反而总是会泛起浪花。"

华为成立于 1987 年，当时创业资产只有 2.1 万元，成员 7 人。而到了 1998 年，华为已经拥有 8000 多名员工、年销售收入近百亿元。

华为当时虽然取得了辉煌的成绩，但是也面临着各种新问题和矛盾，其中最大的一个问题就是华为经营管理仍然带着"土味儿"，不够规范。单纯靠一个个会议或是一个个偶然事件，是不可能改变团队思维方式和行为方式的，反而会增加团队的迷惘、迟疑和不安全感。

1995 年 1 月，彭剑锋等 5 名中国人民大学教授被华为请去讲授课程，为华为的二次创业与企业的战略转型作辅助。任正非在听了彭剑锋教授讲授的企业二次创业与人力资源课程之后，认为教授们在授课中所揭示的二次创业问题正是华为公司在高速成长和发展的过程中所需要思考的问题。

1995 年 9 月，华为公司发起了"华为兴亡，我的责任"的企业文化大讨论，最初设想是用来总结企业文化，可是任正非逐渐发现，原来自己赞同的观点往往与多数人不同，无法达成共识。这件事对他的触动巨大，他决定邀请彭剑锋等教授为华为起草《华为公司基本法》，尝试在华为建立更加统一规范的价值观和企业文化。

1996 年 3 月，由彭剑锋、黄卫伟、包政、吴春波、杨杜、孙建敏等中国人民大学的教授组成了华为管理大纲起草小组。首稿由包政执笔，后来包政去了日本进修，改由黄卫伟教授主笔。起草小组一成立就驻扎在华为公司，与华为人一起研究起草管理大纲。

在令任正非坚定以三年之功理顺《华为公司基本法》决心的诸

多事件中，其中一件则是由中国"头号证券大王"管金生创办的当时号称"中国最大证券公司"的万国证券的轰然倒下。他转发该则新闻给《华为公司基本法》专家组成员，并批注："转发这篇文章给你们，是让你们知道为什么要搞《华为公司基本法》"，"一个多么可爱的人，一个多么有能力的人，8分钟葬送了一个世界级的证券公司。难道我在迫于内部与外部压力的情况下，不会出现疯狂的一瞬？历史是一面镜子。"

当时有人送给任正非一本19世纪出版的美国宪法，手持此书的任正非当时感叹："今天看来（美国宪法）并不高明，但它指导了美国200多年的发展，奠定了美国今天的繁荣。"他据此为构想中的《华为公司基本法》的使命做出如下规划——"我们的《华为公司基本法》再过20年后，也许不会有多大价值，但现在必须有一个规范来指导我们的工作"。

根据和君咨询的陈振辉和白慧妍的记载，《华为公司基本法》是这样产生的。《华为公司基本法》正是在华为已经初步具有了企业精神之后，并试图将其固化为一个系统的企业纲领的情况下出现的。在华为"基本法"出台之前，包括任正非本人都没有一个对华为企业文化、治企理念和企业精神的系统化的思维。对于《华为公司基本法》应该是一部什么文件，一开始任正非自己也没有想明白，只是觉得华为这时已经需要一个类似于香港"基本法"的东西。

"这个模糊的想法一开始是交给总裁办去做，总裁办把华为的主要文件，比如薪酬制度等放在一个夹子里再加一个封面，贴上一张字条，上面写着'华为公司基本法'，交到任正非面前。但任正非说：'这不是我要的基本法。'总裁办主任问道：'那你要什么基本法？'任正非回答说：'我要知道还用你来做吗？我自己就干了。'"

"当时吴春波等人正在给华为市场部做考核项目，于是任正非决定'让几个中国人民大学的教授试试'。为此，任正非第一次敞开心扉，从个人经历等方面与起草者谈了整整三天，基本法总算破题了。"

任正非提出，《华为公司基本法》要提出企业处理内外矛盾关系的基本法则，要确立明确的企业共同的语言系统，即核心价值观以及指导华为未来成长与发展的基本经营政策与管理规则。

任正非提出"要确立明确的企业共同的语言系统"源自这样的故事——华夏基石管理顾问公司董事长、《华为公司基本法》起草者之一彭剑锋回忆说，1996年的华为，也出现了很多民营企业都遇到的难题。随着企业扩张，人员增多，企业高层和中层、基层的距离越来越远，员工无法领悟老板的想法，觉得老板像鸟一样越飞越高，越来越宏观。而老板看员工，心里想或者嘴上骂："笨得像头猪。"鸟和猪的语言体系不通，企业的内部交流成本加大，这是高速增长的华为遇到的问题。

《华为公司基本法》起草团队的办公室就设在任正非的隔壁，任正非只要有时间，就走过去和他们一起讨论，逐字逐句推敲每一个词语。每个月，华为的高层都会牺牲两个周末的上午休息时间来参与讨论，"有时候甚至停工停产，全公司员工开会讨论"。《华为公司基本法》起草人之一吴春波回忆说。

1996年6月30日，任正非在华为市场庆功及科研成果表彰大会上讲道："我们在进行第二次创业活动，从企业家管理向职业化管理过渡。我们正在进行《华为公司基本法》的起草工作，《华为公司基本法》是华为公司在宏观上引导企业中长期发展的纲领性文件，是华为公司全体员工的心理契约。要提升每一位华为人的胸怀和境界，使他们在事业和目标上有更高的追求。每个员工都要投入到《华为公司基本法》的起草与研讨中来，群策群力，达成共识，为华为的成长做出共同的承诺，达成公约，以指导未来的行动，使每一个有智慧、有热情的员工，能朝着共同的宏伟目标努力奋斗。使'基本法'融于每一个华为人的行为与习惯中。"

在《华为公司基本法》出台的同时，起草者们同时还拿出了28个"子基本法"，包括委员会管理法、虚拟利润法、安全退休金法以及人力资源制度等，这些"子基本法"仍然不是具体的操作制度规定，而是对企业各个组织单位的设计原则进行细分定位。它们没有惩罚和纠错的内容，关于企业运行底线的规定则由各种各样的制度和规章来实现。

这部总计6章、103条的企业内部规章，是迄今为止中国现代企业中最完备、最规范的一部企业基本法。《华为公司基本法》分为宗旨（核心价值观、目标、成长、价值分配）、基本经营政策（经营模式、研发、营销、生产、财务）、基本组织政策（组织方针、组织结构、高层组织）、基本人力资源政策（基本原则、员工权利与义务、考核、管理规范）、基本控制政策（管控方针、质管体系、全面预算、成本控制、流程重整、项目管理、审计、事业部、危机管理）、接班人与基本法修改等六个主要方面，采用法律条文的书写方式编写。

事实上，从 1995 年开始，华为从两个方向对管理做了探索。对内，华为开始对历史经验做出总结，这些智慧集中表述为《华为公司基本法》；对外，华为开始以 IBM 为标杆来学习。从这一年开始，华为和它的同行者们走上了两条完全不同的道路。

具有重要的现实意义

1998 年，对十年后顺利实践自己"成为世界级领先企业"诺言的华为而言，注定是不平凡的一年。这一年，历时三年、八易其稿的中国首部企业宪章《华为公司基本法》正式推出，于其发布之时，任正非表示："中国洋务运动开始的工业化历程，历经 100 多年，至今还没有成长出一个世界级的领先企业，这个历史重任已经落在我们这一代人的身上。"

彼时，刚满十岁的华为高瞻远瞩地将自己的使命定义为：探索一条在中国成长为世界级高科技企业的道路，这条道路将因为华为的出现而由混沌走向清晰。

在走向国际级通信巨头这个新的发展阶段之始，华为所制定的《华为公司基本法》具有十分强烈的现实意义。《华为公司基本法》不但是对华为初创阶段的经验教训的梳理与总结，更明确地阐述和确立了华为的核心价值观，并为未来发展中的企业管理提供了依据。

首先，在《华为公司基本法》中，对华为早期的一些经验教训进行了总结。《华为公司基本法》总结、提升了华为成功的管理经验，确定了华为二次创业的观念、战略、方针和基本政策，构筑了公司未来发展的宏伟架构。《华为公司基本法》以书面的形式表现，以制度的方式约束，将核心竞争力具体地体现出来。《华为公司基本法》描述了构建华为核心竞争力的各个因素，对基础层、载体层和转换层的因素都进行了概述，这些因素是打造核心能力的"着力点"，因而每个因素都具有不可缺少的重要作用。

1998 年 3 月，任正非在其题为《要从必然王国，走向自由王国》的演讲中道出了他起草《华为公司基本法》的核心目的：

> 华为经历了十年的发展，有什么东西可以继续保留，有什么东西必须扬弃，我们又能从业界最佳吸收什么。如何批判地继承传统，又如何在创新的同时，承先启后，继往开来。继承与发展，是我们第二次创业的主要问题。华为走过的十年是曲折崎岖的十年，教训多于经验，在失败中探寻到前进的微光，不屈不挠地、艰难困苦地走过了第一次创业的历史阶段。这些宝贵的失败教训，与不可以完全放大的经验，都是第二次创业的宝贵精神食粮。当我们第二次创业，走向规模化经营的时候，面对的是国际强手，他们又有许多十分宝贵的经营思想与理论，可以供我们参考。如何将我们十年的宝贵而痛苦的积累与探索，在吸收业界最佳的思想与方法后，再提升一步，成为指导我们前进的理论，以避免陷入经验主义，这是我们制定《华为公司基本法》的基本立场。几千名员工与各界朋友两年来做了许多努力，在中国人民大学专家的帮助下，《华为公司基本法》八易其稿，最终在 1998 年 3

月 23 日获得通过，并开始施行。当然它还会在施行中不断地优化，以引导华为向正确的方向发展。

华为第一次创业的特点，是靠企业家行为。当时为了抓住机会，不顾手中资源，奋力牵引，凭着第一、第二代创业者的艰苦奋斗、远见卓识、超人的胆略，公司从小发展到初具规模。第二次创业的目标就是可持续发展，要用十年时间使各项工作与国际接轨。它的特点是要淡化企业家的个人色彩，强化职业化管理。把人格魅力、牵引精神、个人推动力变成一种氛围，使它形成一个场，以推动和导向企业的正确发展。氛围也是一种宝贵的管理资源，只有氛围才会普及到大多数人，才会形成宏大的具有相同价值观与驾驭能力的管理者队伍；才能在大规模的范围内，共同推动企业进步，而不是相互抵消。这个导向性的氛围就是共同制定并认同的《华为公司基本法》，形成切实推动的就是将在十年内陆续产生的近百个子基本法。它将规范我们的行为与管理。

"但华为从制定《华为公司基本法》的过程中学到的，甚至比《华为公司基本法》本身更多，因为它实际上是一个任正非与华为中高层充分沟通并达成共识的过程，而这个共识确保了它的现实性和可执行性。"《华为公司基本法》起草者之一彭剑锋如是评价。

对未来发展给出了指导

通过《华为公司基本法》的制定，华为的核心价值观不再只是口口相传，而是以文字的形式确定下来。《华为公司基本法》有力推动了华为新老员工对于核心价值观认知的统一，在核心价值上达成共识。

而且，《华为公司基本法》对于未来发展的经营与管理给出了指导，确立了在经营、组织、人力资源、控制、接班人五个方面的基本政策，在华为未来发展中起到了积极的促进作用。也就是说，《华为公司基本法》为未来的制度建设等各种管理操作提供了一个基本依据，从企业文化建设方面保证了企业的可控性、可发展性。

比如："成为世界级领先企业"，被写入《华为公司基本法》第一章第一条，它是华为的终极目标与最终理想。同时，任正非在一次员工大会上说道，如果华为保持每年翻番的增长速度，8 年之后华为就可以赶上 IBM。这样一个目标的提出让与会者无不群情振奋，但是大家也觉得这几乎是不可能实现的。1998 年，IBM 的年收入大约为 800 亿美元，员工近 30 万人，而华为的年收入大约为 3.5 亿美元。然而对于任正非来说，目标虽遥远，但并不等于不能实现，需要的只是时间和耐力而已。因此在起草《华为公司基本法》时任正非提议将这一点——"成为世界级领先企业"写进去，并且作为开篇的第一条，那时，华为人似乎才真正明白了任正非的抱负和理想。

"成为世界级领先企业"目标的提出为华为指出了未来发展的目标，大大地激励着每个华为人的荣誉心。

"永不进入信息服务业。"如果说"世界级领先企业"的口号让大家从震惊到陷入了沉默，那么《华为公司基本法》中的一段文字——"为了使华为成为世界一流的设备供应商，我们将永不进入信息服务业。通过无依赖的市场压力传递，使内部机制永远处于激活状态"，则彻底引发了人们长时间激烈的争论。

信息服务不仅可以促进企业有形产品的销售，而且本身也具有很大的市场空间，甚至可以超过所谓的传统硬件设备收入。当时像IBM等国际领先的IT企业都是同时提供信息咨询服务，所以许多公司高层认为，华为没有必要限制自己潜在的发展机会。

任正非当然自有他的考虑，由于当时华为业务发展顺利，公司内部已经开始滋生出高速成长带来的盲目乐观情绪。任正非在一片大好形势中尖锐地看到了"保持强烈的竞争和危机意识，企业才能不断进步"的道理。所以，他希望从这一限制传递出这样的意愿：华为只有无比专注地通过来自竞争的压力来不断提升自己，才能最终成长为世界级的企业，而这是唯一的道路，没有捷径。或许，这可以被看作任正非对于如何成为"世界级领先企业"的最原始、最根源性的思考。

在《华为公司基本法》中，类似的内容还有很多，它们不仅蕴含了管理层对企业的希望，更重要的是它们真实反映了华为员工性情的一面。任正非期待通过确定《华为公司基本法》，把一个与时俱进的价值罗盘置于每一个人的心里，从而使老板与员工的思维方式和行为方式有一个共同的始发点，达成一定的心理契约。

《华为公司基本法》起草者之一吴春波说，直到《华为公司基本法》成稿，华为才"从懵懂和亢奋中清醒过来"。吴春波同样认为，《华为公司基本法》的起草过程比结果更重要。"重要的事情不着急。三年起草，是一个灌输、认同和信仰的过程。通过这三年的不断折腾，每条大家都已经烂熟了，如果三个月拿出来，恐怕就是另外一个结果。"在他看来，《华为公司基本法》可以与 1787 年长达 160 多天的美国宪法的起草过程相媲美——是一次伟大的妥协。

《华为公司基本法》的另外一位起草人，中国人民大学教授杨杜认为，《华为公司基本法》的阶段性意义很大，是"飞速成长的中国企业对自身的生存和发展的一次系统思考"。

《华为公司基本法》的实施过程也是全员进一步对核心价值观进行认同的过程，在坚持核心价值观的立场方面，任正非是非常坚定的。他说：任何一个想进步的基层干部与员工，都必须积极地去学习、领会，不领会《华为公司基本法》的深刻内涵，不会潜移默化地引导自己工作的干部，不允许进入高中层，我们绝不允许管理层出现"夹心饼干"。1998 年春节前夕，在《华为公司基本法》开始正式实施前，任正非还做了动员和解读：公司的《华为公司基本法》归纳了过去八年的经验，也是规划公司未来十年发展的纲领性文件，每一个中高级干部必须认真学习，结合自己的工作写出心得体会，教育自己和教育别人。一定要认真去自学。他号召每一个员工带一份《华为公司基本法》回去度春节，在等待年夜饭的时候，认真读一读，一字一句去理解。从上面我们可以了解任正非对《华为公司基本法》推行的坚定意志。

任正非在多次会议上强调干部学习《华为公司基本法》的重要性："我非常担心华为公司的《华为公司基本法》会出现'墙内开花墙外香'的情况，《华为公司基本法》的定位就是培养中高级干部，干部必须认真学习《华为公司基本法》，领会其精神实质，掌握其思想方法。"

　　成长的可能性促使企业文化产生变革，这些成功促使企业活力化，也使其他企业的组织文化产生变革。同样，这些企业文化上的变革和创新，推进了企业战略的实现和调整，让企业可以持续具有成长性。

　　正是对应于企业全球化战略的调整，华为从自我革新和超越开始，不断地把组织推到超越自我的状态中，通过对组织自身文化的改造，使从公司的最高领导者到全体员工达成共识，以此推进了公司战略的实现。战略改变而企业文化却未加以改造，仅在原有的基础上开发新事业、新产品，大部分只会导致失败的结果。战略与企业文化是相互为用的关系，因此调整战略必须进行企业文化的调整，使企业文化可以为战略的调整提供条件。同时，一项新的战略如果会引起连锁反应，就具有了传播改造的能力，甚至还可能获得提升，导致公司整体的企业文化产生变革，进而使战略的实现成为可能。推进战略的实现必须借助企业文化所提供的基础，一个与战略相适应的企业文化，可以应对环境变化，可以保障系统的执行力，同时也可以推进战略各个业务元素的协同性，从而获得战略实现的组织保障。①

　　从 1995 年开始筹备《华为公司基本法》到成稿经历了三年，而这三年，华为经历了从 1995 年的 800 多人到 1998 年 8000 多人的高速发展过程。

---

① 陈春花.从理念到行为习惯：企业文化管理［M］.北京：机械工业出版社，2011.

《华为公司基本法》的出台在中国企业界产生了不小的震动，很多国内企业对《华为公司基本法》特别推崇，一些人希望能在自己的公司里弄出一套类似的"法律"，以此来建设自己的企业文化。

在外界对《华为公司基本法》赞不绝口时，任正非却已经清醒地意识到它的不足之处。这个认知，其实与华为1996年开始的全球化征程有关。

全球化征程

1994年11月，华为的万门交换机在首届中国国际电信设备展览会上获得极大成功。而此时，任正非的全球视野更加开阔，国际化的战略目标更加清晰和有条理。1995年是华为公司发展史上具有战略转折意义的一年，这一年也是华为国际化道路上的一个分水岭。

1995年12月，任正非作了一次演讲，系统地勾勒了华为未来国际化的宏伟蓝图，并指出了国际化对于公司发展的迫切性。任正非用了一个在业界流传很广的比喻，那就是"山羊为了不被狮子吃掉，必须跑得比狮子快；狮子为了不饿肚子，必须比山羊跑得快"。他指出："我们只有坚定不移地向国际著名公司看齐，努力实现全面接轨，否则随时都有破产的危险。"

任正非提出，华为在"未来三到五年的主要任务是与国际接轨。在20世纪末，我们要达到一个国际中型公司的规模和水平"。"华为要在产品战略研究系统上、市场营销上、在生产工艺装备及管理上，乃至在整个公司的企业文化及经营管理上，全面与国际接轨。"

任正非常说："亚洲企业的国际化本来就难。我国在封闭几十年后，短短 20 年的发展，还不足以支撑国际化。""在以西方国家为主导的当代世界，在巨头耸立的电信业界，我们要看到华为公司国际化的异常艰难，但如果不能克服这些困难，华为也可能是昙花一现。"①

1996 年任正非便开始把目光指向国际公司管理体系，美国 HAY 咨询公司香港分公司任职资格评价体系第一个进驻华为。1997 年年底，任正非先后访问了美国休斯公司、IBM、贝尔实验室和惠普公司。在与国际一流跨国公司接触的过程中，任正非意识到，《华为公司基本法》那种独特的语言模式，并不能跟全球化的大公司形成很好的对话。

任正非由此意识到《华为公司基本法》没法在流程中体现的、没作出评价和进行奖励的价值尺度，注定是短命和软弱的。其起草者之一吴春波教授后来说了这样一句话："'基本法'当时的局限性很明显，关于企业的核心价值观、流程和客户方面的问题提得都很少。"而另一位起草者彭剑锋则表示："《华为公司基本法》对华为成长和发展的实际效果可能远没有它给华为创造的品牌效应和对中国其他企业带来的启迪价值大。"

人员规模、销售额更加庞大

同时，《华为公司基本法》达不到预期的效果，而华为的人员规模、销售额更加庞大，任正非曾这样说过："华为由于短暂的成

---

① 郄永忠，李夏. 华为出海 [J]. 经济导刊，2004(5).

功，员工暂时的待遇比较高，就滋生了许多明哲保身的干部。他们事事请示，僵化教条地执行领导的讲话，生怕丢了自己的乌纱帽。"

另一方面华为开始大规模进军海外市场，试图成为一家国际化公司，所以任正非急于找到能够帮助华为提升管理能力、培养管理人才的办法。

总而言之，《华为公司基本法》的蜕变过程，正是华为在对国际化道路的探索中，其战略能力不断成熟的过程。这一过程充分说明，在面临新的形势时，任何一个组织都必须从哲学的高度对其文化进行不断更新，引入新的内容，确定新的发展思路。企业管理中也不存在一成不变的、永远正确的"最高指示"，只有不断地创新、与时俱进，才能应对未知的变化。

《华为公司基本法》中充斥着大量以"我们要"为开头的条款。华为后来在市场竞争中所创造的"100：1 的人海战术""不计成本——不敢花钱的干部不是好干部""把客户震撼，把合同给我""价格进攻——击杀对手"和"狭路相逢勇者胜"等市场策略，无不体现了《华为公司基本法》以自我为中心的生存价值观，强调"我是谁、我要成为什么、我要怎样去求生存、我要怎样干掉竞争对手"。《华为公司基本法》公布以后，任正非很快就意识到它的缺陷与漏洞，曾经轰轰烈烈的《华为公司基本法》逐渐淡出了人们的视野。而且，《华为公司基本法》曾规定，"为了使华为成为世界一流的设备供应商，我们将永不进入信息服务业"。实际上，从 2010 年起，华为就已经进入信息服务业，如今信息服务业已经成为华为新的增长点。

第三节　反思狼性弊端

有人把通信制造业的各类企业比作草原上的三种动物：跨国公司就像狮子，跨国公司在中国的合资企业就像豹子，而地道的中国本土企业就像土狼。如果这个比喻贴切的话，那华为就是最杰出的土狼。

非正常死亡事件

2006 年以来，有关华为员工自杀与自残，患抑郁症、焦虑症人数持续增多的传闻不断出现。这引起了社会各界对一向充满神秘感的华为的高度关注。华为曾被称为"中国最累的企业"，它所取得的骄人成绩都是依靠华为人百折不挠的奋斗精神得来的。在华为人享受荣誉和高薪回报的同时，他们也在承受着高于其他企业员工数倍的压力，这是外人所无法体会的。

2006 年 5 月 28 日晚，中山大学附属第三医院，25 岁的胡新宇因病毒性脑炎去世。多天的抢救仍无法挽回胡新宇年轻的生命，他全身的多个器官在过去的一个月中不断衰竭，直至生命最后一刻。毕业于四川大学 1997 级无线电系的胡新宇，2002 年考入成都的电子科技大学继续攻读硕士，2005 年毕业以后直接到深圳华为公司从事研发工作。在 2006 年 4 月底住进医院以前，他从事一个封闭研发的工作，经常在公司加班加点，打地铺过夜。

华为时任新闻发言人傅军说："虽然专家诊断的结论是，胡新宇的去世跟加班没有直接的因果关系，但加班所造成的疲劳可能会导致人免疫力下降，给了病毒可乘之机。所以这件事情发生之后，公司再一次重申了有关加班的规定：第一是加班至晚上 10 点以后，要领导批准；第二是严禁在公司过夜。"他又说，IT 行业竞争很激烈，甚至很残酷，在华为面向全球的拓展中，有一些客户的要求须快速被满足。因此一些团队和小组短期内通过加班来快速响应，这不仅仅在华为，在 IT 业界都是较为普遍的现象。"即使需要加班，在加完班之后，按公司规定，加班的员工可以随后进行调休，公司也给员工发了温馨提示，希望大家关注身体健康，做到劳逸结合。"

2007 年 2 月 26 日中午，华为成都研究所一名员工跳楼自杀身亡。

2007 年 7 月 18 日下午，年仅 26 岁的华为员工张锐，在深圳一小区的楼道内自缢身亡。在自杀前，他曾多次向亲人抱怨工作压力太大，并打算辞职。时隔不久，2007 年 8 月 11 日，华为长春办事处一名赵姓员工跳楼自杀。事发前他与其主管在电话里发生争吵，而后扔下手机，纵身从 7 楼跳下。

发生这样的事情，任正非本人也十分担心和不解。他在给华为党委成员的一封信中，这样写道："华为不断地有员工自杀与自残，而且员工中患抑郁症、焦虑症的人不断增多，令人十分担心。有什么办法可以让员工积极、开放、正面地面对人生？我思考再三，不得其解。"

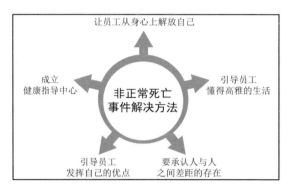

图 2-1 非正常死亡事件解决方法

任正非认识到，企业不能只是给高效率的员工高薪就可以撒手不管其他的事情了，还必须创造条件，让员工从身心上解放自己。他说："我们要引导员工理解、欣赏和接受高雅的生活习惯与文化活动，使他们从身心上自己解放自己。"

任正非发现有些员工手上钱多了，却不知怎么花钱。还有些员工自认为家底比其他人厚实，于是就变得奢侈、张狂。对此，他提出了严厉的批评：

> 一部分员工，不知道自己的祖坟为什么埋得这么好，还是碰到了什么神仙，突然富有后，就不知所措了。有些人表现得奢侈张狂，在小区及社会上表现出那种咄咄逼人的气势，不仅自己，连家人也趾高气扬……
>
> 一部分人对社会充满了怀疑的眼光，紧紧地捂着自己的钱袋子，认为谁都在打他的主意，对谁都不信任……
>
> 这些，都不是华为精神，这些人员是不适合担任行政管理职位的，不管高低都不合适。他们所领导的团队一定萎靡不振。

任正非认为，抑郁问题事实上折射出了华为员工在财富面前的自我束缚。拥有财富是为了更好地享受生活和工作，而不是将自己与周围人割裂开来，更不是成为一个守财奴。

他表示，员工不能成为金钱的奴隶。丰厚的薪酬是为了通过优裕、高雅的生活，激发人们更加努力去工作、去奋斗而服务的，不是使我们精神自闭、自锁。

对于那些感觉压力过大的员工，任正非也诚恳地进行引导："我们引导员工懂得高雅的文化与生活的重要性，积极、开放、正面地面对人生。人生苦短，不必自己折磨自己。不以物喜，不以己悲。同时也要牢记，唯有奋斗才会有益于社会。"

英国心理医生特罗茜·罗尔说："抑郁症是我们为自己构筑的心灵牢狱，而且正因为是我们自己构筑的，所以我们就有能力用自己的双手打开枷锁把自己解放出来。"任正非表示："员工不必为自己的弱点而有太多的忧虑，而是要大大地发挥自己的优点，使自己充满自信，以此来解决自己的压抑问题。我自己就有许多地方是弱项，常被家人取笑小学生水平，若我全力以赴去提升那些弱的方面，也许我就做不了 CEO 了，我是集中发挥自己的优势。"

任正非自己就曾是一名严重的抑郁症患者。他坦承："我也曾是一个严重的抑郁症、焦虑症的患者，在医生的帮助下，加上自己的乐观，我的病完全治好了。"

任正非希望通过自己的亲身经历，鼓励华为人走出抑郁症的阴霾。同时，他也建议公司管理层要充分重视员工的心理健康，并尽量创造条件来帮助他们。任正非表示：

我不主张以组织的方式来实现员工的自我解放，而是倡导员工自觉自愿，自我娱乐，以自己承担费用的方式来组织和参与各种活动，公司不予任何补贴。凡是补贴的，只要不再补贴了，这项活动就死亡了。

"青春之歌"是一个好的名字，一歌、二歌……五歌……各具特色，吸引不同性格与生活取向的人。其实就是各种俱乐部。员工在这些活动中，锻炼了自己，舒缓了压力，也进行了有效的沟通，消除自闭、自傲……只要这些活动不议论政治，不触犯法律，不违反道德规范，我们不去干预。一旦有违规，我们可以通过对有关员工免除其行政职务以及辞退等方式来解决。总之释放员工的郁闷，应通过多种途径和管道来解决，靠组织是无能为力的。要因势利导，使他们明白奋斗的乐趣、人生的乐趣，不厌恶生活。华为有几位高管经常周末、深夜在一起喝茶（务虚会），谈谈业务，谈谈未来，沟通沟通心里的想法，这种方法十分好。我们的主管何不每月与自己的下属去周边喝喝茶，明确传达一下自己对工作的理解和认识，使上下都明白如何去操作。不善于沟通的人，是难做好行政主管的。

任正非希望员工正视自身的问题，并要对自己充满信心："任何时候，任何处境都不要对生活失去信心。唯有艰苦奋斗才会有益于社会。我相信每一个人都能走出焦虑症和抑郁症的困境！"

据心理学专家介绍，在美国，90% 左右的中等规模以上企业都会聘请一个专门的心理服务机构，随时解决员工的心理问题。在欧洲，"为员工减压"运动在企业界非常流行，95% 的大公司和 85% 的中小企业向员工提供了减压帮助，每年的总花费大约有 800 亿欧元。

时任华为副总裁纪平从 2008 年下半年开始，不断向员工邮箱里发送邮件，提醒大家注意安全（哪怕是交通安全），要注意劳逸结合、注意身体健康。纪平之前是华为的 CFO（首席财务官），她又新增了一个头衔"首席员工健康与安全官"，此举意在进一步完善员工保障与职业健康计划。在首席员工健康与安全官之外，华为还专门成立了健康指导中心，规范员工餐饮、办公等健康标准和疾病预防工作，提供健康与心理咨询。

任正非在一次内部讲话中说道：

> 我们要加强对员工的关怀。我最近不是讲了吗？我们 EMT（轮值总裁）做了决定，就是那些在前线竞争中进行投标、进行高强度作业、压力太大的员工，可以短时间到海滨去度假，费用由公司支付。还有一些奋斗强度太大、短时间身体不太好的，可以临时拖到五星级酒店缓冲一下。我们的国际救援都是一级救援的啊。我们买的是美国 AIA（友邦保险）的保险，我们每年为员工支付的各种保障费用大约是八个亿；我们员工在海外有意外，会有直升机送他们到认证的医院去抢救——当然我们不希望这种事情发生。

我们希望大家要互相关爱，特别是各级党组织的支部书记、支委委员，能不能跟员工交交朋友，跟他们谈谈心、吃顿饭？你想想，在非洲那么荒凉的地方，大家出去撮一顿，可能就加深了友谊，可能就是因为你跟他的友谊，他给你打了一个电话，你救了他一条命。所以我号召我们的党组织要跟员工做朋友。当然我讲每级行政管理团队都要和员工有一个规定时间的沟通，多长时间你们和员工定，十分钟、十五分钟都是可以的，你们要沟通。在调动工作时，主管一定要和本人做沟通，不能什么都不告诉他，简单命令一下，这样草率，草菅人命，不好。这种东西容易引起很多矛盾。其实很多事情并不是这样子，讲清楚就好了。所以我讲的就是希望大家互相关爱，这种关爱精神一定要有。这样可以平缓竞争给人们带来的心理压力。

狼性反噬

港湾网络技术公司（以下简称"港湾"）是华为员工李一男遵照华为内部创业的政策成立的公司，发展迅速，在业界曾有"小华为"之称。

2006 年，华为针对其的收购风波，一度闹得沸沸扬扬。港湾风波几乎可以用一句话概括：年轻的公狼离开老的狼群另建新群，并带领新的狼群与老狼争夺地盘和猎物，在竞争中被老的狼群毫不留情地打压并最终被消灭。

港湾是华为最年轻的原副总裁李一男于 2000 年在北京创办的一

家专注于宽带领域，从事宽带网络通信技术和产品的研究开发、生产销售和服务的高科技企业。企业在 2001 年销售额就达 2 亿元；2002 年为 4.1 亿元；2003 年为 10 亿元；2004 年合同销售额同样为 10 亿元。其产品线从简单的接入层交换机发展到拥有万兆核心路由器和交换机、MSTP 智能光网络、ADSL/VDSL 宽带接入设备、软交换，到现在面向 NGN 的大容量综合接入万门局等在内的完整的全网解决方案。在数据领域，港湾还缔造了多个国内第一：首家推出填补了国内多项技术空白全线速的 T 比特万兆核心路由器，同时获得国家 863 课题资助并建立了"国家 863 计划 T 比特路由器实验室"。2004 年一、二季度 CCID（芯片智能卡接口设备）在国内宽带网络设备市场的统计结果表明，港湾在国内高端交换机、路由器领域以及在中低端以太网交换机领域的市场占有率，均已进入国内市场前三甲。

港湾之所以能够在短短几年内在群英荟萃的网络界异军突起，其与华为的历史渊源在中间起到了相当大的作用。

从 1994 年开始即初涉数据通信领域至 1997 年生产出第一款路由器产品，华为的弱势在于分销体系上没有任何经验与积累，这个全新的领域让此前专事运营商直销的华为有点无从下手。于是华为考虑以扶持内部员工出去创业的方式来培养自己的首批核心经销商。于是，2000 年 4 月，在深圳五洲宾馆，任正非率数十名核心高管参加了一个隆重的欢送会。据《中国企业家》杂志的记载，一位参加当时送行的华为人士现在对当时的场景还历历在目。在宾馆大堂里，华为国际部的员工唱着"雄赳赳，气昂昂，跨过鸭绿江"进行开赴国际市场前的动员大会，而在另一侧的会议室中，是欢送大会的现场，整个气氛非常感人。这次欢送会只是为了一个人——李一男，他在离职前是华为常务副总裁，华为内部公认的最有影响力的人物之一。

2000年底，李一男带着从华为拿到的价值1000万元的设备北上京城，创立了北京港湾网络有限公司。港湾在业界第一次露面时的身份是华为企业网产品的高级分销商，那是在2001年2月。在成立以来的八九个月时间里，港湾非常低调，埋头做事。

在推广华为产品的同时，港湾自己研发的网络产品也相继问世。2001年，靠销售华为产品和自己研发的部分产品，港湾获得了2亿元的收入，其中1.7亿元的销售业绩都是来自于华为的产品分销和支持。

"李一男"三个字在华为的分量着实不轻。很快，在2001年就已有上百号华为研发和市场体系核心骨干加盟港湾。凭借李一男此前在华为的人脉关系及任正非的信任，港湾由一个刚出襁褓的小公司一夜间成为一家独大的华为企业网产品的高级分销商，随后的业绩更是节节攀升。

2001年12月，创办港湾仅10个月的李一男在接受《中国计算机报》记者采访时说道："当前的网络建设正向着以园区网建设为主的方向发展，从窄带数据互联业务转向宽带网络建设。宽带IP网不是Internet简单的宽带化，它是未来电信的基础网络。"当时李一男还预计，在企业网的IT建设方面，当年的增长应该在30%以上。而且这个时候，因为瞄准了企业建网的需求，代理华为产品起家的港湾迅速推出了自己的全线交换机产品。

2002 年，在任正非领导下的华为正式收回了港湾的代理权，并派重兵加大了市场开拓的力度。2002 年初，临危受命的郑树生开始亲自操刀重组分销渠道的组织架构。

2002 年 11 月，网络设备厂商们的竞争焦点仍在千兆产品上，因为那已经领先用户需求了。但港湾那时一举收购了欧巴德公司，从而拥有了万兆产品。2002 年年底，重新夺回分销渠道控制权的华为当年销售收入迅速从 2001 年的 3 亿元提高到 13 亿元。当年，华为在国内市场全面开花，一方面以直销争夺通信市场，一方面在企业网也寸土必争。赛迪数据显示，2003 年，华为中国路由器以及以太网交换机分别占领了 21.6% 和 21.2% 的市场份额。

2003 年 12 月 29 日，港湾和深圳钧天科技正式合并，港湾拿下了钧天在 MSTP 光网络领域的全部技术和专利。港湾此举彻底激怒了华为。事实上，对华为而言，港湾联手钧天的确是个太过危险的信号。光通信业务对任正非领导的华为来说是绝不可侵犯的：从 2004 年起，一直经历严冬的光通信市场呈现好转迹象，华为的光通信业务则进入了成熟期，它的净利润高达 25%～30%，一年能为公司提供六七亿美元毛利。光网络是华为的一项重要收入来源，也是其一直引以为豪的领域。

在思科官司的影响下，任正非领导下的华为再次发力数据通信市场，而 2003 年的港湾已经成为年销售收入达 10 亿元的公司，华为与港湾的冲突终于爆发。

据《环球企业家》的记载，"从 2003 年年中起，华为已经在局部市场与港湾展开了直接竞争，华为迅速成立了一个叫作'打港办'

的机构，专事研究港湾的一举一动，采取相应举措。鲜为人知的是，这个著名机构甚至分为两个层面：日常运行的一层是一个几十人的组织，他们能够调动各种资源展开行动。还有一个战略层面的打港办，它由华为副总裁郭平牵头，每周向任正非汇报工作，讨论如何从战略上来打击港湾。

"之后两年里，打港办的工作效率足以让所有港湾员工惊叹：它知悉港湾的每个举动，了解港湾的每个细节，几乎能够挖走它想挖的任何人。这让港湾一方的人士无奈地比喻说，港湾就像'生活在玻璃屋里'。"

对于华为的市场人员来说，只要是有港湾参与的竞标，无论多低的价格都一定要成功，否则就自动走人，双方竞争的惨烈程度已经完全公开化。

2004 年，港湾开始着手海外上市，随后的两次上市努力却均未成功。第一次止步于向美国证券交易委员会（SEC）申报前，匿名邮件泄露引发的"虚造业绩""资金链断裂"等诸多流言导致了港湾第一次严重的离职高潮，上市计划最终流产。

第二次因未获 SEC 批准便不了了之。在 2005 年港湾准备和西门子合作寻求上市之际，华为又给港湾寄出了律师函，指责对方多项产品涉嫌侵犯华为知识产权，致使港湾在海外上市受阻。从 2004 年起，港湾销售业绩连年下滑，在 2005 年 12 月 31 日，国际通信巨头西门子以 1.1 亿美元（当时约合 8.8 亿元人民币）的价格，将港湾包括三个系列的宽带高端产品的全部技术、专利以及 100 余名技术人员在内的核心资产揽入怀中。据悉，这部分资产所带来的利润占到港湾网络总体利润的近 60%。

到 2006 年 5 月李一男与任正非见面时，港湾的自有资金只够维持正常运行半年。因为在与西门子交易失败后，港湾已经得不到资本的支持。

事后，华为收购了港湾，任正非在与港湾高层杭州谈话会议上谈道："这两年我们与你们的竞争力度是大了一些，对你们打击重了一些；这几年，我们自己为了活下去，不竞争也无路可走，这就对不起你们了，为此我表达歉意，希望你们谅解。不过华为逐鹿中原，也是惨胜如败。但愿我们摒弃过去，面向未来，取得双赢。"

2006 年 6 月 6 日，港湾与在任正非领导下的华为联合宣布，就港湾转让部分资产、业务及部分人员给华为达成意向协议并签署 MOU（谅解备忘录）。根据双方达成的协议，转让的资产和业务包括路由器、以太网交换机、光网络、综合接入的资产、人员、业务及与业务有关的所有知识产权。2006 年 9 月 11 日，李一男重返华为，这距离出走已经过去六年。回归后的李一男职务为副总裁兼首席电信科学家，掌管华为战略与市场部。

在最终将港湾并购后，擅长做思想政治工作的任正非试图用文字缓解华为旧将的顾虑。"分分合合也是历史的规律，如果把这个规律变成沉重的包袱，是不能做成大事的。患难夫妻也会有生生死死、恩恩怨怨，不经受考验岂能白头呢？只要大家是真诚的，所有问题都可以解决……从现在开始，前半年可能舆论界对你们会有不利的地方，但半年后，一定是十分正面地评价你们的行动。"

回忆起当初的竞争，任正非把责任归咎为西方风险投资。任正非在与港湾高层杭州谈话会议上谈道：

你们开始创业时，只要不伤害华为，我们是支持和理解
的。当然你们在风险投资的推动下，所做的事对华为造成
了伤害，我们只好做出反应，而且矛头也不是对准你们的。
2001 年至 2002 年华为处在内外交困、濒于崩溃的边缘。你
们走的时候，华为是十分虚弱的，面临着很大的压力。内部
有许多人，仿效你们推动公司的分裂，偷盗技术及商业秘密。
当然真正的始作俑者是西方的基金，这些基金在美国的 IT 泡
沫破灭中惨败，而后转向中国，以挖空华为、窃取华为积累
的无形财富，来摆脱他们的困境。华为那时弥漫着一片歪风
邪气，很多人高喊"资本的早期是肮脏的"口号，成群结队
地在风险投资的推动下，偷走公司的技术机密与商业机密，
使华为摇摇欲坠。竞争对手也利用你们来制约华为，我们面
对的是比基金、竞争对手更大的压力。头两年我们通过加强
信息安全、交付件管理才逐步使研发稳定下来；加强市场体
系的干部教育与管理，使市场崩溃之风停住了。开了干部大
会，稳定了整个组织，调整了士气，使公司从崩溃的边缘，
又活回来。后来我们发现并不是和你们竞争，我们主要面对
的是基金和竞争对手，如果没有基金强大的力量，你们很难
招架得住与我们竞争的压力。我们感觉到基金的力量与巨大
的威胁，如果我们放弃竞争只有死路一条。如果基金这样做
在中国获得全面胜利，那么对中国的高科技是一场灾难，它

波及的就不只有华为一家了。因此，放任，对我们这种管理不善的公司将是一个悲剧，我们没有退路，只有坚决和基金做斗争。当然也要面对竞争对手的利用及挤压。因此，这些做法较大地挫伤了你们，为此我表达歉意。

从任正非把李一男调离中央研究部，到百般挽留后为李一男召开的欢送会，再到华为最终收购港湾，李一男被重新任命为华为副总裁兼首席电信科学家，任正非和李一男的关系并非如看上去那么敌友分明，有人甚至形容，这与父子关系有着惊人的相似。

港湾与华为的竞争和争斗只是一个突出的例子，华为发展的二十几年，也培养了一批强而有力的员工，这些同样渴望独立和创业的"公狼"并不安心留守，他们选择在合适的时机出走，甚至不惜和华为对簿公堂。狼性中反噬和血腥的一面，由此表露无遗，华为同样承受着狼群反噬之痛。

国际化遇阻

在华为国际化的道路上，"狼性文化"也遭遇了很多困难。

首先，华为的狼性竞争手段，固然会赢得市场，但是也必然会遭到竞争对手的反击。资料显示，华为和其同城的竞争对手中兴，就曾有过长达十年的诉讼，双方都投入了极大的人力和财力来打官司。2003年，思科也对华为提出了诉讼，指控华为对其产品的抄袭。

华为的狼性野蛮的竞争，咄咄逼人、不择手段的进攻方式甚至是恶性竞争，都让国内外的同行忍无可忍，竞争对手们开始进行强有力的反击。

其次，华为的强势还遭到了很多国家、地区政府的抵制，这甚至影响了华为对其他国家和地区企业的并购和收购行为。例如2005年，英国政府就阻止了华为收购其电信巨头——马可尼公司；华为在印度建厂的计划被印度官方拒绝；华为多次希望能够进入美国市场却只能宣告失败，至今没能突破。这些都是华为国际化道路上的正常的商业活动，却不幸夭折。究其原因，"狼性文化"让这些国家和地区感到威胁，从而成为华为国际化的障碍。

在思科与华为的对抗当中，思科最担心的是由官司引发的国家干预。但实际的结果是，中国政府还没来得及作出丝毫表示，这场各界瞩目的思科与华为之争就已偃旗息鼓。

但是随后，事情又回到原点——华为路由器将通过另外一条路径再次登场，由此，可以看出华为开始学会合纵连横的政治手腕。2003年3月，在华为与思科的诉讼过程中，华为与美国3COM公司在香港成立合资企业——华为-3COM，在美国市场上将华为的路由器产品冠以3COM品牌出售。3COM在美国市场提供中低端路由器产品，并拥有自己相对完整的渠道。华为拥有合资公司51%的股份，3COM拥有合资公司49%的股份。值得关注的是，此次被思科诉为侵犯了自己路由器知识产权的华为，却是以这些路由器设备的知识产权来入股的，3COM出的则是现金。3COM想通过华为进入中国，华为想傍着3COM进入美国。

联盟关系达成之后，3COM为华为在其与思科的诉讼案中作证，否认华为侵权，并暗示思科的诉讼带有反竞争性质。尽管3COM对华为的声援让思科措手不及，但也并非难以理解。思科的崛起迅速抢占了其他美国同行的市场，强大的思科让 3COM 在企业网络产品领域感觉到了自己的日渐式微，它必须借助或者联合一种外力来复兴自己已衰落的市场份额。

Bruce Claflin，3COM 的首席执行官在接受《商业周刊》采访时，回忆起两家公司"初相逢"的情景："3COM 对市场竞争格局的分析认为，公司应把重点放在企业网络产品上，而在这一市场上3COM 的主要竞争对手是思科。但是 3COM 相信，如果能够向客户提供他们所需要的价值，就能够获取更多的资源。为了实现这个目标，3COM 要做三件事情：需要更广泛的产品线满足客户需求；要提供具有竞争力成本结构的产品；中国是全球电信行业的重要市场，如果3COM 想成为全球领先的公司，就必须在中国市场取得非常好的竞争地位。而要同时完成这三件事情，最有效可行的方式，是在中国寻找一家具有相应技术产品实力的合作伙伴并成立合资公司。"

Bruce 有一套毛泽东式的哲学：敌人的敌人就是我们的朋友。

有了这次合纵连横的经验之后，任正非要求华为力求与更多伙伴进行合作。2003 年 7 月，华为与一家名为 Avici Systems Inc. 的网络设备销售商达成了代销协议。同样的关系也在它与总部位于加利福尼亚州圣地亚哥市的 LightPoint Communications Inc. 之间建立起来。正如《华尔街日报》报道所言，一时之间，华为公司已然成为"西方公司寻求的理想的合作伙伴"。

同时，任正非也清楚地认识到，单纯的价格战并不是参与市场竞争的良策，有时反而还会对企业产生不利的影响。2005 年 7 月，任正非在其题为《华为与对手做朋友，海外不打价格战》的演讲中说道："在海外市场拓展上，我们强调不打价格战，要与友商共存双赢，不扰乱市场，以免西方公司群起而攻之。我们要通过自己的努力，通过提供高质量的产品和优质的服务来获取客户认可，不能由于我们的一点点销售额损害了整个行业的利润，我们绝不能做市场规则的破坏者。"

反思：不做"黑寡妇"

事实上，"狼性文化"贯穿华为成长的全过程。早期，华为生不逢时，自己的对手爱立信、诺基亚、西门子、阿尔卡特、朗讯、北电网络等百年企业，个个实力强劲，华为难以望其项背。为了生存下去，为了抢夺订单，华为通常不择手段地去达成自己的目标。在与同城对手中兴通讯的竞争中，即便是赔本也要拿下项目。那时候，凡是有华为的地方，一定会有"血雨腥风"。华为这头"土狼"处处树敌，在国内国外都不受待见，华为早期进军欧洲时，曾被抵制。

今天，华为早已告别生涩，内部管理更为规范，不再是"青纱帐里出来的游击队"，已变身为一家技术驱动性现代企业，其价值主张也发生了变化，开始重视产业链的构建，与人为友。任正非曾对企业业务的管理层说，华为要学会与人合作，学会与人分享，不要破坏行业价值。

但华为身上的狼性并没有因此退化，它已经化为血液，在华为的躯体里静静流淌。只是，华为在行事方式上发生了变化，从早期的不择手段，到现在的委婉曲折。华为内部有一种说法，凡是华为认定的目标，均会不惜一切代价去达成，这一点至今未变。从电信设备到终端再到企业业务，华为是靠着狼性走过来的。

任正非曾入选 2005 年《时代周刊》全球"建设者与巨子"100名排行榜，他是当时中国唯一入选的企业家。《时代周刊》评价说，华为正重复当年思科、爱立信等卓著的全球化大公司的发展历程，并且正在成为这些电信巨头"最危险"的竞争对手。

华为给世人的印象就是"黑寡妇"，对此任正非也知道。2010年 12 月，他在华为的内部讲话中曾这样说道："当'苹果皮'出现时，我也让有关人士向他们传递信息，最初得到的反应是负面的——看看华为过去的'黑寡妇'形象，多么的恶劣。"

任正非深知，华为要跟别人合作，不能做"黑寡妇"。"黑寡妇"是拉丁美洲的一种蜘蛛，这种蜘蛛在交配后，母蜘蛛就会吃掉公蜘蛛，作为自己孵化幼蜘蛛的营养。以前华为跟别的公司合作，一两年后，华为就把这些公司吃了或甩了。2010 年，任正非在华为云计算产品发布会上表示："我们要改变这个现状，要开放、合作、实现共赢。我们要保持'深淘滩、低作堰'的态度，多把困难留给自己，多把利益让给别人。多栽花少栽刺，多些朋友，少些敌人。团结越来越多的人一起做事，实现共赢，而不是一家独秀。"

为了打消一些潜在的云计算产品平台合作者的顾虑，任正非在这次会议上承诺华为决心改变自己以前的"黑寡妇"形象。这次会议是华为对外合作模式上的一个转折点，对以前合作模式的深刻反思显示出华为比以往更加开放和更加自信的姿态，同时也展现出了国际化大企业应有的胸襟和视野。

2010年，任正非在《以客户为中心，加大平台投入，开放合作，实现共赢》的讲话中提到："我们为什么不把大家团结起来，和强手合作呢？我们不要有狭隘的观点，想着去消灭谁。我们和强者，要有竞争也要有合作，只要有益于我们就行了。现如今，华为已在很多领域与友商合作，经过五六年的努力，大家已经能接受华为。"

"华为的发展壮大，不可能只有喜欢我们的人，还有恨我们的人，因为我们可能导致了很多个小公司没饭吃。我们要改变这个现状，要开放、合作、实现共赢，不要'一将功成万骨枯'。比如，对于国家给我们的研究经费，我们不能不拿，但是我们拿了以后，是否可以分给其他需要资金的公司一部分，把恨我们的人变成爱我们的人？前20年我们把很多朋友变成了敌人，后20年我们要把敌人变成朋友。当我们在这个产业链上拉着一大群朋友时，我们就只有胜利一条路了。"

曾经，有外国媒体向任正非提问："您认为华为在美国面临的挑战是信任的缺失，还是贸易保护主义？如果是贸易保护，华为是否考虑通过中国政府去和美国政府沟通？"任正非的回答是：

美国是个伟大的国家，先进的制度、灵活的机制、明确清晰的财产权、对个人权利的尊重与保障，都是美国强大的支撑；比如乔布斯，在中国土地上，就很难生存下来，他身上有很多怪癖，不容易被中国人接受。美国这种伟大的机制和文化的开放，使美国还会长期保持领先位置。向美国学习，我们从来就没有动摇过。"9·11"事件中，飞机炸掉世贸中心，人们纷纷逃难，沿着楼梯往下走的人，不时还礼貌地给残疾人让路。而消防队员却从下往上冲，老百姓往下撤，非常有序。这种精神的形成，不是一蹴而就的，应该是沉淀了几百年的文化素养。这些都是美国的伟大之处。

最近我看了一段视频，韩国"岁月号"沉船事件中，在发放救生衣时非常有序，人们还互相谦让，秩序也没有混乱。这可是在生死攸关的时刻，从这一点可以看出来韩国人民有多么伟大。我们都要向他们学习。无论美国是否买华为的设备，或者如何对待我们，相比上面的一切，这只能是小事。

"我经常比喻说，一个西瓜切成八块，我只要一块。"任正非表示，华为没有把任何人当成敌人，只是想共同来创建这个世界，"在国际分工中，华为只做一点点事，以后也只能做一点点事"。

任正非表示，他曾对日本企业说，华为就是搞数学逻辑的，绝对不会做物理的东西，这样日本公司就放心了，不用担心华为与他们的材料技术竞争，"我不会搞氮化镓"。

"我跟微软也说了，我永远不会搞搜索，它也放心了。"任正非说，这样一来，华为跟大家就都是朋友。

第四节　薇甘菊的精神

薇甘菊，菊科多年生草本植物，原产于南美洲和中美洲，现已广泛传播到亚洲热带地区，如印度、马来西亚、泰国、印度尼西亚、尼泊尔、菲律宾等地，成为当今世界热带、亚热带地区危害最严重的杂草之一。大约在 1919 年，薇甘菊作为杂草在香港出现，1984 年在深圳被发现，2008 年来已经广泛分布在珠江三角洲地区。该植物已被列入世界上最有害的 100 种外来入侵物种之一，也被列入中国首批外来入侵物种。

值得一提的是，薇甘菊具有如下鲜明的生长特点：1. 生长周期短。从结花蕾，到盛开、授粉、种子成熟，再到种子传播，仅需要短短的两周左右的时间。2. 生长速度快。它还可以节点生根，进行无性繁殖，根与节吸取营养。在内伶仃岛，薇甘菊的一个节在一年中所分枝出来的所有节的生长总长度为 1007 米！故有些学者称其为"一分钟一英里的杂草"。3. 生命力强盛。对生存条件要求极低。4. 侵略性强。由于薇甘菊的快速生长，茎节随时可以生根并繁殖，快速覆盖生境，且有丰富的种子，能快速入侵，通过竞争或他感作用抑制自然植被和作物的生长，甚至大树都会被它绞杀。

任正非是薇甘菊精神的崇尚者，这位博览群书、涉猎广泛的华为精神领袖，曾在华为早期就在企业内部传播过薇甘菊的基因：

"你们知道薇甘菊吗？薇甘菊是一种杂草，号称'植物杀手'，它只需要很少的水、很少的养分，就能快速生长，能够抢光其他植物的资源，使自己生长的空间和范围很宽、很广，它迅速地生长，覆盖了所有的植物，使它们没有阳光而死亡。我们做产品需要具备薇甘菊这样的能力，要在末端接入层成为霸主。要成为行业的薇甘菊，就必须具备实力，没有实力是做不了霸主的。"

《华为公司基本法》第十四条："我们追求在一定利润水平上的成长的最大化。我们必须达到和保持高于行业平均的增长速度和行业中主要竞争对手的增长速度，以增强公司的活力，吸引最优秀的人才，和实现公司各种经营资源的最佳配置。在电子信息产业中，要么成为领先者，要么被淘汰，没有第三条路可走。"

可以非常贴切地说，华为就是株薇甘菊，在华为的战略、组织、文化与业务运作中处处凸显的就是薇甘菊精神。

华为资深管理顾问吴春波教授曾如此描述："华为现用的司徽是一朵八瓣的红菊花，这纯属巧合。在华为的战略、组织与文化中凸显的就是薇甘菊精神。"[1]他更是充满激情地写道："当这颗卑微的种子落地于贫瘠的农村通信市场，没有抱怨，没有纠结，就本能地扎根，贪婪地攫取营养，快速地繁殖，持续地侵入他人的地盘，以压强原则，'一点两面三三制'地进入城市主流市场，绞杀那些'七国八制'的大树，继而反攻全球市场，形成今日的'全球尽是红菊花'格局，在全球彰显中国企业的力量。"[2]

30年来的华为就是一株薇甘菊。它最早不过就是一粒草籽，由一粒草籽长成一株小苗，一株小苗上有几个节点，这些节点都是以

---

[1][2] 吴春波. 华为没有秘密 [M]. 北京：中信出版社，2016.

"每分钟一英里"的速度迅速地扩张。薇甘菊的精神，恰恰代表着华为的文化与组织竞争力。到了今天，华为从前的竞争对手，那些百年巨头们，那些电信巨无霸们，一个一个在衰落，一个个地垮掉，而华为成了电信制造行业的全球领导者。

未来的华为还会具有这样一种薇甘菊的勇气、力量、信念和激情吗？帝国型企业都是一场繁华大梦，在今天这个变化大于变革的时代，所谓永恒的商业理想都是不现实的。今天拥有 18 万员工的华为在西方企业的眼里也是一个商业帝国了，但是这个帝国能够持续地走下去吗？倒下是必然的，只是何时的问题，大而不倒只是神话。然而，令我们感到惊讶和钦佩的是，今天我们所看到的华为，依然具有强大的进攻性，依然具有薇甘菊那种疯狂成长的激情。

第五节　逐渐成熟的高绩效文化

企业之间的竞争，说穿了是管理的竞争。不抓人均效益增长，管理就不会进步。华为要摆脱对资金的依赖，对技术的依赖，对人才的依赖，使企业从必然王国走向自由王国，就必须建立起高效合理的管理机制。华为现在推行的 IPD（集成产品开发）、CRM（客户关系管理）、IFS（集成财务服务）、ISC（集成供应链）等一系列变革，其实都是华为高绩效文化的一部分。

高绩效文化产生的背景

虽然以国内标准衡量，华为是相当成功的公司，但因为管理系统的薄弱，华为的管理水平与国际同行的差距还相当大。华为每年把销售收入的 10% 投入研发，但研发的效益仅仅是 IBM 的 1/6；在供应链方面，华为订单及时交货率只有 50%，而国际领先公司为 94%；库存周转率 3.6 次 / 年，但国际领先公司为 9.4 次 / 年；订单履行周期长达 20~25 天，国际领先公司为 10 天；从人均销售额比较，华为的 100 万元人民币与国际领先公司的 50 万美元同样相差悬殊。在寻求中国的管理咨询顾问帮助失效后，任正非把目光投向了海外。

1996 年，华为把目光转向国际公司管理体系，美国 HAY 咨询公司香港分公司任职资格评价体系第一个进驻华为。1998 年，中国第一部公司管理基本法——《华为公司基本法》定稿问世，同年，华为成为劳动和社会保障部两家与英国合作的"任职资格标准体系"试点企业之一。

创业阶段，华为避开了与跨国公司的正面竞争，在他们不愿顾及的农村市场中站稳了脚跟。但是，与世界一流公司相比，华为的管理水平和员工的职业化素养都存在明显的差距，"农民 + 手工作坊"的创业发展模式，已经成了制约企业持续发展的最大障碍。

1998 年，恰好是华为成立的第十个年头。华为的交换机、接入网、智能网、光网络等产品的开发和市场应用都已经取得重大的突破，公司的销售额达到了 89 亿元，已经到了必须在国内外主流市场与国际一流电信设备制造商一争高下的时候。此时，任正非提出了"管理与国际接轨"的口号，启动了业务流程的变革。

1997 年年底，任正非访问了美国休斯公司、IBM、贝尔实验室和惠普公司。其间对 IBM 的产品开发模式、供应链管理模型等做了比较全面的了解，他决定向 IBM 学习。另外，任正非朝思暮想的是"长治久安"，IBM80 多年历史中积累的经验与教训，特别是 20 世纪 90 年代"死而复生"的经历，是华为这样一家年轻企业非常希望学习和借鉴的。

1998 年，是华为历史上的分水岭。这一年，华为与 IBM 合作启动了"IT 策略与规划（ITS&P）"项目，开始规划华为未来三到五年需要开展的业务变革和 IT 项目，其中包括 IPD（Integrated Product Development，集成产品开发）、ISC（Integrated Supply Chain，集成供应链）、IT 系统重整、财务四统一等八个项目，IPD 和 ISC 是其中的重点。华为希望"穿上 IBM 的鞋"，迅速走上国际化管理的轨道。

任正非希望通过引入世界级管理咨询公司的管理经验，全面构筑客户需求驱动的流程和管理体系。这是一场地震式的变革，由于变革触动了太多人的利益，因此变革在执行过程中与华为的"狼性文化"产生了严重的冲突，表现为：

1. 员工对"集成产品开发"没有任何了解，有抵触情绪。

2. 员工对"集成产品开发"的重要性意识不够。

3. "集成产品开发"的管理思想与华为"狼性文化"的管理思想产生冲突。

解决这些问题，任正非的个人影响力起到了决定性作用。

1. 为提高员工对"集成产品开发"的重视程度，任正非作了《为什么要进行自我批判》的讲话，并将因研发问题造成的呆死物料作为"奖品"发给现场的研发骨干。

2. 为强调管理改革的重要性，任正非又发表了题为《不做昙花一现的英雄》一文，提出要坚定不移学习 IBM 的先进管理经验。

3. 为缓解员工的抵触情绪任正非在公司会议上异常严厉地指出最痛恨"聪明人"，任何人都要向 IBM 学习。

在任正非"不问青红皂白"的推动下，表面阻力得到有效遏制。

为解决 IBM 管理文化与华为原始文化冲突的问题，任正非提出："要先僵化，后优化，再固化"的理念。

"我们是要先买一双美国鞋，不合脚，就削足适履。"总的来说，华为按照"先僵化，后优化，再固化"的步骤整合优化自己的文化。

高绩效文化变革的结果

2003 年上半年，数十位 IBM 专家撤离华为，业务变革项目暂告一个段落。此次业务流程变革历时五年，耗资数亿元，涉及公司价值链的各个环节，是华为有史以来影响最为广泛、深远的一次管理变革。

华为对管理体系全面西化和提升的过程，是从研发、供应链等后端业务流程入手，逐渐加入人力资源管理等辅助单元，伴随着企业成长和外部市场环境变化，最终在组织结构与涉及市场营销前端业务的流程上进行国际接轨。这种独特的与国际接轨的管理方式，主要是源于公司本身的发展阶段和中国特殊的市场环境，这些因素导致华为很难全盘照搬西方的管理规范。毕竟华为的管理和组织结构还处在一个巨大的变动期，华为能不能在很好地解决了"事关生死"的后端管理问题之后，再提升发展速度和在前端取得突破，这个问题没有人可以真正断言。

华为曾经聘请 IBM 的专家给自己的各个部门做 TPM(管理评分)，以满分 5 分计，华为 2003 年的平均分只有 1.8 分，2004 年上半年才达到 2.3 分，而 2004 年的目标是 2.7 分。按照 IBM 的意见，一家真正管理高效规范的跨国公司，其 TPM 分值应达到 3.5 分。另外，根据 IBM 专家的评测，华为人均工作效率只有国际一流公司的 1/2.5。华为常务副总裁徐直军直言不讳地指出："我们还不是一家真正的跨国公司，更谈不上世界级企业，我们在各方面都与他们相差很远，尤其是管理。"

至 2014 年，华为 IPD 变革开展了 15 年，TPM 近几年却一直徘徊在 3.3 分而无法提升。

即使如此，华为用了 25 年时间，在西方顾问的帮助下，还是建立起了包括选、用、留、育、管在内的完整的人力资源管理体系。在推动华为成为全球领先公司的过程中，人力资源管理功不可没。通过持续渐进的管理变革，华为建立了一个"以客户为中心、以生存为底线"的管理体系，研发、销售、供应、交付和财务等各个领域内部的能力和运营效率有了很大提升。

同时，华为人也清醒地看到，华为各大流程之间的结合部依然是今天管理变革面对的硬骨头，管理变革出现了"流程功能化、变革部门化"的突出问题，使流程能力和效率的进一步提升受到制约。华为轮值董事长郭平表示："华为已经确定下一步管理变革的目标是提升一线组织的作战能力，多打粮食。华为围绕这一目标开展跨功能、跨流程的集成变革。业务流程建设的本质是为客户创造价值，因此必须是端到端的。通过下一步的管理变革，华为要真正实现从客户中来、到客户中去，持续提高为客户创造价值的能力，并确保公司管理体系能像眼镜蛇的骨骼一样环环相扣、灵活运转、支撑有力。"

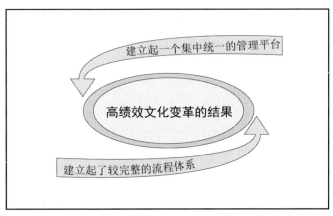

图 2-2　高绩效文化变革的结果

2014 年，任正非表示："从 1998 年起，邀请 IBM 等多家世界著名顾问公司，先后开展了 ITS&P、IPD、ISC、IFS 和 CRM 等管理变革项目，先僵化，后优化，再固化。僵化是让流程先跑起来，优化则是在理解的基础上持续优化，固化是在跑的过程中理解和学习流程。我们要防止在没有对流程深刻理解时进行'优化'。经过十几年的持续努力，我们取得了显著的成效，基本上建立起了一个集中统一的管理平台和较完整的流程体系，支撑公司进入了 ICT（信息通信技术）领域的领先行列。"

2018 年 5 月，长江商学院终身教授薛云奎分析了华为近 10 年的财报，指出："2017 年度，华为共发生销售及管理费用 926.81 亿元，占销售毛利的 38.92%；与 2016 年度的 41.14% 相比，有较大幅度下降，更是远远低于 2008 年 45.06% 的水平。纵观过去 10 年，其销售及管理费用的占比一路保持持续、稳定下降的态势，表明公司单位销售及管理费用的投入 / 产出效率得以提升。与此同时，华为 2017 年资产周转率达到创纪录的 1.19 次，略高于 2016 年的 1.18 次。较 2008 年的 1.06 次，公司保持了持续稳定的提升。这一方面说明公司管理风格在过去 10 年非常稳健、各项管理制度健全，另外一方面也展示出少有的大规模公司的卓越管理风范。"[①]从 1998 年开始，华为文化随着华为国际化的征程而逐渐发展成熟。在国际化的趋势下，华为的本土文化色彩开始变淡，西方现代的企业文化思想逐渐融入，最终转变为一种可持续发展的复合型企业文化。

首先，华为文化中的时间概念、标准化概念、流程概念逐渐增强，具体表现为企业建立起了一套符合自身要求的现代企业流程管理体系。其次，绩效文化在华为开始盛行，绩效考核制度迅速建立起来。

无论是团队的领导者还是普通员工，对自己未来的目标都要有清醒的认识，并以结果完成情况作为评价自己工作的最重要部分。华为在快速扩张、员工数量迅速增长的情况下保证了工作效率的持续提升和企业目标的达成。

---

① 薛云奎 . 读完这十年财报 你能看出华为多少秘密 ?[N/OL]. 搜狐新闻 ,2018-05-03.http://www.sohu.com/a/230317853-313745.

最终的结果证明，经过变革的华为文化契合了华为发展的实际需要。华为在国际化的道路上一路高歌猛进，销售额持续增长。经过几个阶段的不断演变，华为文化从无到有、从混沌到清晰，逐渐发展成一套成熟的、独特的企业文化管理体系，也就是华为构建起了创新型、智慧型、包容型、力量型"四型"的文化，这才是华为企业文化可持续发展的关键所在。

逐步加深理解"以客户为中心，以奋斗者为本"的企业文化

二十年来，我们在研发、市场、服务、供应、财务管理、监控审计、员工的思想教育等方面均取得了较大的成绩。我们已在全球化竞争中奠定了基础，我们正走在提高科学管理能力、提高运行效率、合理降低内部成本、适度改善报酬与考核机制、促进新生的优秀干部快速成长的道路上。但以什么为我们工作的纲领，以什么为我们战略调整的方向呢？我们在长期艰难曲折的历程中，悟出了"以客户为中心，以奋斗者为本"的文化，这是我们一切工作的魂。我们要深刻地认识它，理解它。

一、坚持以为客户服好务，作为我们一切工作的指导方针

二十年来，我们由于生存压力，在工作中自觉不自觉地建立了以客户为中心的价值观；应客户的需求开发一些产品，如接入服务器、商业网、校园网……，因为那时客户需要一些独特的业务来提升他们的竞争力。不以客户需求为中心，他们就不买我们小公司的货，我们

就无米下锅，我们被迫接近了真理。但我们并没有真正认识到它的重要性，没有认识到它是唯一的原则，因而对真理的追求是不坚定的、漂移的。在20世纪90年代的后期，公司摆脱困境后，自我开始膨胀，曾以自我为中心过。我们那时常常对客户说，他们应该做什么，不做什么……，我们有什么好东西，你们应该怎么用。例如，在NGN的推介过程中，我们曾以自己的技术路标，去反复说服运营商，而听不进运营商的需求，最后导致在中国选型时，我们被淘汰出局——连一次试验机会都不给。历经千难万苦，我们请求以坂田的基地为试验局的要求，都苦苦得不到批准。我们知道自己错了，我们从自我批判中整改，大力倡导"从泥坑中爬起来的人就是圣人"的自我批判文化。我们聚集了优势资源，争分夺秒地追赶。我们赶上来了，现在软交换占世界市场40%，为世界第一。

公司正在迈向新的管理高度，以什么来确定我们的组织、流程、干部的发展方向呢？以什么作为工作成绩的标尺呢？我们要以为客户提供有效服务，来作为我们工作的方向，作为价值评价的标尺，当然是包括了直接价值与间接价值。不能为客户创造价值的部门为多余的部门，不能为客户创造价值的流程为多余的流程，不能为客户创造价值的人为多余的人；不管他多么辛苦，也许他花在内部公关上的力气是很大的，但他还是要被精简。这样我们的组织效率一定会有提高，并直接产生相关员工的利益。因此，各级领导在变革自己的流程与组织时，要区别哪些是繁琐哲学，哪些是形式主义，哪些是教条，哪些是合理必需。

二、为什么是以奋斗者为本

我们奋斗的目的,主观上是为自己,客观上是为国家、为人民。但主、客观的统一确实是通过为客户服务来实现的。没有为客户服务,主、客观都是空的。当然奋斗者包含了投资者及工作者。

什么叫奋斗,为客户创造价值的任何微小活动,以及在劳动的准备过程(例如上学、学徒……)中,为充实提高自己而作的努力,均叫奋斗,否则,再苦再累也不叫奋斗。企业的目的十分明确,是使自己具有竞争力,能赢得客户的信任,在市场上能存活下来。要为客户服好务,就要选拔优秀的员工,而且这些优秀员工必须要奋斗。要使奋斗可以持续发展,必须使奋斗者得到合理的回报,并保持长期的健康。但是,无限制地拔高奋斗者的利益,就会使内部运作出现高成本,就会被客户抛弃,就会在竞争中落败,最后反而会使奋斗者无家可归。这种不能持续的爱,不是真爱。合理、适度、长久,将是我们人力资源政策的长期方针。困难时期,有的妈妈不肯在锅里多放一碗米,宁可面对孩子饥饿的眼神。因为她要考虑到青黄不接、无米下锅的情况,所以这样的妈妈就是好妈妈。有些不会过日子的妈妈,丰收了就大吃大喝,灾荒了就不知如何存活。我们的人力资源政策也必须像好妈妈一样。

以客户为中心、以奋斗者为本是两个矛盾的对立统一体,他们构成了企业的平衡。难以掌握的灰度,妥协,考验所有的管理者。

三、开放、妥协、灰度

开放、妥协、灰度是华为文化的精髓,也是一个领导者的风范。

一个不开放的文化，就不会努力地吸取别人的优点，就会逐渐被边缘化，是没有出路的。一个不开放的组织，迟早也会成为一潭死水的。我们无论在产品开发上，还是销售服务、供应管理、财务管理……，都要开放地吸取别人的好东西，不要故步自封，不要过多地强调自我。创新是站在别人的肩膀上进行的，同时要像海绵一样不断吸取别人的优秀成果，而并非封闭起来的"自主创新"。与中华文明齐名的，古罗马、古巴比伦文明已经荡然无存了。中华文化之所以能活到今天，与其兼收并蓄的包容性是有关的。今天我们所说的中华文化，早已不是原教旨的孔孟文化了，几千年来已被人们不断诠释，并且早已近代化、现代化了。华为文化也是开放的文化，我们不能自己封闭它。向一切人学习，应该是华为文化的一个特色，华为开放就能永存，不开放就会昙花一现。

我们在前进的路上，随着时间、空间的变化，必要的妥协是重要的。没有宽容就没有妥协；没有妥协，就没有灰度；不能依据不同的时间、空间，掌握一定的灰度，就难有合理审时度势的正确决策。开放、妥协的关键是如何掌握好灰度。

四、有效地提高管理效率，是企业的唯一出路

客户的本能就是选择质量好、服务好、价格低的产品。而这个世界又存在众多竞争对手，我们质量不好，服务不好，就不讨论了，那样必是死路一条。如果质量好、服务好，但成本比别人高，我们可以忍受以同样的价格卖一段时间，但不能持久。因为长期消耗会使我们被消耗殆尽，"肝硬化"了，如何前进？在互联网时代，技术进步比较

容易，而管理进步比较难，难就难在管理的变革，触及的都是人的利益。因此企业间的竞争，说穿了是管理竞争。如果对方的管理是持续不断进步，而我们不改进的话，就必定要衰亡了。我们要想在竞争中保持活力，就要在管理上改进，首先要去除不必要的重复劳动；在监控有效的情况下，缩短流程，减少审批环节；要严格地确定流程责任制，必须充分调动中下层承担责任，在职权范围内正确及时决策；把不能承担责任、不敢承担责任的干部，调整到操作岗位上去；把明哲保身或技能不足的干部从管理岗位上换下来；要去除论资排辈，把责任心、能力、品德以及人际沟通能力、团队组织协调能力……，作为选拔干部的导向。

五、铁军是打出来的，兵是爱出来的

古往今来凡能打仗的部队，无一例外，都是长官爱惜士兵，不然就不会有士为知己者死。

最近网上曲解了华为的"狼性文化""床垫文化"。床垫不是文化，文化是可以传承的，床垫只是一个睡午觉的工具，它不能传承。其他公司睡午觉也许不用床垫，因此"床垫文化"没有推广的价值，也不一定需要批判。我们没有提出过"狼性文化"，我们最早提出的是一个"狼狈组织计划"，是针对办事处的组织建设的，是从狼与狈的生理行为归纳出来的。狼有敏锐的嗅觉、团队合作的精神，以及不屈不挠的坚持精神。而狈非常聪明，由于个子小、前腿短，在进攻时不能独立作战，因此它跳跃时抱紧狼的后部，与狼一起跳跃，就像舵一样操控狼的进攻方向。狈很聪明，很有策划能力，以及很细心，它就是市场的

后方平台，帮助做标书、网规、行政服务……我们做市场一定要有方向感，这就是嗅觉；大家一起干，这就是狼群的团队合作；要不屈不挠，不要一遇到困难就打退堂鼓，世界上的事情没有这么容易，否则就会有千亿个 Cisco（思科）。狼与狈是对立统一的案例，单提"狼性文化"，也许会曲解了狼狈的合作精神。而且不要一提这种合作精神，就理解为加班加点，拼大力，出苦命。那样太笨，不聪明，怎么可以与狼狈相比？

我们的企业文化，绝不是让各级干部又凶又恶，我们也不支持把这种人选拔进各级管理团队。文化是给大家提供了一个精髓，提供了一个合作的向心力，提供了一种人际相处的价值观，这种价值观需要人们心悦诚服。又凶又恶是人能力不足的表现，是靠威严来撑住自己的软弱，这种干部破坏了华为文化的形象，这种人不是真有本事，我们要及时更换。我们强调奋斗，并不是逼迫员工，员工只需要在法律的框架下，尽职尽责工作就行。我们是用选拔干部的标准，来牵引组织进步，达不到这种标准，甚至不愿达到这种标准的人可以做员工。他们是否可以继续在这个岗位的判别条件，是他们的贡献是否大于成本。

我们各级干部去组织员工完成任务时，要以身作则，正人先正己。要关爱员工，关心他的能力成长，协调工作的困难，同时，也可以适当地关怀他的生活。你对别人不好，别人凭什么为你卖力。员工也要理解公司的难处。

公司已经建立了良好的薪酬奖励制度，建立了完善优厚的社保、医保、意外伤害保险及各种有益于员工的文体活动，我们各级干部要不断宣传这些好的机制，并落实它。员工在不断优化的制度环境中，应该有一种满足感，不要期望无限制地去拔高它。

员工在网上发牢骚，要自我适度控制，牢骚太盛肝肠断；牢骚多了，社会对公司误会了，麻烦就多了，公司被拖垮了，你再骂谁去。就业是双方的自由选择，不喜欢华为，还有许多好的公司，你都有选择的机会。

六、胜则举杯相庆，败则拼死相救，这是跨团队的文化管理，要继续发扬光大

我们是小公司时，提出了"胜则举杯相庆，败则拼死相救"的口号，那时大多出于精神。而我们这时继续强化这个口号的目的，是希望打破流程中的部门墙。

现在行政管理团队的权力太大，而流程Owner（拥有者）的权力太小，致使一个一个部门墙形成了，并越积越厚。这样无形中增加了较大的成本，使竞争力削弱。我们要用制度来保证这种精神传承，要让为全流程做出贡献的人，按贡献分享到成果。

团结起来、共同奋斗。这就是我们的目标。

2008年5月31日

（此文为任正非2008年5月31日在市场部年中大会上的讲话，选自2008年11月4日第319期《管理优化》）

第三章

华为企业文化的基石
——核心价值观

第三章　华为企业文化的基石——核心价值观 ● HUAWEI

　　"以客户为中心，以奋斗者为本，长期艰苦奋斗"，这是华为公司的核心价值观，也是华为文化的本质，更是华为的胜利之本；它既是华为以往成功的根本要素，也是华为未来取得更好发展的原动力和根本方向；这是华为经营管理的基本哲学，是对华为核心价值观的高度总结与提炼。

　　任正非说："我们在长期艰难曲折的历程中，悟出了'以客户为中心，以奋斗者为本'的文化，这是我们一切工作的魂。"

第一节　以客户为中心：源泉

　　"以客户为中心"是华为成功的重要秘诀。在华为内部，对于从总裁到普通员工的每个人，客户的要求就是最高行动纲领，每个流程、组织、管理制度都与这个要求相一致。任正非一直秉持"客户需要什么我们就做什么"的原则，他多次强调"满足客户需求是华为存在的唯一理由"。

　　毫不夸张地说，"以客户为中心"正是华为源源不断地获取卓越智慧的源泉。在华为发展的过程中，华为已经从以竞争为基准的战略生存观逐渐转化为以客户为中心的战略发展观。

为客户服务是华为存在的唯一理由

华为前高管胡勇曾这样解说华为的客户战略：在华为和中兴崛起之前，电信业是技术驱动的产业，企业投入巨资研发新产品，然后定高价，赚取高额利润，回收研发成本，再投入开发新产品；当产品量产、跟随者大量进入后，开始降价，产品生命周期快速进入末期；重新开始向市场推广新产品，赚取高额利润，周而复始，形成良性循环。华为比喻这种商业模式为"王小二卖豆腐"。王小二开了一家豆腐店，卖两块钱一斤；有人看见有利可图，开了第二家豆腐店；王小二降价到一块五，豆腐店越开越多，价格降到八毛，王小二豆腐店倒闭。IT 泡沫以后，华为敏锐地发现，电信业已由技术驱动转变为客户需求驱动，因为技术的发展远远超过了目前的客户需求，新技术越来越难以被市场证明。

任何一家企业成功的不二法门都是最大限度地满足客户需求，企业只有将客户需求放在首位，满足客户当下的显性需求，发现和开发客户的隐性需求，才能够在激烈的市场竞争中存活下来，并进而走向强盛。

任正非承认，"以客户为中心"是普遍适用的商业常识，很多管理类经典著作都会写上这句话，这不是他的原创。华为的成功就是把这个常识做到了极致，而且这么多年都坚持了下来，并以此为根本。

　　2001 年，华为内刊上登载了这样一篇文章，文章名字原本叫作《为客户服务是华为存在的理由》，任正非在审稿时将其改为《为客户服务是华为存在的唯一理由》。任正非认为，华为是为客户而存在的，除了服务客户，华为没有任何存在的理由。

　　任正非这样说道："其实我们总结的方法来自于中国五千年的文明，也来自于共产党文化。五千年文明讲'童叟无欺'，就是以客户为中心；共产党讲'为人民服务'，也是以客户为中心。我们为客户服务，我想赚你的钱，就要为你服务好。客户是送钱给你的，送你钱的人你为什么不对他好呢？其实我们就这点价值，没有其他东西。"

　　"以客户为中心"的战略由任正非明确表述为："在华为，坚决提拔那些眼睛盯着客户，屁股对着老板的员工；坚决淘汰那些眼睛盯着老板，屁股对着客户的干部。前者是公司价值的创造者，后者则只会谋取个人私利。"

　　几年前，摩根士丹利首席经济学家斯蒂芬·罗奇带领一个机构投资团队到深圳华为总部，任正非没有亲自接见，只派了负责研发的常务副总裁费敏接待。事后罗奇说："他拒绝的可是一个 3 万亿美元的团队。"

　　任正非对此事的回应是："他（罗奇）又不是客户，我为什么要见他？如果是客户的话，最小的我都会见。他带来机构投资者跟我有什么关系呀？我是卖机器的，就要找到买机器的人呀！"由此可以看出华为对客户的偏爱及重视程度。

　　华为之所以崇尚"以客户为中心"的核心价值观就是因为只有

客户在养活华为，在为华为提供发展前进的基础，其他任何第三方都不可能为华为提供资金用于生存和发展，所以，也只有服务好客户，让客户把兜里的钱心甘情愿拿给华为，华为才有可以发展下去的基础。

"华为的价值和存在的意义，就是以客户为中心，满足客户的需求。我们提出要长期艰苦奋斗，也同样是出于'以客户为中心'这样一个核心价值理念，坚持艰苦奋斗的员工也一定会获得他所应得的回报。"

另一个能体现华为"成就客户"理念的例子也是华为初创时期的传奇故事。早期中国沙漠和农村地区老鼠很多，经常会钻进机柜将电线咬断，客户的网络联结常常因此中断。当时，在华的跨国企业都对此不屑，认为这不是他们的问题，而是客户的问题，他们认为只需为客户提供技术。而华为却不这么认为，在设备外增加了防鼠网，帮助客户解决了这一问题，华为也认为自己有责任去这么做。得益于这一目标驱动战略，华为在开发耐用设备和材料方面获得了丰富经验，后来也因此在中东地区赢得多个大客户。①

任正非在 2008 年市场部年中大会上的讲话中曾说："我们奋斗的目的，主观上是为自己，客观上是为国家、为人民。但主、客观的统一确实是通过为客户服务来实现的。没有为客户服务，主、客观都是空的。"

《华为公司基本法》中提到："顾客的利益所在，就是我们生存

---

① 大卫·德克莱默，田涛.任正非：不要停留在过去，擅与竞争对手合作 [EB/OL]. 新浪网 .http://tech.sina.com.cn/t/2015-11-04/doc-ifxkhqea3013780.shtml

与发展最根本的利益所在。我们要以服务来定队伍建设的宗旨，以顾客满意度作为衡量一切工作的准绳。"

中国人民大学的一批 EMBA(高级管理人员工商管理硕士)学员在去英国某大学进行交流访问时，对方教授曾如此评价华为：华为走过的路，与世界上那些曾经的企业走过的路不一样。这些企业在达到巅峰之前也是以客户为导向的，但到达巅峰后，他们开始听不进客户的话了，不愿意主动满足客户需求了，于是他们渐渐衰落了。

要成就客户梦想，就需要提供最好的服务，这也是公司取得成功的关键。在华为成立之初，华为的产品不如竞争对手的产品，这一点任正非心知肚明。因此，他另辟蹊径，吸引客户。他认为，只有提供优质服务，才能吸引客户。例如，由于早期华为的设备经常出问题，华为的技术人员就经常利用晚上客户不使用设备的时间段，去客户的机房里维修设备，并且对于客户提出的问题，华为是 24 小时随时响应。这种做法与西方公司有很大的不同。西方公司有好的技术和好的设备，但却忽略了服务。华为的优质服务为公司赢得了真正关心客户需求这一美誉，并同时让华为赢得了竞争优势。

曾有人问任正非，华为对于像华为当年一样正走在起家路上的中小企业有什么方法论方面的建议？任正非的回答是盯着客户，就有希望。他说："不要管理复杂化了。小公司只有一条，就是诚信，没有其他。就是你对待客户要有宗教般的虔诚，就是把豆腐好好磨，终有一天你会得到大家的认同的。中小企业还想有方法、商道、思想，我说没有，你不要想得太复杂了。你盯着客户，就有希望。就是要诚信，品牌的根本核心就是诚信。只要你有诚信，终有一天客户会理解你的。"

以客户的价值观为导向

华为的价值主张是什么呢？其实，客户的价值主张决定了华为的价值主张。华为公司的核心价值观明确写道："客户的要求就是质量好、服务好、价格低，且要快速响应需求，这就是客户朴素的价值观，这也决定了华为的价值观。"

鲜为人知的是，华为经历了一些需克服严峻气候挑战的项目，比如，在喜马拉雅山脉珠穆朗玛峰 6500 米处安装全球最高的无线通信基站、在北极圈内部署首个 GSM(全球移动通信系统) 网络等。还有些项目也让华为积累了宝贵的经验，例如，华为在欧洲拓展3G(第三代移动通信) 市场时发现，欧洲运营商希望基站能占地更小、更易于安装、更环保、更节能且覆盖范围更广。基于这些要求，华为成为首家提出分布式基站概念的公司。这种新式基站使为大型网络设计的无线接入技术也同样适用于小型专用网络，这一创新降低了运营商部署基站的成本，因此迅速风靡欧洲。

管理大师彼得·德鲁克认为，企业的目的是"创造顾客"。他曾这样说过："如果我们想知道企业是什么，我们必须首先了解企业的目的，而企业的目的必然存在于企业之外。事实上，由于企业是社会的一个器官，因此企业的目的必然存在于社会之中。关于企业的目的，只有一个正确而有效的定义，那就是'创造顾客'。"

"市场不是由上帝、大自然或经济力量所创造，而是由企业家所创造。顾客也许在得到企业家提供的产品之前，就已经察觉到自己的需求。就像大饥荒中对食物的渴求一样，未被满足的需求或许会贯穿顾客的一生，存在于他清醒的每一时刻。但是，在企业家采取行动把这种不满足变成有效需求之后，顾客才真正存在，市场也才真正诞生，之前的需求都只是理论上的需求。又或者，顾客可能根本没有察觉到自己的需求。还有一种可能，在企业家采取行动，通过广告、推销或发明新东西来创造需求之前，需求根本不存在。总之，在每一种情况下都是企业的行动创造了顾客。

"顾客决定了企业是什么。只有当顾客愿意付钱购买商品或服务时，经济资源才能转变为财富，产品才能转变为商品。企业认为自己的产品是什么，对于企业的前途和成功不那么重要。而顾客认为他购买的是什么，他心中的'价值'何在，却对企业具有决定性影响。顾客的看法决定了这家企业是什么样的企业，它生产的产品是什么以及它会不会成功。顾客是企业的基石，是企业存活的命脉，只有顾客才能创造就业。社会将能创造财富的资源托付给企业，也正是为了供给顾客所需。"

通信领域是一个"技术为王"的领域，但华为人却在更深层次理解到，"满足客户需求，能为客户带来价值的技术才是硬道理"。为此，华为设立了专门的客户需求研究部门，在全球各地，与客户交流，倾听客户的声音，将客户的需求反馈到研发部门，形成产品发展的路标，开发出满足客户需求的优质产品。例如在海外市场，他们针对一个国家的不同运营商对同一个产品的需求会截然相反的情况，引入了标准平台、定制特性的开发模式。

华为自 2001 年开始对客户进行持续性的第三方客户满意度调

查，目的是要给全球客户提供更优质的产品和服务，在日益激烈的市场竞争中保持领先。满意度调查结果显示了客户对于华为服务的充分肯定，同时客户的评价和建议就是华为反观自身的明镜，是改善服务质量的良药。

任正非说道："我们必须以客户的价值观为导向，以客户满意度为标准，公司的一切行为都是以客户的满意程度作为评价依据。客户的价值观是通过统计、归纳、分析得出的；我们通过与客户交流，最后得出结果，这个结果成为公司努力的方向。沿着这个方向我们就不会有大的错误，不会栽大的跟头。所以现在在公司产品发展方向和管理目标上，我们是瞄准业界最佳，现在业界最佳是西门子、阿尔卡特、爱立信、诺基亚、朗讯、贝尔实验室等，我们制定的产品和管理规划都要向他们靠拢，而且要跟随他们并超越他们。如在智能网业务和一些新业务、新功能问题上，我们的交换机已领先于西门子了，但在产品的稳定性、可靠性上我们和西门子还有差距。"

华为在国内外落地生根后，专注于研发顾客需要的技术和产品。华为与香港和记电信合作开发号码携带业务，其"号码拦截"技术帮助和记跳出了香港电信设备提供商西门子、朗讯等的亦步亦趋，凭借差异化优势上位，华为也得以与行业品牌巨头同行。这样的例子举不胜举。

Telfort是荷兰境内五大移动通信运营商之一，2004年12月，这家公司与华为一举签订了总价值高达2亿欧元的WCDMA(宽带码分多址)设备供应合同。在采访中《人民邮电报》记者了解到这样一个内幕：华为与Telfort从第一次接触到最后签订合同，仅仅用了半年时间。这么大的订单在如此短时间内"花落华为",创造了业界的一项纪录。"他们提出的分布式基站解决方案是独一无二的,非常具有创新性,很符合荷兰人口密度大的国情。"Wiel 先生在接受《人民邮电报》记者采访时表示,"不仅如此,他们的人和我们一道制订 3G 商业计划,帮助我们考虑如何快速部署 3G 网络,如何更好地节省开支。这种贴心服务对我们的确是巨大的诱惑。""满足客户需求是华为存在的唯一理由。"华为在欧洲市场的发展情况,以及来自欧洲运营商的评价,均验证了华为曾经做出的庄严承诺。

在"关注客户需求,才能做到让客户满意"的思想指导下,华为经常进行客户满意度调查,搜集信息,以用户的意见为努力的方向。华为对客户的细心之处,在于把关注客户的工作落到了实处。为了加强对服务用户的认识,任正非在内部提倡自我批判,而客户经理制也在 2002 年转变为客户代表制。

德国电信 2016 年 3 月发布的开放电信云,就是基于华为硬件和软件解决方案支撑的全套云服务,包括私有云、公有云以及软件解决方案(可同企业现有 IT 基础设施无缝集成),这开启了德国乃至欧洲经济发展数字化的新阶段。通过双方的战略合作,充分发挥各自优势,可以为企业和行业提供有别于 OTT Player(互联网服务平台)的、创新的公有云服务,而且,华为有信心和德国电信一起把"开放电信云"打造成面向行业和大企业公有云服务的标杆。

同样在 2016 年,华为为法国第一大电视台 TF1 提供的媒体云解决方案,促使该电视台加速从单一媒体走向全媒体的汇聚,实现随时随地的全媒体内容制作与播放。其中,共享数据访问效率提升

90%，让编辑记者实现即时信息共享，全面提升了新闻内容制作效率，使得新业务上线时间缩短了85%。创新的ICT技术与解决方案，将传统媒体业务与互联网紧密融合，打破了传统新闻的生产方式，全面提高了新闻的时效性。

而且，华为手机与徕卡也于2016年走到了一起。基于Co-Engineered（合作引擎）模式，华为与徕卡紧密合作，强强联手，联合设计开发，将科技感和艺术感完美融合在一起，打造了一款引爆手机迷和摄影圈的双摄经典。而这对于筹划走向大众的徕卡镜头来说，一下就进入了全球最大的市场——中国，这不失为一次完美的双赢合作。2016年6月，华为P9手机在马来西亚上市，P9拥有与徕卡合作的双摄镜头，这在业界是首创。华为人发现在Facebook(脸书)上对照片贡献最多的地区之一就是马来西亚，马来西亚人似乎尤其热爱拍照和分享，于是，"Leica Dual Camera（徕卡双摄像头）"的华为P9广告就这样出现在了大街小巷，引爆了马来西亚手机市场。

有外电这样评论说，来自中国的华为，代表了一种全新的商业模式：推出产品更快，更贴近客户需求，更低的研发和制造、运作成本，更愿意面对市场做出灵活调整。这种模式更有生命力和竞争力，就如同当年丰田汽车进入美国时，丰田模式相对于福特的竞争优势。其实，华为的核心理念就是"客户需求驱动"，说白一点就是实现和客户共同成长。

把战壕修到离客户最近的地方

无论思科前董事长兼首席执行官多么强调思科关注客户，思科仍是一家围绕定期推出顶级设备、推动客户升级而运转的公司，但华为却将在中国行之有效的方法论放大到了极致：它给发展中国家的电信公司们输送资金、开展培训，让很多电信运营商形成路径依赖。简而言之，当思科试图引领客户前进，华为和自己的客户早已融为一体。

华为的客户关系网做得非常成功，一般企业要想抢走华为的客户是非常困难的一件事情，这并不是因为华为有多么大的背景，而是华为的销售人员把维护客户关系的工作做得太踏实了。

华为的销售人员在推销自己的产品和对项目竞标的过程中，绝不是谁有权就立刻奔向谁，而是从下到上，层层贴近客户，与每一个有参与权的客户都搞好关系。例如，2000 年邮政与电信分家的时候，电信设备采购权随之改变，不再是由原来的县级掌握，而是被收回到了市级。因为县局手里已没有采购权了，所以当时有很多人建议华为把已经在全国建立的 200 多家地区经营部取消，这样就可以节约很多成本，集中主要精力去攻克市局。但当时任正非的批复是：我相信，这就是华为和西方公司的差别。我们每层每级都贴近客户，不放弃对我们有利的任何一票。

华为不会因为权力的转移而放弃已经建立起来的关系网，谁有权就去攻谁的关，只搞最关键的关系，而是一如既往地和各地的县局保持良好的关系，在华为看来，只有扎扎实实做好每一个环节，才有可能赢得最终的市场。事实也证明，正是各级县局给市局提供的意见，使得华为继续获得大批的订单。

华为前高管胡勇在其文章中分析道："任正非提出把战壕修到

离客户最近的地方去，在每个地市建立客户服务中心，加强在地市一级城市的营销服务网络，以前的销售经理转变为客户代表，也就是代表客户来监督提高华为的服务水平。客户一有问题，就能在身边和华为的工程师沟通。每当集中采购时，地市公司这些使用单位会提出需求和意见，显然，华为会是最终使用单位的第一选择。这就是华为提倡的普遍客户关系。不像西方公司只瞄准决策者做工作，华为构筑的是决策者、技术人员、使用者及经营部门、财务部门等全方位的客户关系。华为在做国际市场时，也继承和发扬了这种维护普遍客户关系的工作方法，无论是运营商的测试人员，还是从普通的工程师到总监、CTO、CEO，华为员工都有全方位的接触，让客户感受到尊重。"

而在为客户降低成本方面，华为在创业早期就已经做得很成熟。由于当时客户对"高科技"产品的普遍陌生和不自信，即使在小小的县级城市，华为也会驻扎二三十名服务人员，只要客户一声召唤，无论大事还是针头线脑的小事，立马就有人上门服务。到今天，华为非凡的服务能力和诚恳的态度仍是赢得客户信赖的重要砝码。譬如在阿尔及利亚发生地震时，西门子的业务人员选择了撤离，华为人则选择了坚守。这种"共患难"式的坚守，理所当然地为华为赢得了商业机会。相反，如果在客户最需要你的时候，你却不在身边，这必然会让客户心存对"交易"概念的警惕。

在开拓海外市场的征程中，华为人同样坚持把战壕修到离客户最近的地方。李华刚到巴基斯坦卡拉奇的时候，发现全网 1400 公里的城市管道光缆项目已经过去 18 个月，62 个传输通道没有一个具备验收条件，也没有任何一个路由是通的，而预定的工期是 24 个月，客户非常着急。他经过调查发现，由于路权问题，62 个传输通道被 400 多个不同长度的路段隔开了，项目陷入路权申请、施工、破坏，路权再申请的"死循环"。李华在 3 个月里逐一拜访了卡拉奇的市长，以及 18 个区长、72 个小区的区长，完成了所有的路权申请。随着路权问题的解决，客户对外的商用计划也在计划时间内完成。经过半年多的努力，华为的交付能力一跃成为所有供应商中的第一名，62 个传输通道有一半多都商用了，通话的区域渐渐增多，华为团队与客户建立了真正的战略合作伙伴关系。

像这样的故事不断地在华为人身上上演，华为团队和客户都成了"一个战壕里的兄弟"，随着合作的开展，感情越来越深，很多悬而未决的项目问题也进入解决快车道，华为自然而然地逐渐打开了更广大的海外市场。

搞好普遍客户关系

华为的中国电信设备市场营销战略：从高层路线到"普遍客户关系"。华为由成立初期的依靠华为高层经理人与电信企业高级管理人员建立私人关系的公关营销，向以电信企业各工种各级别管理人员进行知识渗透的普遍营销转变。

顾名思义，普遍客户是相对于关键客户而言的。华为提出的"普遍客户"的概念，旨在告诉所有员工：客户不分大小，职务不分高低，只要是和产品销售有关的人员，必须全面攻克。

在任正非看来，任何一个不起眼的细节和一个不起眼的角色都有可能决定在某一个项目中华为的去留。所以华为规定：在处理客户关系的时候，必须一视同仁，不能轻视订单量小的普遍客户，不能只重复地接触个别的高层领导，对于其他的一些中层领导甚至是普通员工都要"奉为上宾"。

为什么要这样要求呢？在2000年《华为的冬天》中，任正非给出了解释：

> 创造一种合同来源的思维方式是多方面的，就像下围棋一样，不能单纯地只盯住那一个棋眼。去年，我和一个部门接触，我对他们很不满意，我发现他们工作有问题。他们把工作面缩小到针尖那么大，搞来搞去似乎决策的就那么一个人，处级干部、副总裁级干部什么的都不考虑了。这是战略性、结构性的错误，所以那时我就提出要搞好普遍客户关系。
>
> 我认为对维护普遍客户关系，华为公司在近一两年进展情况是很好的。小公司只搞一个两个关系，最关键的关系，成本最低。但是现在决定事情的时候，也是要大家讨论的，也不可能逆水行舟。在中国现在的政治环境下，谁敢逆水行舟？即使本来是自己问心无愧的事情，也不敢逆水行舟，就包括我。我在华为公司这么长时间，问题讨论不出来就下次再讨论。我心里怎么想的，嘴上也不说。最后大家说的和我想的一样，我就说也赞成这个方案，决定权最后是大家的。现在的决策体系，个人霸道的决策已经不存在了，这个环境不存在了。想不想都得开个会，开会后，周边环境都会有很

大的影响。我们有两百多个地区经营部。有人说撤销了可以降低很多成本，反正他们手里也没合同——但我们还要不断地让他们和客户搞好关系。我相信这就是我们与西方公司的差别。我们每层每级都贴近客户，分担客户的忧愁，客户就给了我们一票。这一票，那一票，加起来就好多票，最后，即使最关键的一票没投也没有多大影响。当然，我们最关键的一票同样也要搞好关系。这就是我们与小公司的区别，做法是不一样的。

任正非不仅要求华为市场销售人员要重视普遍客户关系的建立，而且要求他们必须有长远眼光。因此，华为确立了每一个客户经理、产品经理每周要与客户保持不少于 5 次沟通的制度，并注意有效提高沟通的质量。

我们一再告诫大家，要重视普遍客户关系，这也是我们的一个竞争优势。普遍客户关系这个问题，是对所有部门的要求。坚持普遍客户原则就是对谁都要维护好，不要认为对方仅是局方的一个运维工程师就不做维护、介绍产品，这也是一票呀。

一定要加强与普遍的客户沟通，要把普遍沟通的制度建立起来，沟通不够怎么办？就降职、降薪。做不好沟通工作的员工要慢慢淘汰掉。有些人是性格问题不能沟通，就转到别的岗位上去。

有人说省局见不到，到县局去总可以吧。有人说到县局多花汽油费，我们宁可多花汽油费，也不能停下来，也要沟通。我们建立了到县局沟通的制度，我们一定要执行下去。新员工找不到地方磨枪，就到县局去，他不到县局去，怎么能找到地方磨枪啊？他不磨枪就是锈枪，以后怎么能用啊？不要说什么我们要讲节约，不下去跑能省钱。讲节约是在不需要花费的地方就不花费，而不该省的费用就不能省。

任正非认为如果有人满肚子学问讲不出来，在华为公司就是没学问，学问必须要卖出去才是学问。作为一个产品经理、客户经理，不能装一肚子学问却不见客人，必须要通过交流来巩固、加深客户对公司的认识。

在海外，生产要上去，干部要下去，要多配车，一定要跑起来。员工不要自己开车，多雇一个司机，既熟悉当地语言，又可担任半个保镖，解决安全问题。

市场部经理加大与客户沟通力度是销售工作的需要，但是任正非认为研发是产品的源头，也必须搞好普遍客户关系。所以，他要求研发部门所有的副总裁级人员也要建立每周见几次客人的制度。他曾经要求："研发副总裁的人员名单要报到客户群管理部，客户群管理部要把对他们的考核交到研发干部部。他们每周也要见几次客人，次数由你们定。坚持与客户进行交流，听一听客户的心声，我们就能了解客户好多想法。我们今天之所以有进步，就是客户教我们的嘛。不断地与客户进行沟通，就是让客户不断帮助我们进步。

如果嘴上讲 365 天都想着产品、想着市场，实际上连市场人员、客户的名字和电话号码都记不住，还有什么用？"

"华为生存下来的理由是为了客户。全公司从上到下都要围绕客户转。我们说客户是华为之魂，而不只是一两个高层领导，建立客户价值观，应当是所有人围绕着客户转，转着转着就实现了流程化、制度化，公司就实现无为而治了。所以，普遍的客户关系要推广。"

第二节　以奋斗者为本：动力

华为白手起家，没有任何背景，就是靠全体人员艰苦奋斗、共同努力，才换来了今天的业绩和成就。所以，华为最宝贵的财富，就是人才。

只有奋斗者，才是华为真正的财富，华为公司的本质就是一个以奋斗者为本的文化体系。在这个体系下，奋斗者一起分享企业发展的利益和成果，激发出团队无穷的智慧，这就构筑了推动华为不断发展的强大动力。

天道酬勤，功不唐捐

华为人坚信世间有一条真理：天道酬勤，功不唐捐。也就是说世界上所有的功德和努力，都不会白白付出，必然是有回报的。

功不唐捐是一个漫长的过程，不是一蹴而就的。更多的时候，它的功效是漫长的、隐性的，分散在细微的时间里。也许，我们付出了百倍的努力，结果收效甚微，但是千万不要因为暂时的挫折而怀疑美好的人生，要始终坚信：持之以恒地努力，一定能得到回报。

功不唐捐，最重要的是行动。种子，会在你意想不到的时间和地点发芽结果。很多问题，不是靠想象就能解决的，你必须亲自去做，在行动中去消除障碍。

华为 Fellow（公司级院士）孙立新在上研所 2013 年新员工大会上这样说道："我们的脑袋里总是装着很多想法，心中怀揣着很多理想。100 个人会有 100 种想法和理想。但想法再多，理想再多，最根本的还是在于行动，这与公司倡导的'天道酬勤'是一个道理，'功不唐捐'更平和一些，简单地说，不要总是想着付出就一定有回报，面对眼前的工作，实实在在地去干，付出自己全部的努力，收获自然会有到来的那一天。

"我记得 2002 年，老余（余承东）硬着头皮要去欧洲做实验网，首先碰到的就是专利问题。前面我提到过德国沃达丰替西门子向华为提出警告，要我们签署协议。但为什么爱立信、诺基亚没有提出警告呢？不是他们心地善良，而是我们在还没有去做实验网之前，已与他们签署了专利协议。当时印象很深刻，临走之前，老余（余承东）对我说，我们无线专利有很多，把这些都打出来。

"我打印了全部专利，非常厚的一沓。说实话，当时我们都不懂如何去与别人谈判。在谈判现场，对方一开头就问我们：你们的专利能够与哪个标准对上？而专利不'对上'协议就没有许可价值。经过这件事以后，我们才更深刻地认识到应该如何更好地申报专利。2003 年初爱立信终于邀请我们去签署 IPR(知识产权)许可协议，在当时我们根本想都不敢想以后能与爱立信实现零交叉。我们就是这样经过一年一年的努力，才达到了今天这个目标。当然，今天爱立信不再与我们签署协议了，之前的协议在去年（2012 年）12 月 31日已经到期，我们一直在联络爱立信，希望继续签署，但爱立信不再回应，因为他们知道，一方面已经是收不到我们的钱了，另一方面担心签署协议的事，我们会拿来在各个适合的机会进行客户宣传，这样的方式，会对他们非常不利。所以，就干脆不签署协议了。

"大家有机会到 3GPP 网站下载一些文稿，可以发现华为公司提交的提案和声明的专利数已经超过爱立信。所有这些都表明，只有自己亲自去做，并且尽最大努力做了，踏实、坚定地走好自己的路，才会等到回报的那一天。功不唐捐，最重要的是行动。"

任正非认为，华为给员工的好处就是"苦"，没有其他。任正非这样说道：

"苦"后有什么？有成就感、有改善的收入、有看清公司前进方向的信心……这就是新的东西，这就是吸引员工的地方。华为奋斗在非洲的各级骨干大多数是 80 后、90 后，他们是有希望的一代。

咖啡厅里坐坐，快快乐乐，喝喝咖啡就把事情做成了，这可能不是大发明，多数是小发明。互联网上有很多小苹果、小桃子，这也是可能的。我们在主航道进攻，这是代表人类社会在突破；厚积还不一定能薄发，舒舒服服地怎么可能突破？其艰难性可想而知。不眠的硅谷，不是也彰显美国人的奋斗精神吗？这个突破就像奥运会金牌。我们面对的竞争现在跟奥运会竞技没有什么区别。

在主航道，美国公司的很多企业领袖也是很辛苦的。真正成为大人物，付出的辛劳代价，美国人不比我们少。我和美国、欧洲公司的创始人在一起聊天，发现他们领导者推崇的文化也是艰苦的，真正想做将军的人，是要历经千辛万苦的。当然，美国多数人也有快乐度过平凡一生的权利。

不让雷锋穿破袜子

在坂田基地的华为企业展厅前，有一个硕大的电子屏幕，屏幕上滚动播放着一些华为员工的工作镜头。

华为员工遍布世界各地，视频中有一个感人画面，出现在2012年日本福岛地震期间。彼时，因为核电站发生核泄漏，当地居民已经纷纷离开福岛，而华为在日本的员工们却要在穿戴防辐射装备后，前往福岛整修通信设备。

事实上，战争、天灾等时刻，往往是华为人辛苦工作的时刻，因为这些时候各地的通信设备往往需要抢修。作为一家民营企业，华为之所以能够在20多年里超越欧洲对手，很大程度是因为其对奋斗者精神的崇尚。

当然，付出和回报在这家企业是成正比的。"不让雷锋穿破袜子，不让焦裕禄累出肝病。"在华为的高速运转过程中，一直走"高薪"路线。

按任正非的说法，华为就是"高效率、高工资、高压力"的"三高"企业，"高工资是第一推动力"。

今天，知道"华为"这个名字的人很多，但细问起来，相信电信产业之外的人，九成以上完全不清楚这家高科技企业的具体经营项目，华为被许许多多不了解它的人记住并传播的原因很简单，这是"一家高薪企业"。

其实华为一开始就在实行全员高薪制度，只是现在华为更敢于这样做。1993 年初，作为软件工程师进入华为的刘平之前在上海交通大学当老师，在学校的工资一个月 400 多元，这还是工作八年的硕士研究生的待遇。来到华为后，当年 2 月份的工资是 1500 元，比当时上海交通大学的校长工资还高，而且他 2 月份只上了一天班，结果拿到了半个月的工资！这让刘平大感意外，深受感动。第二个月涨至 2600 元，之后，令刘平激动的是，每个月工资都会上涨，1993 年年底他的工资已涨到 6000 元。这一年他的年薪为 4.8 万元。华为之所以这样做，是因为任正非相信，企业可以高价买元器件，高价买机器，也可以高薪"买"人才。

后来，《华为公司基本法》中有了这样一句话："华为公司保证在经济景气时期和事业发展良好的阶段，员工的人均收入高于区域行业相应的最高水平。"

一则流传较广的故事说，在华为的员工大会上，任正非提问："2000 年后华为最大的问题是什么？"大家回答：不知道。任正非幽默地告诉大家：是钱多得不知道如何花，你们家买房子的时候，客厅可以小一点，卧室可以小一点，但是阳台一定要大一点，还要买一个大耙子，天气好的时候，别忘了经常在阳台上晒钱，否则你的钱就全发霉了。这虽然带有明显的鼓动意味，但不可否认的是，华为员工普遍满意自己的薪水。

华为人力资源部门会定期向专业咨询公司购买外部薪酬市场数据，以此随时分析和审视华为薪酬标准的外部竞争力。其针对海外员工薪酬体系的制订，首先是尊重当地法律以及风俗习惯；其次便是必须结合华为本身的支付能力以及"对内对外的公平性"。与当地主要同行企业比，华为的薪酬水平具有较高的吸引力。

华为公司董事、高级副总裁陈黎芳曾表示："加入华为第一年的'零花钱'是多少？本科和硕士，按照每个人能力的不同，我们从14万元到17万元起薪，最高可到每年35万元人民币。除了五险一金这些基本保障以外，华为还会为每个员工购买商业保险和医疗救助。此外，无论在全球的哪个地方，华为的办公场所都选在当地最漂亮的地方。"

华为员工的收入分为基本工资、奖金和股权激励三部分，其中基本工资是分12个月按月进行发放。员工奖金支付根据员工个人所负的工作责任、工作绩效及主要完成项目的情况而定，同时也会考虑总薪酬包的情况。华为人力资源部会定期对工资数据进行回顾，并根据回顾结果和公司业绩对员工薪酬进行相应调整，以保证该项计划能在市场竞争和成本方面保持平衡。

企业机制的关键在于，不能让雷锋吃亏，奉献者定当得到合理回报。在为企业做出贡献的员工不吃亏的情况下，会有更多的员工增加自己的投入，因为一个生机勃勃的企业机制，其基本的原理在于能够激励与回报那些为企业创造价值的员工。这就是有活力的机制与缺乏活力的机制的本质区别所在。从另一方面讲，扬善必须惩恶，企业在保证不让奉献者吃亏的同时，也不能让投机者获利，偷懒者必须受到应有的惩罚。用句通俗的话讲，就是使小人不得志，让好人不吃亏。

2011 年在宏观经济情况并不十分乐观的情况下，考虑到物价上涨等多重因素，华为仍实行了涨薪。2011 年上半年结合员工的绩效情况，华为对中基层员工的工资进行了调整，平均涨幅 11.4%，覆盖 4 万多名员工。华为此前也多次为员工涨薪，涨幅每年不同，但在 2002 年 IT 泡沫、企业倒闭潮期间例外。当年华为基层员工工资水平没有调整，而高层自愿申请降薪 10%。华为员工的总体收入在行业内是很有竞争力的。也由于这个原因，华为员工的流动率并不高，一直保持在 6%~8%。

2013 年，华为宣布将首先投入超过 10 亿元人民币用于 13 级~14 级员工 2013 年的加薪，各部门平均涨幅在 25%~30%。此外，从2014 年应届生开始，本科毕业生起薪将从以往的 6500 元（一线城市税前）上调至 9000 元以上；硕士毕业生起薪将从 8000 元（一线城市税前）上调至 10000 元以上。

在华为看来，13 级~14 级的基层员工群体是公司各项业务的主要具体执行者，他们思想新、冲劲足，富有活力和热情，是公司未来的管理者和专家之源。应届生刚进华为的薪酬级别均为 13 级，此次加薪是为进一步吸引和保留优秀人才，特别是中基层人才，增加刚性即确定性的工资收入。①

华为每年都会根据公司业绩普调员工薪水，调整幅度一般在10%。

实际上，华为高层已认识到虚拟股对基层员工吸引力逐年下降的情况。这也是在 2013 年 1 月，华为 CFO 孟晚舟宣布给员工奖金和分红达 125 亿元的背后原因。

除此之外，中层员工每年末位淘汰 5%，基层员工末位淘汰10%，开始实施新的"胡萝卜加大棒"策略。

任正非说："我不眼红年轻人拿高工资，贡献很大才能拿到这么高的工资，我们还要进一步推行这种新的薪酬改革。前二十几年我们已经熬过了不平坦的道路，走上新道路时，就要有新条件。三个人拿四个人的钱，干五个人的活，就是我们未来的期望。这样改变以后，华为将一枝独秀。"

说白了，就是给能干活的人多一些钱，激励他们干更多的活。华为也不宣传让大家都去做雷锋、焦裕禄，但对奉献者公司一定给予合理回报，这样才会有更多的人为公司做出奉献。这既是核心价值观，也是华为的基本价值分配政策。

1996 年，在华为内部文章《华为发展的几个特点》中有着这样一段表述："公司奉行绝不让雷锋吃亏的源远流长的政策，坚持以物质文明巩固精神文明，促进千百个雷锋不断成长，使爱祖国、爱人民、爱公司、爱自己的亲人与朋友在华为蔚然成风。"

---

① 华为中兴高薪抢人：华为本科生起薪 9000 元 [N]. 新快报,2013-07-30.

同时，任正非也在其文章《华为的红旗到底能打多久》中补充道："公司努力探索企业按生产要素分配的内部动力机制，使创造财富与分配财富合理化，以产生共同的更大的动力。我们绝不让雷锋吃亏，奉献者定当得到合理的回报。这种矛盾是对立的，我们不能把矛盾的对立绝对化。我们是把矛盾的对立转化为合作协调，变矛盾为动力。"

2005 年，华为内部文件《关于人力资源管理变革的指导意见》中明确指出："我们已明确员工在公司改变命运的途径有两个：一是奋斗；二是贡献。员工个人的奋斗可以是无私的，而企业不应让雷锋吃亏。"

如何分辨你是老板级的员工还是打工仔级的员工？在华为，从你的薪资账户上看就会很清楚。

"我们不像一般领薪水的打工仔；公司营运好不好，到了年底会感同身受"，2002 年从日本最大电信商 NTT DoCoMo（都科摩公司）跳槽加入华为、LTE TDD（分时长期演进标准）产品线的副总裁邱恒说，"你拼命的程度，直接反映在薪资收入上"。

以他自己为例，2009 年因为遭遇金融海啸，整体环境不佳，公司成长幅度不如以往，他的底薪不变，但分红跟着缩水。隔年，华为的净利润创下历史新高，他的分红就超过前一年的一倍。

这等于是把公司的利益与员工的个人利益紧紧绑在一起。在华为，一个外派非洲的基础工程师如果能帮公司服务好客户，争取到一张订单，年终获得的配股额度、股利以及年终奖金总额，会比一

个坐在办公室，但绩效未达标的高级主管还要高。 ①

华为建立了完善的员工保障体系，为全球员工构筑起全覆盖的"安全伞"。员工保障由社会保障、商业保险及医疗救助三个部分组成。除了各地法律规定的各类保险外，华为还为全球员工提供人身意外伤害险、重大疾病险、寿险、医疗险及商务旅行险等商业保险，并设置了特殊情况下的公司医疗救助计划。通过社会保障、商业保险和医疗救助三种不同类别的保障机制有机结合的运作方式，有效解决了员工保障问题，消除了员工的后顾之忧。根据华为 2017 年 6 月 29 日发布的《2016 年可持续发展报告》，2016 年华为全年实现销售收入为 5215.74 亿元人民币，同比增长 32%，华为全球员工保障投入约 16.9 亿美元（按当时汇率结算为人民币 112.7 亿元），较 2015 年增加约 22%。华为《2017 年可持续发展报告》显示，2017 年华为全球员工保障投入 126.4 亿元人民币，较 2016 年增加约 12%。

华为以奋斗者为本的基本要点是：

第一，企业人力资源和干部管理的制度、政策都是以奋斗者来定位的，各项工作紧紧围绕、聚焦在奋斗者群体上。

第二，只有奋斗者才是企业的真正财富，华为公司的本质就是一个以奋斗者为本的文化体系。

第三，华为的奋斗观：为客户创造价值的任何微小活动，在劳动的准备过程中为充实提高自己而做的努力均叫奋斗。否则，再苦再累也不叫奋斗。

---

① 为啥全世界都怕华为？为培养团队肯给员工百万股利 [EB/OL]. 搜狐财经，2014-07-14.
http://business. sohu.com/20140714/n402193771.shtml

第四，员工奋斗的动力是为了他和他的家人过体面的生活。华为通过什么来号召员工奋斗呢？为了让员工和他的家人过体面的生活。

第五，奋斗者主观上为自己，客观上为国家、为人民。

第六，"以奋斗者为本"一定要有制度保障。以奋斗者为本的文化得以传承的基础是"不让雷锋吃亏"的理念。员工向雷锋学习，不让他吃亏；干部要向焦裕禄学习，但要给他足够的激励，创造足够的条件，让优秀的人才发挥作用，最终又不能让"焦裕禄"得肝癌。

第七，"以奋斗者为本"在分配激励上要向奋斗者倾斜，提倡拉大差距，奖励无上限。缩小差距只会鼓励懒惰者，只有拉开差距才能鼓励奋斗者，所以华为强调这样的理念，让三个人拿四个人的钱，这三个人的积极性被调动起来，最终干了五个人的活；假如反过来，四个人拿三个人的钱，最终却只干了两个人的活，那激励就没意义了。

第八，干部提拔也要向奋斗者倾斜，对贡献突出者越级提拔。

奋斗越久越划算

华为的核心价值观中有"以奋斗者为本"。什么叫"以奋斗者为本"？就是华为的劳动和资本的分享。劳动部分，即雇员收入增长大于华为的资本分享，也就是利润部分，而且这个利润的分享，不是少数人分享，分享的是现在的 8 万多名合伙人。

根据华为统计，华为员工的收入在第一、二年的时候，跟行业平均水平相比，领先程度并不明显，但是到第三年以后，奖金和长期激励部分就会越来越明显，特别是长期激励。如果有机会到海外去工作的话，还会增加非常多的补助，收入会有大幅增长。华为内部常讲，奋斗越久越划算，工资变成零花钱。

华为的长期激励中很大一部分是股权激励。华为所推行的员工持股制是华为公司价值分配体制中最核心、最有激励作用的制度。在股权上实行员工持股，但要向有才能和责任心的人倾斜，以利益形成中坚力量。华为的员工普遍有持有公司股份的机会，每一个年度，员工可根据对其评定的结果，认购一定数量的公司股份。

通过股权的安排，使最有能力和责任心的人成为公司成长红利的获得者。知识被转化为资本，使华为这个以知识为生存根本的公司，获得了源源不绝的生命力。华为公司的股权分配强调持续性贡献，主张向核心层和中间层倾斜。员工持股的激励是短期的激励和长期的激励相结合。华为股权的分配不是按资分配，而是按知分配，它解决的是知识劳动的回报，股权分配是将知识回报的一部分转化为股权，从而转化为资本；股金解决的则是股权的收益问题，这样就从制度上初步实现了知识向资本的转化。[①]

早在 1997 年前后，华为就在薪资水平上向西方公司看齐，不如此，就很难吸引和留住人才。为了同样的目的，创立初期，华为就在员工内部实行"工者有其股"，发展 20 多年后，当年并不值钱而且多年未分红的华为股票，现在成为员工最看重的资产。

---

① 陈明 . 华为如何有效激励人才 [J]. 商业财经，2006（3）:32-34.

2001 年前华为处在快速上升期，华为原薪酬结构中股票发挥了极其有效的激励作用，那段时间的华为有种 " 1+1+1"的说法，即员工的收入中，工资、奖金、股票分红的收入是相当的。员工凭什么能获得这些？凭借的是他的知识和能力，在华为，"知本"能够转化为"资本"。

任正非的理论是：知识经济时代是知识雇佣资本，知识产权和技术诀窍的价值和支配力超过了资本，资本只有依附于知识，才能保值和增值。

把知识转化为资本，知本（知识资本）主义实现制度是华为的创新。其表现在股权和股金的分配上，股权的分配不是按资本分配，而是按知本分配，即将知识回报的一部分转化为股权，然后通过知本股权获得收益。华为对人力资本的尊重还体现在《华为公司基本法》中。任正非在《华为公司基本法》起草过程中多次说道，高技术企业在初期使用知本的概念是很准确的；资本要考虑知本和风险资本两个方面，知本要转化为风险资本，风险资本要滚大，否则不能保证企业的长期运作；风险资本既包括企业风险资本，也包括外部风险资本；在价值分配中要考虑风险资本的作用，要寻找一条新的出路。劳动、知识、企业家的管理和风险的贡献累计起来以后的出路是什么？看来是转化为资本。我们不能把创造出来的价值都分光了，而是要积累成资本，再投到企业的经营中去。

任正非在企业内部推行"工者有其股"的激励机制，让员工和企业共同奋斗，共同受惠，形成了一个有机的命运共同体。

然而，在华为的外部仍然有一部分人质疑，华为到底是以奋斗

者为本的企业，还是以股东利益为本的企业？对于这一点，2014 年
7 月底，任正非在华为内部的管理与经营培训班里说道："华为到底
是肯定英勇作战的奋斗者，还是肯定股东的利益？外面有一种观点，
说华为的股票之所以值钱，是因为华为员工的奋斗，如果大家不努
力工作，华为的股票就是一张废纸，是奋斗者在拯救公司。虽然财
务投资者应该得到合理的回报，但应该让华为的奋斗者和劳动者获
取更多的利益，这才是最合理的。"

"华为确保奋斗者的利益，假若某个员工奋斗不动了，要退休
了，那华为也要确保退休人员的利益，但是如果让退休者分得多一
点，奋斗者分得少一点，那谁还愿意为了华为的未来奋斗呢？" ①

任正非的这一席话彻底打消了质疑者的顾虑。华为的业绩和财
富是奋斗者创造的，因此应该给予奋斗者更多的回报，唯有以奋斗
者为本，华为才能获得更大的效益和更快的发展。

第三节　长期艰苦奋斗：基因

贫苦出身的任正非懂得，华为没有国际大公司积累了几十年的
市场地位、人脉和品牌，没有什么可以依赖，只有比别人多奋斗、
多坚持，才能拿到订单。

不奋斗，华为就没有出路。于是，华为有了"床垫子""芭蕾

---

① 杨玉柱 . 奋斗之光 [M]. 北京：中国铁道出版社，2015：67.

脚""奋斗者为本"的文化，最终通过长期艰苦奋斗，华为赢得了骄人的业绩和声誉。

在发生地震、海啸时的日本，在冰天雪地的北极，在物质条件艰苦的非洲……身处一线的华为人用青春、汗水、热血，浇筑了全球 170 多个国家和地区的市场版图；8 万多名研发人员以钉子般的坚定和执着，持续聚焦，厚积薄发，从而构筑了华为的"无人区"地位；财务、供应链、后勤、行政等支撑体系的华为人，同样发挥着艰苦奋斗的精神，恪尽职守，共同谱写着一曲激动人心的英雄赞歌。

图 3-1 从"芭蕾脚"看华为艰苦奋斗的基因

2015 年新年伊始，先后有几批政府团组来到华为总部进行参观考察，当进入 F1 通往展厅的入口处时，一幅"独特"的广告画面跃入眼帘：

画面中心，是一双脚，更确切地说，是一双芭蕾舞演员的脚。其中一只，穿着精致的舞鞋，优雅而美丽；而另一只脚，青筋暴起，伤痕累累。整个画面在强烈对比中，带给人一种巨大的心灵冲击。

旁边的文字，更发人深省："我们的人生，痛并快乐着。"

这是个视觉冲击力很强的广告，一双脚对比鲜明，一句家喻户晓的广告语——华为借用了央视名嘴白岩松的名著《痛并快乐着》的书名。

看似是一双芭蕾脚，实质是华为在说自己。今天的华为，在外界看来是世界 500 强，是全球通信行业的领导者、行业巨头，是时代弄潮儿，是那只穿着舞鞋的脚，光鲜、优雅、美丽；但实际上，华为也是那只脱下舞鞋的脚，长期艰苦奋斗，久经风霜，历经磨砺。

华为借助美国摄影艺术家亨利·路特威勒的"芭蕾舞"摄影作品，宣扬的是一种"奋斗、坚持、奉献、快乐"的精神，而艰苦奋斗恰恰是华为从诞生第一天起就融入血脉中的基因。华为想告诉大家的是，华为今天的成功背后是华为人的艰苦奋斗，执着追求，不懈探索和痛苦磨砺。正如一句歌词所唱，"不经历风雨，怎么见彩虹，没有人能随随便便成功"。路特威勒花了 4 年时间，用镜头跟踪记录纽约芭蕾舞团成员的工作与生活，从台前到幕后，从排练到演出，点点滴滴涵盖其中。这些照片呈现的"是芭蕾舞的极致美丽与背后的汗水"，告诉我们任何成功都没有捷径，只有经历艰苦的奋斗、不懈的努力才能达成。

华为用自己艰苦创业 30 年的历史证明了这一点。从当年艰难起步于深圳，破釜沉舟研发 08 机，迂回曲折进军海外市场，拿下一个个全球运营商客户，到奋起直追在智能手机领域做到国内第一、全球前三，这其中，有多少失败，多少泪水和汗水，如果没有坚持，哪有今天华为在全球 ICT 舞台上的飒爽英姿。

华为的 30 年跨过了两个世纪，在 20 世纪的最后 12 年，尽管华为面对的是"知识工作者"群体，但相对而言，他们仍是在传统中国文化背景下成长起来的一代知识分子，"艰难困苦，玉汝于成"的艰苦奋斗哲学是中华民族的千年积淀，以艰苦奋斗为内核的雷锋精神曾经影响了几代人。华为员工无不是在这样的文明熏陶下成长起来的。

1991 年 9 月，50 多名华为人在宝安县蚝业村工业大厦三楼开始了创业之路。"一层楼既是生产车间、库房，又是厨房和卧室。十几张床挨着墙边排开，床不够，在泡沫板上加床垫代替。无论是领导还是普通员工，累了睡一会，醒来接着干。"一位老华为人这样回忆起当初的情况。华为给外界"魔鬼"般的印象就是来自于华为研发人员的工作方式。

对于不需要守在电脑边的市场人员来说，其实也一样需要加班，只是地点不同。虽然他们看上去西装革履，满面春风，每天主要工作就是陪客户，但是同样面临极大压力，工作辛苦、压力大，生活没有规律。

华为一位员工曾说："过去，床垫是努力工作的象征，这一理念已经演变为将每项工作都做到极致的奋斗精神。"

2006 年，任正非向华为人推荐了一篇报道：《不眠的硅谷》，为的是让华为人真正体会到什么是美国人的奋斗精神。

《不眠的硅谷》写道："这些编程人员、软件开发人员、企业家及项目经理坚守'睡着了，你就会失败'的信条，凭着远大的理想，借助大杯大杯的咖啡，他们会坐在发出荧荧光线的显示屏前一直工作到凌晨四五点，有时甚至到六点，而不是舒舒服服地躺在床上。这就是参与超越时区的国际市场的代价：每天都有新的起点，不断狂热地开发着'互联网'技术……""工作到深夜几乎是今日硅谷中大约 20 万高科技大军统一的生活方式，那些按照传统日程工作的人们每天有两个交替的时段，而在高科技工业园的停车场里，可能在凌晨三点还依然拥挤不堪。而许多把黑夜当作白天的人们会在夜里把家中的计算机连到办公室的网络上……" ①

长期艰苦奋斗不会变

2014 年，华为首次在营收规模上超过爱立信，一举成为全球第一大通信设备商。华为 2017 年实现全球销售收入 6036 亿元人民币，已经坐实全球最大的通信设备供应商的宝座。华为，这家中国民营企业的翘楚正在悄然改变世界。

即使取得如此骄人的成绩，任正非仍然要求全体华为人继续保持艰苦奋斗的本色。他指出，华为长期艰苦奋斗的文化不会变化。这不是中国特色，这是人类特色。第一，你要成功，就要奋斗。第二，你要想吃饭，就得要做工，没人为你做牛马。凭什么你享乐的时候，让我们挣钱养活你啊。

"我们奋斗的目的，主观上是为了自己和家人的幸福，客观上是为了国家和社会。主观上就是通过我们的努力奋斗，换来家人的幸福生活；客观上我们给国家交税，让国家用税收收入去关怀爱护其

---

① 田涛，吴春波 . 下一个倒下的会不会是华为：故事、哲学与华为的兴衰逻辑 [M] . 北京：中信出版社，2015.

他的人。"

2009 年，华为一名刚派驻到西非的产品经理描述道："来到海外后才切身体会到什么叫'宝剑锋从磨砺出，梅花香自苦寒来'。"他目睹并亲身感受到华为人是如何在贫困、恶劣、单调乏味、疟疾横行的工作环境下坚持工作，凭着惊人的吃苦耐劳精神和坚强的意志力，用辛勤的双手，做出优秀的工作业绩的。

华为的海外员工如此艰苦奋斗，他们的家人过得怎么样？在几年前的一篇刚果代表处家属团的肯尼亚游记中我们能找到答案。文章中，编者这样写道："刚果代表处英雄的太太们到世界顶级度假区马塞马拉度假，到刚果北部看金刚，在迪拜购物，去往津巴布韦看世界第一大瀑布……英雄的家人们，为拓展视野，为传播文明，在130 多个国家的土地上留下快乐的足迹。"

截至 2017 年年底，华为全球员工约 18 万，员工身后所担负的家庭人员多达几十万人。正是因为华为人的家人们的默默付出，才成就了华为人的奋斗，成就了华为的发展壮大。任正非坦诚表示给员工的家人奖励面太窄，希望每位员工春节回家能向家人表达真诚的热爱：给爸爸妈妈洗个脚。

华为人主观上为了自己与家人的幸福而努力，客观上为了国家、民族、公司去奋斗，这种主客观的统一，构成了华为人丰富多彩的奋斗人生。

以艰苦奋斗来面对国际化

一家创立时"四大皆空"（无资本、无技术、无人才、无管理）

的民营企业，以 30 年艰苦卓绝的努力，缔造了一个中国企业的世界奇迹：全球通信行业的领导者。其背后恰恰是任正非一贯倡导的艰苦奋斗精神，这正是华为从小到大、从弱到强的基础价值观，或者叫最原始的文化基因。

"我们没有任何稀缺的资源可以依赖，唯有艰苦奋斗才能赢得客户的尊重与信赖。奋斗体现在为客户创造价值的任何微小活动中，以及在劳动的准备过程中为充实提高自己而做的努力。我们坚持以奋斗者为本，使奋斗者得到合理的回报。"任正非的话朴实而富有哲理。

然而，让 18 万不同个性与不同人格的知识分子认可并奉行不悖，就必须"以奋斗者为本"。这是一种赤裸裸的交换原则，但这恰恰是商业的本质所在；华为所推行的"工者有其股"不是简单的"市场经济条件下的社会主义大锅饭"，而是有差别的、建立在奋斗文化基因之上的、科学化的人力资源激励政策。"艰苦奋斗"与"以奋斗者为本"构成了华为创立的初始逻辑。

从 20 世纪 90 年代中期起，中国通信市场竞争格局就在悄悄发生改变，国内、国际市场的竞争更加激烈。国际市场萎缩，影响了中国企业拓展海外市场；同时海外通信设备巨头在国外出现需求紧缩的情况下转而加大对中国的攻势，给华为等国内通信设备企业造成很大的竞争压力。几乎与此同时，华为开始了海外业务的拓展，对于刚刚在国内市场站稳脚跟的华为，风险和挑战可想而知。

华为有 18 万名员工，其中海外员工有 4 万人，每天在空中飞行的华为员工有数千人。可以说，华为的国际化之路一直伴随着汗水、泪水甚至是生命。2008 年，在国际金融危机冲击下，爱立信等世界电信巨头业绩纷纷滑坡，而华为全球销售收入同比增长 42.7%。没有华为员工"忘我努力地工作"以及众多华为团队成员在海外的艰辛奋斗，取得这样的业绩是不可想象的。

华为的蒙古客户，有四个移动运营商，六个固网运营商。加上企业网大大小小的项目，需要准备的材料五花八门，基本上每个华为项目团队成员都会有两三个项目在同时投标。华为项目团队基本是每天白天拜访客户，晚上回来看标书答标。

年初是蒙古最冷的时节，夜里最低气温零下 45 摄氏度。为了答标，华为项目团队每天都要工作到凌晨三四点，寒冷的天气和持续高强度的工作拖病了大部分成员，但大家仍然带病工作。为了和 U 运营商共同完成整网规划设计和配置报价，华为项目团队连续一周每天晚上都在客户的办公室度过。最后一天，客户 CTO 睁着熬得通红的眼睛对华为项目团队说："华为的人，我服了。感谢你们。"

在巴西，百年不遇的特大洪水冲毁了道路和公共设施，华为人克服种种困难，在雨中坚持施工。

在北美，华为客户服务工程师为了处理问题和支持客户升级，通宵达旦地值守于机房，第一时间为客户提供服务。

在也门，华为 GTS 英雄儿女冒着硝烟，坐着当地警察护送的车辆奔波在去往局点的路上。

在非洲等地，华为团队需要面临更多方面的压力。在刚果（金），分包商由于安全原因拒绝前往施工的地区，GTS 员工依靠自己的力量建立起了第一座铁塔。

据华为一位在非洲工作的员工讲述，他所在的办事处在过去的两年时间里，一共被洗劫了两次，外加一次洗劫未遂，而歹徒每次都是"一锅端"，除了内裤什么都没留下。在非洲工作的同事还要时刻对抗另一种天灾——疟疾，一旦染上轻则会给以后的健康埋下祸根，重则有生命危险。当然，这都只是华为海外员工所遇到各种情况的缩影而已。

任正非说道："中国是世界上最大的新兴市场，因此，世界巨头都云集中国，公司创立之初，就在自己家门口碰到了全球最激烈的竞争，我们不得不在市场的狭缝中求生存；当我们走出国门拓展国际市场时，放眼一望，所能看得到的良田沃土，早已被西方公司抢占一空，只有在那些偏远、动乱、自然环境恶劣的地区，他们动作稍慢，投入稍小，我们才有一线机会。为了抓住这最后的机会，无数优秀华为儿女离别故土，远离亲情，奔赴海外，无论是在疾病肆虐的非洲，还是在硝烟未散的伊拉克，或者海啸灾后的印尼以及地震后的阿尔及利亚……到处都可以看到华为人奋斗的身影。我们有的员工在高原缺氧地带开局，爬雪山，越丛林，徒步行走了八天，为服务客户无怨无悔；有的员工在国外遭歹徒袭击，头上缝了三十多针，康复后又投入工作；有的员工在飞机失

图 3-2 华为 GSM 基站登顶珠峰，引自第 328 期《华为人》

事中幸存，惊魂未定又救助他人，赢得当地政府和人民的尊敬；也有的员工在恐怖爆炸中受伤，或几度患疟疾，康复后继续坚守岗位；我们还有三名年轻的非洲籍优秀员工在出差途中飞机失事不幸罹难，永远地离开了我们……"

任正非感慨道，华为的国际化，伴随着汗水、泪水、艰辛、坎坷与牺牲，一步步艰难地走过来了，面对漫漫长征路，华为还要坚定地走下去。

华为巴基斯坦代表处团队作为华为海外最大的代表处，员工超过千人，本地化程度高。代表处的华为员工们认为，工作的确很艰苦，但也获得了更多的经历及体验。比如，在1494号站附近，据说那是巴基斯坦最热的地方。有一次，代表处员工的车开到水里去了，员工们就只好下去推车，没有想到水居然非常烫，像开水一样；在山顶上，能欣赏到在地面、峡谷刮起的龙卷风，由远及近，有时会同时看到四五个龙卷风，飞沙走石，场面非常壮观。这些都是工作给华为员工带来的奇妙经历。

面对艰苦的环境和高强度的工作压力，华为人没有被吓倒，而是以一种乐观、积极、自然的心态去面对，并从工作、学习、奋斗、追求、进步中去领悟自己的那份成就感与幸福感。

在华为内刊《华为人》上，一位曾在阿尔及利亚工作的华为人记述着这样一个故事：

生活是美好的，前途是光明的，但道路是坎坷的。在阿尔及利亚，工作之外最困难的是衣食住行。

第一次来阿尔及利亚，走在去 Annaba（安纳巴）的路上，忽然来了两辆警车，一前一后地把我们夹在中间往前走。我觉得很惊奇，出了什么事吗？同事笑着对我说，不要惊惶，在这里，他们是接到信息后专门来保护外国友人的。哦，原来如此。一路上，警车开道，好不威风！到了目的地，当我们一定要请警察兄弟们吃顿饭时，他们却礼貌地拒绝了，把我们交接给当地警方后，很快就回去了！真是让人感动至极！

当我和大家谈起这件事时，一位在阿尔及利亚生活工作了多年的朋友说，以前在首都，我们去买菜，警察都是派车来保护的。啊，可爱可亲的阿拉伯兄弟！慢慢地，我才知道，中国和阿尔及利亚有很好的邦交关系，20 世纪 50 年代，中国就与阿尔及利亚建立了外交关系，目前已经有近半个世纪的情谊了！

饮食上，很多同事都不习惯，我们吃惯了中国菜，在这里，只有"棒子"面包、Pizza（比萨）和沙拉了，很多同事甚至还更愿意吃从国内带来的方便面。

以前，阿尔及利亚物品极不丰富，想买东西，很难买到，尤其到了冬天，这里的蔬菜更少，偶尔可以从中国建设集团的工地上买到"老干妈"，立即觉得生活质量上了一个档次。近一年，情况有了较大改观，一方面公司总部每两个月会给我们寄一些慰问品，另一方面阿尔及利亚北部有了几个小菜市场，代表处也优化了食堂，在饮食上，大家觉得比以前好得多了。闲来无事时，我们也从网上搜索一两个喜欢吃的菜来，自己尝试做两个"中国菜"，打打牙祭！有同事笑着说，吃了自己做的菜，半年不想家了！

　　同时，我们积极地融入当地生活中，经常在周末和本地员工、当地朋友来一次烧烤，或者邀请客户打场篮球、踢场足球。生活在不断地更新、变化着，我们深深地感受到了阿拉伯民族的友好和热情，每到一处，都能感受到主人的地主之谊。闲暇之余，我们和他们一起谈天说地，一起吃手抓羊肉品尝咖啡，一起感受沙漠的深奥，一起欣赏地中海风情。

在 2006 年的刚果（金）首都金沙萨，由于不接受总统选举落败的结果，副总统本巴的卫队与总统卡比拉的卫队发生了武装冲突。战事最激烈的时候，华为员工所在的宿舍楼被交战双方包围了起来。办事处三十多个工作人员来不及撤离，全部被困住了。他们无计可施，只能自祈多福，希望火炮不要打偏了。

　　任正非说道："你们要加快自己成长的步伐，在艰苦的地方奋斗，除了留下故事，还要有进步。""不要说我们一无所有，我们有几千名可爱的员工，用文化连接起来的血肉之情，它的源泉是无穷的。我们今天是利益共同体，明天是命运共同体。当我们建成内耗小、活力大的群体的时候，当我们跨过这个世纪，形成团结如一人的数万人的群体的时候，我们抗御风雨的能力就增强了，就可以在国际市场的大风暴中搏击了。"

　　在 2016 年世界移动通信大会上，当有人问任正非华为的文化是什么时，他的回答非常干脆："华为的文化从某种意义上讲不就是共产党文化嘛，以客户为中心不就是为人民服务嘛；为共产主义理想冲锋在前，享乐在后，不就是奋斗者文化嘛。董存瑞和黄继光都是光荣的，共产党就是长期艰苦奋斗嘛，共产党没有大起大落，豪华生活。" ①

第四节　坚持自我批判：工具

任正非在华为内部讲得最多的，一个是华为的核心价值观，一个就是自我批判。核心价值观是华为的"大法"，是确保华为在激烈的市场竞争中持续制胜的精神图腾；而"自我批判"则是核心价值观的"护法神器"，是实现核心价值观的重要保障和得力工具，两者如影随形，缺一不可。

自我批判：为优化和建设

众所皆知，华为一贯强调自我批判。

2000 年 9 月 1 日下午，华为党委组织召开研发体系发放"呆死料、机票"活动暨反思交流大会，公司领导、研发体系全体在深人员和其他部门科级以上干部 6000 余人参加了大会。在"呆死料"大会上，与会者一起回顾反思过去犯过的错误，并领取很特殊的"奖

---

① 周留征 . 华为创新 [M]. 北京：机械工业出版社 .2018: 236.

品"——因自己的幼稚和错误而造成的呆死料和机票。

图 3-3　2000 年 9 月 1 日，华为研发体系举行"呆死料、机票"大会现场。选自 2000 年 9 月 22 日第 109 期《华为人》

任正非做了总结发言："公司党委举办的这次活动，意义深远。华为还是一个十分年轻的公司，充满了活力和激情，也充塞着幼稚与自傲，管理也还不够规范。如果故步自封，不自我批判，就会走向失败、走向死亡。"他强调："自我批判是为了优化进步和建设发展而不断地超越自我，以有利于公司去除一切不能使先进文化推进的障碍，以有利于公司建立一个合理的运行程序，促进公司整体核心竞争力的提升。"

知耻而后勇。这是一场反思的大会，一场超越的大会，它作为华为研发体系走向成熟的分水岭，作为华为研发体系成长的里程碑，被所有华为人铭记。

在华为内部有自我批判的传统，发现方向不对时，有自省、修复、改正的机制。推行这样的机制，虽然初期遇到很多困难，但是最终大家都逐渐理解接受了。

华为公司早在 1997 年创办了一张暴露问题、自我批判的内部报纸《管理优化》报，就是在公司内部打开一个窗口，为各级干部提供进行自我批判的阵地，也是员工进行批评与自我批评的场所；同时又是让全体员工反映工作中存在的问题，提出意见与不断改进的舆论监督阵地。

华为还定期或不定期地召开民主生活会，即干部与员工批评与自我批判的会议，针对工作中的问题和分析，大家在民主生活会上可以畅所欲言，并且讨论解决。

除了民主生活会，还有整风大会、自律宣言，这些都是华为内部卓有实效的自我批判方式，蕴含着华为文化中的东方元素。

任正非曾经承认："我一个山沟里出来的秀才，20年前哪有什么可能放眼中国、放眼世界？无非是敢于试错，错了从头再来。"

华为不少高管持有相同的观点：没有不断试错和纠错，就不会有华为的今天，华为30年来始终抓住一个基本前提——以客户为中心，围绕这个根本反复强调自我批判。2010年在马来西亚电信产品出了事故被投诉后，华为公司上上下下开反思会，分析原因，系统改进，大家从思想深处剖析自己如何改进，基于此案例优化了解决方案管理能力，并强化了以客户为中心的文化。

"从心所欲，不逾矩。"通过暴露问题，达到解决问题、改进工作、有所进步的目的。任正非认为，只有这样才不会引起公司大的震荡。如果公司内部平时一点小震都没有，那么大震就迟早要到来。这就好比储存在罐子里的黄豆，只有经常去摇一摇，它才不至于发霉变质，但你若摇得用力过猛，会将罐子也一同震裂。

2004年，任正非在《要从必然走向自由》的文章中，如此说道："世界上只有那些善于自我批判的公司才能存活下来。因此，英特尔公司前CEO安迪·格鲁夫的'只有偏执狂才能生存'的观点，还应加上一句话，要善于自我批判，懂得灰色，才能生存。"

在华为，如果想往上走，就必须认同华为的价值观，必须坚持自我批判。任正非这样说道："我们提拔什么样的干部？你必须认同我们的文化，而且必须能为企业创造效益，否则我们就不使用你。认同价值观念是很重要的，我们就是权权交换。你有不学习、不努力的权利，但我们不也有不提拔、不重用、不涨工资不给你这样、不给你那样的权利吗？这就逼着你想学也得学，不想学也得学。逼上梁山了，只好前进。"

自我批判主要是防止组织病变，组织病变由成员个性中天然携带的负面因素导致。每个人进入这个组织时，都带去了这个人个性中好的一面，同时也带来了不好的一面，比如贪婪、懒惰、狭隘、自私等这样一些东西，这些东西就得靠不断进行自我批判来预防和矫正。要忌讳什么呢？运动。自我批判本来是很好的武器，但在过去很多年，特别是我国某个时期，批评与自我批评被用到了极致，导致人与人之间的互相伤害非常可怕，后果是很严重的。所以，自我批判很重要，但自我批判不能用运动的方式。

自我批判，不要批判别人

华为的自我批判，只倡导自我批判，但不提倡批判他人。毛泽东曾在党内提倡"批评与自我批评"，而任正非在华为只倡导"自我批判"，但他绝不倡导批判他人。

任正非在科级以上干部大会上讲解《2001年十大管理工作要点》时这样说道："我们倡导自我批判，但不提倡相互批评，因为批评不好把握尺度，如果批判火药味很浓，就容易造成队伍之间的矛盾。而自己批判自己呢，人们不会自己下猛力，对自己都会手下留情。即使用鸡毛掸子轻轻打一下，也比不打好，多打几年，你就会百炼成钢了。"

"自我批判不光是个人进行自我批判，组织也要进行自我批判。通过自我批判，各级骨干要努力塑造自己，逐步走向职业化，走向国际化。只有认真地自我批判，才能在实践中不断吸收先进，优化自己。"

任正非认为如果在公司内部强调批判他人，会使大家互相指责，破坏团队和良好的组织氛围，把握不好度的话，会造成组织涣散，特别是疾风暴雨式的批判，更会扰乱公司的正常运作。华为文化是倡导团队合作、集体奋战的，所以对别人，任正非是不主张批判的。批判只是对自己，将鞭子举向自己，鞭笞自己总会手下留情；而举向别人往往手下无情更易产生杀伤力。

而且对别人的批判往往并不会建立在公正客观的基础之上。下面这则小寓言会带给我们一些启示：一只猪、一只绵羊和一头乳牛，被关在同一个畜栏里。有一次，主人捉住猪，猪大声号叫，猛烈地抗拒。绵羊和乳牛讨厌它的号叫，指责它说："你也太夸张了吧，他常来捉我们，我们也没大呼小叫。"猪听了回答道："捉你们和捉我完全是两回事，他捉你们，只是要你们的毛和乳汁，但是捉住我，却是要我的命！"绵羊和乳牛听了，都默不作声了。

这个世界的一切结果，都不是无缘无故产生的，任何人做任何事，都有他的原因和理由。并且，批判别人是无用的，因为它会使人采取防守的态势，并常常使他们竭力为自己辩护。批判别人是危险的。因为它伤害一个人的自尊心，并激起他们的坚决反抗。

任正非在 2000 年与员工座谈纪要《在做实中进步》中说："我们公司提倡自我批判，但不提倡批评，原因就是怕批评者把这个火搞得太旺了，然后将事情导向了极端，极端以后就很难挽回。圣人都会自我批判，所以华为公司要提倡基层领导自我批判，员工也帮助他们找问题批一批，我们的目的是解决问题，使他进步，而非要将他烤糊。"由此可见，华为的自我批判的要求，是不无限上纲、无情打击，把握尺度。

烧不死的鸟，是凤凰

经历过军旅生涯的任正非多年来坚持以身作则，从严治理华为内部问题。

2018 年 1 月 17 日，华为公布了一份《对经营管理不善领导责任人的问责通报》，引起了媒体和网友们的关注，随即以刷屏之势传播开来。

通报中称：

近年，部分经营单位发生了经营质量事故和业务造假行为，公司管理层对此负有领导不力的管理责任，经董事会常务委员会讨论决定，对公司主要责任领导作出问责，并通报公司全体员工：

任正非罚款 100 万元；

郭平罚款 50 万元；

徐直军罚款 50 万元；

胡厚崑罚款 50 万元；

李杰罚款 50 万元。

任正非是华为创始人兼 CEO，郭平、徐直军、胡厚崑三人当时均担任华为副董事长、轮值 CEO，李杰时任华为常务董事、片区联席会议总裁、人力资源管理部总裁。该文件由任正非于 2018 年 1 月17 日签发。

对于网上流传的通报，有媒体记者向华为方面求证，对方回应"是真的"，并表示，华为一直有坚持自我批判的传统，这次任正非和几位领导这么做也是带头担责，其实胡厚崑在新年贺词中也写了，公司业绩整体增长得不错。

不过，对于通报中"部分经营单位发生了经营质量事故和业务造假行为"具体指什么，华为方面没有给出明确回复。媒体援引华为内部人士消息称，"业务造假"主要可能涉及的是海外一些代表处虚增订货经营数据造假，华为"已经将那时候数据造假的主要高级别领导降职降薪、冻结晋升"。

2018 年 1 月 17 日，华为心声社区发表了任正非的题为《烧不死的鸟是凤凰，在自我批判中成长》的最新讲话，任正非强调："缺点与错误就是我们身上的渣子，去掉它，我们就能变成伟大的战士。"

以下是任正非本次内部反思讲话的全文，《烧不死的鸟是凤凰，在自我批判中成长》：

跌倒算什么，爬起来再战斗，我们的青春热血，万丈豪情，谱就着英雄万古流。伟大的时代由我们创造，伟大的事业由我们建立，伟大的错误是我们所犯，渺小的缺点人人都有……

改正它，丢掉它，朝着大致正确的方向，英勇前进，我们一定能到达"珠穆朗玛峰"。我们所处的时代空前伟大，信息社会、智能社会我们还根本不能想象，华为这艘刚启航的航母正需要成千上万名英雄划桨。担负时代命运的责任，已经落到了我们肩上，我们还有什么个人的"小九九"不能放下。

任何一个时代的伟大人物都是在磨难中百炼成钢的。矿石不能自然变成钢，要在烈火中焚烧去掉渣子；思想上的煎熬、别人的非议都会促进炉火熊熊燃烧。缺点与错误就是我们身上的渣子，去掉它，我们就能变成伟大的战士。

在伟大时代的关键历史转折关头，跟上去，超过它，勇担责任重担，向着光明，向着大致正确的方向前进，作为伟大公司的一员，光荣、自豪。永远不要忘记自我批判，摩尔定律的核心就是自我批判，我们就是要通过自我批判、自我迭代，在思想文化上升华，步步走高，去践行人生的摩尔定律。

我们的前途是光明的，我们的道路可能充满艰难困苦，我们信心百倍，走在改革的大道上，意气风发，斗志昂扬，勇立在时代的潮头。

英雄万岁，青春万岁，敢于改正错误缺点的人，青春永存。[1]

---

[1] 烧不死的鸟是凤凰，在自我批判中成长 .[EB/OL]. 中财网，2018-01-18.http://www.cfi.net.cn/p20180118000364.html.

从泥坑里爬起来的人就是圣人

—— 任正非在核心网产品线表彰大会上的讲话（2008 年）

20多年的奋斗实践，使我们领悟了自我批判对一个公司的发展是多么的重要。如果我们没有坚持这条原则，华为绝不会有今天。没有自我批判，我们就不会认真听清客户的需求，就不会密切关注并学习同行的优点，就会陷入以自我为中心的困局，必将被快速多变、竞争激烈的市场环境所淘汰；没有自我批判，我们面对一次次的生存危机，就不能深刻地自我反省，自我激励，用生命的微光点燃团队的士气，照亮前进的方向；没有自我批判，就会故步自封，不能虚心吸收外来的先进东西，就不能打破"游击队"的局限和习性，把自己提升到全球化大公司的管理境界；没有自我批判，我们就不能保持内敛务实的文化作风，就会因为取得的一些成绩而少年得志、忘乎所以，掉入前进道路上遍布的泥坑陷阱中；没有自我批判，就不能剔除组织、流程中的无效成分，建立起一个优质的管理体系，降低运作成本；没有自我批判，各级干部不讲真话，听不进批评意见，不学习不进步，就无法保证做出正确决策和使决策切实执行。只有长期坚持自我批判的人，才有广阔的胸怀；只有长期坚持自我批判的公司，才有光明的未来。自我批判让我们走到了今天；我们还能向前走多远，取决于我们还能继续坚持自我批判多久。

别人说我很了不起，其实只有我自己知道自己，我并不懂技术，也不懂管理及财务，我的优点是善于反省、反思，像一块海绵，善于将别人的优点、长处吸收进来，转化成为自己的思想、逻辑、语言与行为。孔子能一日三省其身，我们虽不是圣人，也要尽力做到。

回顾核心网廿年的历史，我们无时不在自我批判中前进。从HJD48的模拟PBX交换机研发开始，到JK1000，再到A型机、C型机、B型机，128，201校园卡，A8010，无一不是在不断地优化改进自己的昨天的过程中产生的。没有昨天，就没有今天，在对错误、落后进行批判的同时，我们也要自我陶冶，成长为一批宏大的英雄队伍。但真理的认识是反复的。由于昨天在程控交换机上的成功，我们在下一代产品的规划上偏离了客户需求。2001年年底我们用iNET应对软交换的潮流，中国电信选择了包括爱立信、西门子、朗讯、阿尔卡特、中兴在内的五家做实验，华为被排除在门外，遭受了重大挫折。GSM的MSC从G3到G6一直没有取得市场突破。UMTS V8也遭遇失败。3G电路域核心网、PS分组域和HLR长期投入没有回报，短期也没有抓住机会……我们在核心网上面临着严冬。当我们认识到错误，在NGN上重新站起来后，我无数次去北京，仍然得不到一个开试验局的机会。我们提出以坂田基地为试验的要求也得不到同意。我们为偏离客户需求、故步自封、以自我为中心付出了多少沉重代价。当然最终得到中国电信的宽容，才使我们在中国的土地上，重新站起来。

自我批判是无止境的，就如活到老学到老一样，陪伴我们终身。学到老就是自我批判到老，学了干什么，就是使自己进步。什么叫进步，就是改正昨天的不正确。当我们在NGN上重获成功的时候，我们G9又在泰国AIS再次摔了大跟头，被退网。HLR在泰国、云南的瘫局，又一次敲起警钟。没有我们已形成的自我批判的习惯，就不会有我们在中国移动的T局交付上，获得的成功。对沙特HAJJ的保障，获得自我批判的辉煌成果，改变了世界技术发展的历史，也改变了我们核心网的发展方向。自此以后，我公司核心网席卷全球，到2008年6月30日止，有线核心网销售了2.8亿线；GU核心网销售了8.3亿用户；CDMA核心网1.5亿用户。其中移动核心网新增市场占有率43.7%；固定核心网新增市场占有率为24.3%，均为世界第一。

在座的老员工应该记得，2000年9月1日下午，整整八年前，也是在这个会场，研发体系组织了几千人参加了"中研部将呆死料作为奖金、奖品发给研发骨干"的大会。把研发中由于工作不认真、测试不严格、盲目创新等产生的呆死料单板器件，把那些为了去网上救火产生的机票，用镜框装裱起来，作为"奖品"发给研发系统的几百名骨干。当时研发体系来征求我对大会的意见，我就把"从泥坑里爬起来的人就是圣人"这句话送给他们。我想，八年前的自我批判大会和今天的这个表彰大会，是有其内在的前因后果的。正是因为我们坚定不移地坚持自我批判，不断反思自己，不断超越自己，才有了今天的成绩，才有了在座的几千位圣人。

自我批判，不是自卑，而是自信，只有强者才会自我批判，也只有自我批判才会成为强者。因此，我们敢于提出媒体网关UMG，关键技术及市场世界第一的口号；PS，HLR十年来不离不弃，持续奋斗，已经构筑了业界最强的产品竞争力；STP从诞生到现在一直是信令网上性能最强、质量最好的产品。随着整个核心网的架构及平台统一，核心网竞争力将得到进一步的提升，所有核心网主力产品都提出了做到业界竞争力第一的目标。我也特别欣赏终端公司提出的，每次行业的变迁都会造就一个伟大的公司，如个人电脑的普及和兴起造就了Microsoft；IP基础网络的部署造就了Cisco；互联网搜索和广告成就了Google；今天，我们又迎来了宽带业务从固定向移动迁移，运营商加强终端定制和转售的行业变迁，我们相信这次的变迁同样会造就一个伟大的公司，也许就是华为终端。那么核心网产品线如何办呢？我们真诚地希望和在座的各位一起，共同把握这次历史的机遇，创造一个新的传奇！

自我批判是一种武器，也是一种精神。华为所有的领导层、管理层、骨干层，华为的所有产品体系干部，大部分是从交换走出去的。他们带去了你们自我批判的风气，以及不屈不挠的奋斗精神，在各条战线、各个领域取得了一定的成绩。你们就像一个华为大学，源源不断地向公司输出了多少优秀干部。是自我批判成就了华为，成就了我们今天在世界的地位。我们要继续提高竞争力，就要坚持自我批判的精神不变。

我们提倡自我批判，但不压制批判。为什么不提倡批判，因为批判是批别人的，多数人掌握不了轻重，容易伤人。自我批判是自己批自己，多数人会手下留情。虽然是鸡毛掸子，但多打几次也会起到同样的效果。

我们开展自我批判的目的也不是要大家专心致志地闭门修身养性，

155

或者大搞灵魂深处的革命，而是要求大家不断去寻找外在更广阔的服务对象，或者更有意义的奋斗目标，并且落实到行动上。因为无论你内心多么高尚，个人修炼多么超脱，别人无法看见，更是无法衡量和考核的，我们唯一能看见的是你在外部环境中所表现的态度和行为，并通过竭尽全力地服务于它们和实现他们，使我们收获一个幸福、美好、富有意义的人生。

核心网提出做全球核心网领导者，这一点我支持。定位决定地位，眼界决定境界，希望核心网产品线不要躺在暂时的成功上，要立足现实和未来，不断迎接挑战，坚持自我批判，坚持持续改进，坚持"统一架构，统一平台，客户化定制"的战略，在核心竞争要素上持续构筑领先优势，追求业界最佳。

沉舟侧畔千帆过，病树前头万木春。人类探索真理的道路是否定、肯定、再否定、不断反思、自我改进和扬弃的过程。自我批判的精神代代相传，新生力量发自内心地认同并实践自我批判，就保证了我们未来的持续进步。

今天有许多来华为不久的新员工参加，这是一个承前启后的大会，只要80后的员工也认同我们的观点，继承与发扬我们的传统，掌握好自我批判的武器，我们将会更加强盛。

再过廿年，我们再相会，业界必将对你们刮目相看，世界将会因你们而精彩。我们要切实地领悟和把握自我批判的武器，持续地学习，少发牢骚，少说怪话，多一些时间修炼和改进自己，加快融入时代的大潮流。背负着先辈世代繁荣的梦想和民族振兴的希望，积极努力，诚实向上，我相信你们是大有可为的。希望寄托在你们身上！

缺点与错误就是我们身上的渣子，去掉它，我们就能变成伟大的战士。华为发生了经营质量事故和业务造假行为，管理层对此要负领导不力的管理责任。

——任正非

第四章

文化传递：来自于制度

越来越多的中国企业开始重视企业文化的建设，重视文化对提升企业竞争力和软实力的推动作用。企业文化理念的确立并不难，难的是如何将文化不断传承和推广下去，使其深植于企业的经营和管理活动中。

企业文化建设的最高境界是让文化理念融在思想里、沉淀在流程中、落实到岗位上、体现在行动中，要达到这一境界，离不开企业文化的有效传递。华为在这方面做出了卓有成效的探索，华为的企业文化传递通过制度建设得到很好的保障，华为的制度为企业文化提供有力的支撑，能够使之成为具有深远影响力和顽强生命力的文化。

第一节　制度环境：高层以身作则

企业文化不是写出来的概念，也不是贴在墙壁上的装饰物，而应该是企业每个人时时刻刻都在践行的理念。企业文化必须大力进行宣传贯彻，否则就会流于形式。

如何宣传贯彻企业文化？高层以身作则是第一重要的方法。以身作则不是说服他人的重要方法，而是唯一的方法，如果创始人都不把企业文化中的理念当回事，没有人会当回事。任正非深谙此理，更是带头以身作则。

干部要身先士卒

在华为内部，任正非低调但并不神秘。他是个性情中人，有个性，有喜怒哀乐，有儿女情长；他没有专车，没有专职司机，没有专门的餐厅，每天按时驾私家车上班，边开车边听四十分钟的外语；他身患多种疾病，去国内外出差很少带秘书，周末自己拖着行李箱、抱着书出没在世界各地机场；自掏腰包买公司的手机；自签文件对自己的失误进行惩罚；自动申请降薪；自我稀释股份，让公司 85% 的员工持股；自愿申请买断工龄，将 001 的工号变成十万多号。他也曾失败过，也曾痛苦过，也曾忧郁过，也被妖魔化过；这才是一个真实的企业家，一个没有被神化的企业家。

华为各级干部去组织员工实践任务时，要以身作则，正人先正己。规则制订了，主管再以身作则，员工才会认同。

任正非对干部以身作则有过这样的要求："干部要身先士卒，到海外一线去锻炼。机关要精简，要把主要的工作压在前线。机关干部必须到海外去锻炼，要长期身先士卒待在国外，完成全项目的工作。干部一定要吃苦在前，享乐在后，冲锋在前，退却在后。一定要以身作则，严格要求自己。"

所谓以身作则，就是应该把"照我说的做"改为"照我做的做"，这样才能起到更好的教育激励作用。然而，现在有些领导者总对他的员工说："照我说的做。"可他们不明白，这是下下之策，真正的上上之策应该是："照我做的做。"

美国玫琳凯化妆品公司以"领导者以身作则"作为所有管理人员的准则。公司创始人玫琳凯·艾施每天都把未完成的工作带回家继续做完，她的工作信条是："今天的事绝不能拖到明天。"她从来没有要求她的员工也这么做，但她的助理以及七位秘书，也都具有她这样的工作风格，可见表率的作用很重要。如果领导者都能够按时上班，高效地执行，工作时间尽量不涉及私人事务，对工作尽职尽责，那么下属的执行效率也会大大地提高。

任正非也曾说过："以身作则也不要做得太过分，就是不能大事小事都以身作则。这样做，你会十分关注小事，而忘了大事。但是你在做文档、做软件上一定要高度地精益求精，要绝对地以身作则。偶然用袖子擦鼻涕，或把袜子放在西装口袋里，就不那么重要。最根本的是你的管理，你一定要对你的部下讲明白，你要他做什么，做这个问题的标准是什么。"

任正非以自己的行动作为表率，告诉华为各级干部，身为干部要有个人修养，中高级干部要提高自身的修养，学习领导的艺术和良好的工作作风；要廉洁自律，不搞小团体，不拉帮结派，要正确处理与下属之间的关系；在做事方面，干部要深入实践，认真负责，不要下车伊始，指手画脚，言必称希腊。总之，干部要清清白白地做人，踏踏实实地做事。

我们不得不承认，领导行为的影响力远胜过权力。规则是给员工制订的，也是给自己制订的。如果一个团队的领导自己都不遵守规则，如何要求团队的其他成员来遵守呢？在我们的企业中，最容易破坏制度的人往往就是制订制度的人，有时甚至就是最高管理者本人。大厅中明明写着"请勿吸烟"，可是烟瘾上来了，最高管理者抽一支，别人也不敢讲什么。很多领导口口声声说要进行团队建设，自己却没有按照团队精神去做。

规则就是规则，确定下来的规则就要坚决执行。我们不缺乏规则，缺乏的是以身作则的理念和意识。领导者，不论是中高层还是基层领导者所起到的就是一个标杆作用，他永远站在队伍的最前方，给员工以榜样、力量、方向、方法，使得整个团队昂首阔步地向前。因此，中层管理者在带领自己的团队时，一定要时刻牢记，你不只是领头羊，更是指挥家。

任正非一直非常注重发挥干部的表率作用，他说："从公司内外、正反两方面案例都证明，各级一把手是建设团队奋斗文化的关键。将熊熊一窝，一把手不奋斗，团队必将涣散。"

华为公司今天的成功绝对不是一个人的奋斗故事，而是一个无私的领导层和一大群不服输的团队共同奋斗拼搏的结果。

EMT 自律宣言

图 4-1 2013 年 1 月 14 日，华为公司在深圳坂田基地召开了"董事会自律宣言宣誓"大会

2013 年 1 月 14 日，华为公司在深圳坂田基地召开了"董事会自律宣言宣誓"大会。当天上午 9 点，宣誓大会正式开始。本次宣誓由时任轮值 CEO 郭平主持，董事会全体成员孙亚芳、郭平、徐直军、胡厚崑、任正非、徐文伟、李杰、丁耘、孟晚舟、陈黎芳、万飚、张平安、余承东集体站在宣誓台上，面对来自全球的几百名中高层管理者，一起举起右手，庄严宣誓："我们必须廉洁正气、奋发图强、励精图治，带领公司冲过未来征程上的暗礁险滩。我们绝不允许'上梁不正下梁歪'，绝不允许'堡垒从内部被攻破'。我们将坚决履行承诺，并接受公司监事会和全体员工的监督。"集体宣誓后，各位董事会成员依次进行个人宣誓。

华为公司自建立起，就要求干部要严格自律，勇于自我批判，并提出要制度化地防止干部腐化、自私和得过且过。当我们的高层管理者中有人利用职权谋取私利时，就说明我们公司的干部选拔制度和管理出现了严重问题，如果只是就事论事，而不从制度上寻找根源，那我们距离死亡就已经不远了。

早在 2005 年，华为公司高层就警觉到公司最大的风险来自内部，必须保持干部队伍的廉洁自律。公司于 2005 年 12 月召开了 EMT 民主生活会，EMT 成员共同认识到：作为公司的领导核心，要正人须先正己，以身作则。会上通过了《EMT 自律宣言》，要求在此后的两年时间内完成 EMT 成员、中高层干部的关联供应商申报与关系清理，并把宣誓方式制度化，层层覆盖所有干部，接受全体员工的监督。2007 年 9 月 29 日，华为公司举行了首次《EMT 自律宣言》宣誓大会，并将这项活动制度化开展至今。

《董事会自律宣言》具体内容如下：

华为承载着历史赋予的伟大使命和全体员工的共同理想。多年来我们共同奉献了最宝贵的青春年华，付出了常人难以承受的常年艰辛，才开创了公司今天的局面。要保持公司持久的蓬勃生机，还要长期艰苦奋斗下去。

我们热爱华为正如热爱自己的生命。为了华为的可持续发展，为了公司的长治久安，我们要警示历史上种种内朽自毁的悲剧，绝不重蹈覆辙。在此，我们郑重宣誓：

1. 正人先正己、以身作则、严于律己，做全体员工的楷模。高级干部的合法收入只能来自华为公司的分红及薪酬，不以下述方式获得其他任何收入：

●绝对不利用公司赋予我们的职权去影响和干扰公司各项业务，从中谋取私利，包括但不限于各种采购、销售、合作、外包等，不以任何形式损害公司利益。

●不在外开设公司、参股、兼职，亲属开设和参股的公司不与华为进行任何形式的关联交易。

●不贪污，不受贿。

高级干部可以帮助自己愿意帮助的人，但只能用自己口袋中的钱，不能用手中的权，公私要分明。

2. 高级干部要正直无私，用人要五湖四海，不拉帮结派。不在自己管辖范围内形成不良作风。

3. 不窃取、不泄露公司商业机密，不侵犯其他公司的商业机密。

4. 绝不接触中国的任何国家机密，以及任何其他国家的任何国家机密。

5. 不私费公报。

6. 高级干部要有自我约束能力，通过自查、自纠、自我批判，每日三省吾身，以此建立干部队伍的自洁机制。

我们是公司的领导核心，是牵引公司前进的发动机。我们要众志成城，万众一心，把所有的力量都聚焦在公司的业务发展上。我们必须廉洁正气、奋发图强、励精图治，带领公司冲过未来征程上的暗礁险滩。我们绝不允许"上梁不正下梁歪"，绝不允许"堡垒从内部被攻破"。我们将坚决履行以上承诺，并接受公司监事会和全体员工的监督。（引自：2013年《华为人合订本》）

高层宣誓完了，各个部门的领导又到分部门层层宣誓。公司最高管理团队举行自律宣言宣誓，表明了高层领导从自身做起，严格自律，众志成城，把所有力量都聚焦在公司的业务发展上的决心。华为人坚持公司提出的"聚焦管道战略，简化管理，力出一孔，实现有效增长；优化组织流程，激励绩优，利出一孔，提升效率效益"的发展战略，在高层领导的奋力牵引和全体员工长期的艰苦努力下，公司一定会保持持久的蓬勃生机，不断健康发展。

干部要担负文化和价值观的传承

相传日本庆长年间，军阀割据，如中国历史中的春秋战国时期。枭雄四起的乱世中有一股以德川家康为首的势力最为强大，在德川幕府中有一个叫小林的谋士，为德川家立下了显赫的战功，甚至可以说，德川家能拥有强大的势力和小林的贡献是分不开的。这让小林家乡的军阀很不满，于是将小林的家人全部抓起来，欲迫使小林离开德川幕府。忠孝难以两全，小林决定离开。离开前他用五日五夜赶写完治国、用兵之道100余卷，后德川家康用此道治国行兵披靡于天下。

从那个时候起，日本就形成了一种传承文化，如今在日本的企业中前辈带晚辈，老人带新人，即使因急事匆忙调离工作岗位，不能传带新人，也会留下工作日志供新人学习。从日本人常挂在嘴边的"前辈""请多指教"等常用语就可以看出日本人的传承观念已经形成了文化。日本的这种传承文化使他们的经济飞速发展，因为后来人不必浪费时间与精力重复去走前辈走过的老路，只要继承、发扬即可，这样便大大地提高了发展速度。二战后，日本能够在如此短的时间内跃居世界经济第二的位置，与其不走重复路的传承文化有着重要的关系。西方一些经济发达国家也十分推崇这种传承理念并纷纷将这种传承文化导入自己的公司。而在中国企业中还没有形成良好的传承文化，甚至我们对传承这个概念都很模糊。

中国有几句民间俗语代表了很多人的观念："教会徒弟，饿死师傅""宁舍千金，不舍一技"等，这种观念从古代一直延续至今，也因此致使很多优秀的技能失传。因为这个原因，中国的很多企业形成了要维持正常经营就离不开某个人的奇怪现象，个人离开后，企业就无法运转或出现倒退，一些高技术行业的企业更是如此，而一般性企业中因为一个人的离开而导致管理混乱、工作交接断档的情况也很多。接手工作的新人，几乎要从头做起，这样便影响了企业发展速度并付出大量不必要的管理成本。

华为重视技能与经验的传承，尤其注重企业文化的传承。企业文化是企业的灵魂，是保证企业制度与企业经营战略实现的重要思想保障，是企业制度创新与经营战略创新的理念基础，是企业活力的内在源泉，同时也是企业行为规范的内在约束。

仅有内涵丰富的企业文化还不够，还需要将这种文化的核心价值观传播到员工中去，在他们心中产生共鸣，让企业文化影响所有员工的观念和行为，才能够真正使企业文化发挥出应有的作用。管理者在这种文化的传播过程中起着重要的作用。华为政策规定，干部要担负起公司文化和价值观的传承。

"以客户为中心，以奋斗者为本，长期艰苦奋斗，坚持自我批判"，是华为企业文化的核心，这在华为干部内训时，是反复被提及的，是任正非等高层尤为重视的。只有理解了这几句话的核心内容，才会对华为干部的内训课有深刻的认识。

首先，接班人必须认同企业的核心价值观，并具有自我批判精神。建设和传承企业文化，要求管理者成为员工的示范者，被认同的对象、模仿的榜样，做到表里如一。管理者需要做到认同企业的核心价值观，言行一致，忠实于自己的承诺，带头践履文化价值理念。作为企业文化的传播者，管理者需要事事做员工的表率。

在华为，接班人是广义的，不是高层领导下台就产生一个接班人。"接班"是每时每刻都在发生的过程，每件事、每个岗位、每条流程都有这种交替行为，是改进、改良、不断优化的行为。华为要使各个岗位都有接班人，接班人都要承认这个核心价值观。

任正非认为，华为公司会否垮掉，完全取决于自己，取决于华为的管理是否进步。管理能否进步，取决于两个问题：一是核心价值观能否让华为的干部接受；二是能否自我批判。

如果干部对核心价值观、公司领导讲话、文件精神，理解和落地的程度和方向都有所不同，这对文化的传承非常不利，随着人员的不断增加，误差会越来越大。

华为有一个员工 A，工作经验丰富，技术能力也较强，本拟作为管理后备干部来培养。但由于其对公司文化不认可，对任职资格、待遇的关注程度远大于对绩效的关注，个人英雄主义严重，虽有较强的业务能力，但他的业务能力并没有很好地转化为对公司的实际贡献，而是成为其炫耀和向公司讨价还价的资本。很显然，这样的员工就不能任用和提拔，而是安排到更基层的岗位上甚至纳入末位淘汰名单。

任正非曾在其文章《华为的红旗到底能打多久》一文中这样发问："一个企业怎样才能长治久安，这是古往今来最大的一个问题，包括华为的旗帜还能打多久，不仅社会友好人士关心，也是我们十分关心并研究的问题。华为在研究这个问题时，主要研究了推动华为前进的主要动力是什么，怎么使这些动力能长期稳定运行，而又不断自我优化。大家越来越明白，促使核动力、油动力、煤动力、电动力、沼气动力……一同努力的源头是企业的核心价值观。这些核心价值观要被接班人所确认，同时接班人要有自我批判能力。接班人是用核心价值观约束、塑造出来的，这样才能使企业长治久安。"

相比其他方面的才能，对于领导者来说，最重要的才能就是影响文化的能力。人是受动机驱使的，如果完全利用这个动机去驱使人，就会把人变得斤斤计较，相互之间没有团结协作，没有追求了。那么，文化的作用就是在物质文明和物质利益的基础上，使他超越基本的生理需求，去追求更高层次的需要，追求自我实现的需要，把他的潜能充分调动起来，而在这种追求过程中，他与人合作，赢得别人的尊重、别人的承认，这些需求就构成了整个团队运作的基础。

任正非对企业文化的重视非同一般："华为公司就是要解决一个综合平衡问题，综合平衡最重要的基础就是文化。如果没有一个组织、文化的认识，就无法综合平衡。'从心所欲，不逾矩'，不是约束你，而是要你综合平衡，自我修正、自我调整、自我前进。自我调整不是靠领袖来实现的，领袖只是一匹狼，主要是抓机会，抓住机会以后就由狼群自动实现综合平衡。这是一种以文化为基础的自觉的综合推进系统。"

盖房子打地基时，人们常用的方法是撒上一层土，然后夯实了，这样才能一层一层形成坚实的地基。正如团队，每年新来的人一茬接一茬，但如果领导者不能以良好的氛围和艰苦奋斗的精神带领新员工融入团队，企业的地基就可能出现空洞，导致隐患。但实际情况往往是新员工占到团队人数的1/2或2/3，有时可能不是老员工影响新员工，反而是各种思潮影响企业原有的平台。

一位华为管理者有着这样的叙述："在我的团队中也曾有一些新员工长期不能融入团队，贪图享受，以自我为中心，对勤奋工作的老员工视而不见，虽然已经通过各种方式解决了一些问题，但对团队造成的消极影响仍需要下功夫清除。如果在这些问题萌芽时就采取措施或在思想上加以重视、防患于未然，便能更好更快地建造一支高效能的队伍。一花独放不是春，百花齐放春满园，自己、一人、几人的艰苦奋斗是远远不够的，只有整个团队都具有艰苦奋斗的理念和精神，团队的效能才能得到真正的发挥。"

同时，华为的干部必须长期艰苦奋斗。"奋斗"的底线是磨好自己的剑，不要让它在稳定中生锈，导致在不稳定的时候无法使用。它的上线是让你的剑变得光亮锋利，让你可以去你想去的地方，更好地劈开路上的荆棘。相对的稳定（待在一个看上去稳定的地方）会随着环境变化变得极为不稳定，而磨好剑带来的是绝对的稳定，则会伴随你终生。

任正非多次强调"将军实际上是打出来的"的观点，他说："上甘岭（艰苦的地方）是不会自动产生优秀干部的，但优秀的干部必然产生在艰苦奋斗中。上甘岭一定会出很多英雄，但是不一定会自然产生将军，英雄将来不一定会是将军啊！将军一定曾经是英雄。

你在苏丹成功的案例，到英国打开看看，完全不是一个样子；你不能全球化，怎么能成为将军？将军会随时被空投到任何作战的地方去。

"如果你不能适应，那你只是英雄，当然，当英雄也不会背一条空麻袋回家的，这就是我们的政策。所以说上甘岭不能自然产生将军，将军要通过自己努力学习，全面提高自己的素质，以适应公司全球化的需要。公司公布一个'干部九条'，'干部九条'是我们干部学习的一个指南，是指导你怎么进行工作，进行自我提升的。

"员工通过'干部九条'的磨炼，锻炼三个能力：一是成功的决断力；二是正确的执行力；三是准确的理解力。根据员工的能力处在不同的阶段，我们来决定干部的使用和选拔。我们也会对后备干部加大培养力度，艰苦地区的员工会更容易获得被培养的机会，也不是唯有这条路才是晋升之路。大幅度地培养干部只是一个方法，是在一定范围内，速度快一点地培养一批干部。不是唯有被培养的后备干部才能够晋升，我们过去成功的干部选拔方法都是有用的，除了这些方法，还会有更多的产生优秀干部的方法，我们不能教条化。将军实际上是打出来的，没有艰苦的战争磨难，是不会产生将军的。禅机是悟出来的，大家不要放松了自己的学习，既然到艰苦地区来工作了，如果去了又不努力学习，那么大家就失去了很好的机会。所以越是在艰苦地区工作越不要放弃努力，否则你失去被优先选拔的机会多不值得。"

第二节 制度安排：文化制度化

文化是企业的灵魂，没有文化的企业就像沙漠，缺少生命的活力。文化产生自然的影响力，润物细无声，可以抢占人的心智，牵引人的思想，驱动人的行为，是一种非制度的强大驱动力。文化在顺境中可以令人感受到它催人向上的力量，在逆境中这种力量可以得到更大的引爆，所以经过痛苦和泪水浇灌出来的团队，这种文化的渗透使其最有生命力，会更加生生不息，源远流长。

文化的力量在于重复、重复再重复，重复的时间越长、次数越多就越具有生命力。文化制度化是践行企业文化的关键，华为正是通过文化制度化，将文化传播落到实处。

给火车头加满油

文化的表现层次——器物层、行为层、制度层、理念层。对这四个层次来说，一个公司的激励制度，是企业文化最重要和最直接的体现。

任正非多次在讲话中强调要按贡献大小拉开待遇差距的观点，他的话语掷地有声："我们未来人事体系薪酬的变革，要面对竞争激烈的生态环境做出反应，我们要更多地向奋斗者倾斜，向成功者倾斜。虽然，我们面对的环境越来越困难，但并不影响我们推动薪酬合理化。我们的同等贡献的人员，薪酬上为什么不可以向爱立信、思科他们看齐？我们要推行本地化薪酬，为一些不能全球化的中低端职务设计职级待遇，这样的职级待遇在当地是合理的，并略高于当地优质企业。一些人有家庭困难，而且家里非他照顾不可，各级干部要理解他们，也不要把他们选入关键岗位，以免不能全球化，使大家尴尬；也要应他们的要求允许他们辞职，重新选择职业。当然华为有机会，他们本人也愿意薪酬本地化，也可以重新就业。我们一定要贯彻不同的业务岗位，职级是封顶的，不管你资格有多老，贡献不涨，薪酬不能涨。在一些全球化职位上，不仅要设计任职期限，还要有工龄限制，防止一些地区、一些岗位有长期的人才沉淀。总之我们要按贡献拉开待遇差距，促使所有的人在任职期间必须努力。我们老是向左看齐，为什么不向右看齐？为什么不敢拉开差距？但是我们不要再像过去的刚性薪酬那样的僵化，我们把薪酬分成多少段，这一段是岗位津贴，那一段是什么，你不在这个岗位了，这津贴就没有了。"

对全体员工的激励与约束体系，为企业提供的是持续不断的内部动力。企业必须通过科学的评价制度，在定性上，确定谁是奉献者，谁是偷懒者；在定量上，要明确每一个人的价值贡献。其中的关键是由人评价人转向用制度评价人。企业必须通过公正的分配制度，给予不同价值贡献者以不同的回报，并通过回报体系的设计，激励员工的价值创造行为。

"效益优先、兼顾公平是市场经济的特点，倒过来公平优先、兼顾效益，这个社会就要垮掉了，因为没有火车头了。社会要富裕，它必须要有火车头拉着跑。火车头拉的时候，就要有动力，这个动力就是差异。"任正非如是说。

实际上，华为倡导分配逐渐向优秀员工倾斜，是通过差异化策略来实现的，例如贡献突出的拿得多，反之则拿得少。还有就是利用绩效考核拉大员工之间的差距，给予高绩效人员更高的报酬和待遇。

2013 年，任正非在广州代表处座谈时这样说道："我们过去的薪酬制度是比较平衡的，那些聪明的人就跑了。那为什么我们成功了呢？我们这 18 万人都从一个孔流出去，这个水很厉害，就征服了客户，给了我们很多机会，而我们现在的改革则是让公司的优秀分子发挥作用，就是要拉开差距。水是自动从高处流到低处的，我们现在要把大家的能力发挥出来，我们就要把水从低处抽到高处去，再用水泵'啪啪啪'把水扬到高处去，发挥更大的作用。现在我们的考核机制就要开始改变，开始加大奖金的差距，尤其是在一线、在基层。工资体系还是太难改，盲目改就会出现很大的问题，所以我们先从奖金改起，大家已经明显感到干得好的人奖金就多，优秀的人就觉得不用走了，那我们的优秀分子就增多了。"

这种差异化的策略激活了内部竞争，好的更好，坏的得到清除；同时，也体现了公平的原则，优秀的员工通过努力，不断实现自我价值，使懒人、庸人无机可乘。

华为曾给一个项目组奖金 600 万元人民币，被传为佳话。从艰苦地区和重大项目中提拔有成功实践经验的干部是公司一贯的干部选拔导向。2012 年 10 月埃塞俄比亚电信网络扩容项目 LOT1 中华为中标 50% 市场份额，并大规模进入首都价值区域，规模搬迁现网设备，一举扭转了埃塞俄比亚市场格局。后来华为对北非地区部、公司重大项目部、埃塞俄比亚代表处及相关项目组颁发总裁嘉奖令，予以通报表彰。同时，给予项目组 600 万元人民币的项目奖励，并对在此项目中做出突出贡献的项目组关键成员予以晋升，以资鼓励。

华为公司在对员工进行绩效考核上采取定期考察、实时更新员工工资的措施，员工不需要担心自己的努力没有被管理层发现，只要努力工作就行。华为的这种措施保证了科研人员比较单纯的竞争环境，有利于员工的发展。

在保持绩效考核合理性的同时，为了减少或防止办公室政治，华为公司对领导的考察也从三个维度进行，即领导个人业绩、上级领导的看法以及领导与同级和下级员工的关系。领导正式上任前要通过六个月的员工考核，业绩好只代表工资高，并不意味着会被提升。这样的领导晋升机制从道德角度和利益角度约束了领导的个人权力，更加体现了对下级员工意见的尊重。

华为一直注重分配体系向奋斗者、贡献者倾斜。在华为电子邮件，《从"哲学"到实践》〔2011〕第 16 号文件）中这样记述："公司的价值分配体系要向奋斗者、贡献者倾斜，给火车头加满油。我们还是要敢于打破过去的陈规陋习，敢于向优秀的奋斗者、成功实践者、有贡献者倾斜。在高绩效中去寻找有使命感的人，如果他确实有能力，就让他小步快跑。差距是动力，没有温差就没有风，没有水位差就没有流水。我主张激励优秀员工，下一步我们效益提升就是给火车头加些油，让火车头拼命拉车，始终保持奋斗热情。"

为了保证公司内部管理公平，并持续保持激活状态，2006 年以来华为推行"以岗定级、以级定薪、人岗匹配，易岗易薪"的薪酬制度改革，根据岗位责任和贡献产出，确定每个岗位的工资级别；

员工匹配上岗，获得相应的工资待遇；员工岗位调整了，工资待遇随之调整。华为人力资源委员会认为，这次改革受益最大的，是那些有奋斗精神、勇于承担责任、冲锋在前并做出贡献的员工；受鞭策的，是那些安于现状、不思进取，躺在功劳簿上睡大觉的员工。"老员工如果懈怠了、不努力奋斗了，其岗位会被调整下来，待遇也会被调整下来。"

2008年，任正非在市场部年中大会上斩钉截铁地说："企业的目的十分明确，是使自己具有竞争力，能赢得客户的信任，在市场上能存活下来。要为客户服好务，就要选拔优秀的员工，而且这些优秀员工必须要奋斗。要使奋斗可以持续发展，必须使奋斗者得到合理的回报，并保持长期的健康。"

华为在报酬方面从不羞羞答答或遮遮掩掩，而是公开、坚决地向优秀员工倾斜。

在早期，华为曾用4万元人民币的年薪聘请了一位从事芯片研发的工程师。这位工程师来到华为以后，为华为攻破了一道道难关，他为华为做出的贡献远远高于4万元人民币。公司也看在眼里，不久就给他加薪，并且一次性将他的年薪涨到50万元人民币。

对于这件事，任正非说："拿下狮子周围那些领地来，你们会有各自的份额。"由此可见，华为坚决执行向优秀员工倾斜的制度。这刺激了员工不断前进的欲望。更重要的是，很多本来优秀的员工也愿意付出更多的热情、心血和努力到公司的发展浪潮中，与企业共存亡。

为了完善分配体系，让优秀员工得到合理的回报，华为还研究了很多国外先进的管理模式，并把它们引入到管理中来。任正非要求华为大胆尝试，大胆改革。华为的激励制度，充分体现了"奋斗者得到回报"的文化。其中，华为员工持股计划就是重要的一项激励制度。美国实证调查表明，实行员工持股计划的企业与同类企业相比，劳动生产率高 1/3，平均利润率高 50%，平均工资高 25%~60%。员工持股计划与风险资本被认为是带动硅谷高速成长的两部发动机。[①] 华为今天的员工持股计划是从 2001 年开始的，是按照职位评价、职位等级设定了上限，具有高分红、低股价的特点，性质上属于"虚拟受限股"，不交易、不转让、不继承。吴春波评价华为员工持股计划时说："对于一个企业家来讲，要学会抑制自己的贪婪，学会分享，通过理性的制度设计，回报与激励那些为企业做出贡献而且未来还能继续做贡献的员工。"

另外，华为的海外补助制度，追求的是与员工持股同样的激励目标。首先，新外派制度明确的、有针对性的激励，充分体现和吸引、保留、激励了愿意到海外发展的员工，发挥他们的才能，为公司国际化发展贡献力量。

经济社会，在职场上讲"无私奉献"某种程度上显得曲高和寡。在目前本地化能力还不够的情况下，外派员工是一个有效的方法。而从员工角度来说，外派的确带来了工作、生活方面的种种困难和压力。因此，有效的、合情理的运作需要有一个劳有所获、高绩效高回报的激励制度来保障。华为的外派补助制度将补助分为离家、

---

① ②吴春波.华为没有秘密 [M].北京：中信出版社 ,2016:264.

艰苦和伙食三个方面。从激励的内容来看，每部分激励回报的是什么、为了补偿员工因为工作而承担的什么困难、体现员工哪个方面的价值和奋斗能力，都是清晰、明确的。如离家补助是为了补偿员工离乡背井，承受了不同文化差异和生活不便带来的困难而给予的。从激励享受主体来看，新补助也有其明确的倾斜性——向艰苦地区倾斜。不畏条件艰苦、勇于到艰苦地区工作的员工享受的艰苦补贴就高，而选择在发达国家工作，艰苦补贴就低甚至为零。这种倾斜性不是主观的好恶，而是基于外派国家的客观状况，从另一个角度看，它更体现出"让奋斗者得到回报""不让雷锋吃亏"的公平性。

其次，新的外派补助制度体现了激励体系管理上的规范化和国际化。

一个有效的补助制度要能够很好地吸引和保留人才，赢得员工的敬业度和满意度，实现对公司的绩效承诺。它的激励性、公平性和竞争性对内对外都要有体现。华为新的外派补助体系是借鉴了业界跨国公司的优秀实践，结合公司的实际业务需求和管理导向而设计的，它更加规范、标准。比如：在艰苦补助的设计中，就参考了每个国家的气候与自然环境、疾病与卫生状况、文化及娱乐设施等因素，根据各因素的差异，将外派国家分成了五类，体现出激励的地区差。另外，新制度的分类激励，将业界的标准、个人贡献和公司牵引进行了综合考虑，它不仅使外派补助制度对内部员工具有有效的激励作用，同时，也提高了对外的竞争力。与此同时，新的补助制度增加了根据汇率变化、物价上涨、政治动荡等原因进行定期审视和遇到特殊情况的应急政策等措施，使制度更符合实际情况。

最后，在制度中体现对员工生活和健康的关怀。

民以食为天，基本的生活要素在某种程度上决定着人的精神力量。在不断提高行政平台的支撑能力，提高公司食堂、野战食堂的伙食水平的情况下，新补助制度清晰定义了"伙食补助"，员工只要在食堂吃饭，可以享受比自己外派伙食补助标准高一倍的饮食标准，并且在补助标准内，家属在食堂就餐也不用支付餐费。这样，不论是在条件艰苦地区，还是在高消费地区的员工，都能够改善伙食，保证营养和健康。同时，在发放形式上，伙食补助没有以现金的方式直接发给员工，这一是督促各地区行政平台努力提高服务能力，二是员工自身也能主动地关注伙食的质量。

总之，华为的外派补助制度设计的核心仍然是基于价值创造、价值评价和价值分配的原则，体现的是公司"以奋斗者为本"的文化。随着公司全球化步伐的加速，它在牵引员工奔赴海外、推动公司发展上将发挥越来越重要的作用。①

自我批判制度

古人有"一日三省吾身"的美德，这其实就是一种自我批判的精神。自我批判的能力，实质上是一个人自我领导、自我管理的理智力、自律力和内在控制力。通过理智的引导进行自我剖析，人们重新审视自我的愿景、价值观和心智模式。

自我批判的过程就是一个思想上、观念上去糟粕、纳精华，进

---

①若然.激励规范关怀——谈新外派补助制度［J］.华为人，2008.

而不断升华和成长的过程，是人生从"必然王国"到"自由王国"的过程，是到达随心所欲而不逾矩境界的必由之路。

在 30 年的奋斗实践过程中，任正非始终将自我批判作为华为文化的精髓坚持下来，华为核心价值观里最重要的一条是"自我批判"。人的天性就是要舒服，企业想生存就要逆向做功，把能量从低到高抽上来，增加势能，这样企业就发展了。自我批判的目的就是要持续强化组织中的每一分子忍耐不适的能力，防止"组织疲劳症"，这恰恰体现出任正非对人性和组织规律的深刻洞察。

组织如人一样，到了中年就自然会疲惫，组织的疲惫会滋生腐败、集体不作为、小山头等问题。组织的领导者对组织的疲劳和腐败不会视而不见，会采取各种手段和措施来防止组织的病变和疲劳。比如，毛泽东发明了一种以"运动"的方式来保持党的活力和激情的方法，长期在党内坚持"批评与自我批评"。

毋庸讳言的是，曾有过几年军旅生涯的任正非，他的管理理念显然留有中国共产党的政治思想烙印，尤其是华为的"自我批判"制度明显就是中国共产党"批评与自我批评"的修订版。

且看任正非是如何阐述"自我批判"的。

他说："'一日三省吾身'，自我批判，就是克服'幼稚病'的良方。幼稚病并不可怕，公司从高层到基层，我们都有幼稚病，特别是面对新事物、新问题的时候。认识新事物、认识新问题总是反反复复，不可能一步就认识到本质。因此我们都应该不断努力学习，不断提高认识事物、认识问题的能力。你们还要特别注重向别人学习，看看你身边的老员工是如何做的，学明白了再去创新，一点一滴、一步一步走向成熟。华为从开始的幼稚走向成熟，开始明白，一个企业长治久安的基础，是它的核心价值观被接班人确认，接班人具有自我批判能力。从现在开始，华为公司一切不能自我批判的员工，将不能再被提拔。三年以后，一切不能自我批判的干部将全部免职，不能再担任管理工作。通过正确引导以及施加压力，再经过数十年的努力，公司将会在内部形成层层级级的自我批判风气。组织的自我批判，将会使流程更加优化，管理更加优化；员工的自我批判，将会大大提高自我素质。成千上万的各级岗位上具有自我批判能力的接班人的形成，就会使企业的红旗永远飘扬下去，用户就不会再担心这个公司垮了，谁去替他维护。用户不是在选择产品，而是在选择公司，选择可信任的公司文化。"

任正非曾明确指出华为长期坚持自我批判的根本目的："自我批判不是为批判而批判，不是为全面否定而批判，而是为优化和建设而批判。总的目标是要导向公司整体核心竞争力的提升。"

华为在自我批判方面有两个重要制度，一个是针对个人批判的民主生活会，一个是批判组织——红军蓝军。

民主生活会是华为将近 30 年来始终坚持的一个自我批判方式，这个方式很显然是向中国共产党学来的。现在主要是在中高管理层，每三个月或半年，不管任何人，包括任正非都必须参加民主生活会。自我批判的民主生活会是主管站在自省的角度，进行自我认识的思考与倾诉，往往带有主观评价因素，讨论的内容包括业务、管理行为、生活作风等很多方面，内容比较宽泛。参与人包括主管的上级、同僚、下属以及道德遵从委员会等相关部门同事。

早在 2008 年，华为就开设了一个内部论坛——华为"心声社区"，员工可以在这个网络论坛上发表自己的观点，包括对公司的不满，而华为外部人士虽然不能发言，但可以浏览。这也是另一种形式的自我批判。

在中国的企业内网中，很少有像华为"心声社区"这样开放的气氛，任何员工可以就公司的任何一项政策、决定在内网上指手画脚，有时批判很尖锐、很刺耳。公司绝大多数重大和非重大的政策、决定，包括任正非的讲话、各级高管的讲话都会第一时间发表在内部网站上，让 18 万员工评头论足，而且发帖者可以实名，也可以穿马甲，谁都不允许追查发帖者。任正非遇到过一件这样的事情，"心声社区"的负责人找他，说有一条信息批判了公司某一位高管，这位高管就要查发信息员工的工号。任正非说好啊，把我的工号告诉他。这个人拿着任正非的工号去查的时候，发现是老板的工号。在这个平台上什么话员工都可以讲，但谁都不允许去查是谁说的。可以把华为的"心声社区"称作"透明的玻璃社区"。什么叫透明的玻璃社区呢？全世界任何一个人都可以看华为的"心声社区"，看华为员工怎么批判自己的公司，批判公司的方针政策，同时，也在看群众怎么"斗"群众。这些评论当然有赞成的，有批评的，有些批评相当尖锐，甚至很极端，但正是在 18 万人的监督和广泛的民主参与下，华为总体上仍能保持相对健康、向上的组织文化，18 万人的大组织仍然具有强大的活力和凝聚力。"更重要的是各级高管被置身于民主监督的氛围中，同时，公司也从员工跟帖中，吸收了丰富的思想营养和许多有价值的意见和建议。任正非说我在跟帖中看到的是'将星在闪耀'。'心声社区'是华为的透明外衣，也是华为的民主罗马广场。"华为高级管理顾问田涛曾如此评价"心声社区"。①

这些年来，公司在"心声社区"、《华为人》《管理优化》、公司文件和大会上，不断地公开自己的不足，披露自己的错误，勇于自我批判，刨松了整个公司思想建设的土壤，为公司全体员工的自我批判打下了基础。一批先知先觉、先改正自己缺点与错误的员工已经快速地成长起来。

谈及华为的自我批判制度，不得不提华为的一个批判组织——红军蓝军。为了实现从精神到实践的落地，华为特别设立了自我批判组织机构——红军蓝军组织。简单来说，红军代表着华为现行的战略发展模式，蓝军代表着华为主要竞争对手采用的战略或当下的创新战略模式。

华为顾问田涛在其著作《下一个倒下的会不会是华为？》中介绍道："蓝军参谋部"的主要职责包括：1.从不同的视角观察公司的战略与技术发展，进行逆向思维，审视、论证红军战略／产品／解决方案的漏洞或问题；2.模拟对手的战略／产品／解决方案策略，指出红军战略／产品／解决方案的漏洞或问题；3.建立红蓝军的对抗体制和运作平台，在公司高层团队的组织下，采用辩论、模拟实践、战术推演等方式，对当前的战略思想进行反向分析和批判性辩论，在技术层面寻求差异化的颠覆性技术和产品。

---

① 华为"枪林弹雨中成长"讲座走进北京大学 [EB/OL]. 环球网 .2018-01-15.http://tech.huanqiu.com/it/2018-01/11522778.html

任正非曾这样说过：

要想升官，先到蓝军去，不把红军打败就不要升司令。红军的司令如果没有蓝军的经历，也不要再提拔了。你都不知道如何打败华为，说明你已到天花板了。两军互攻最终会有一个井喷，井喷出来的东西可能就是一个机会点。我不管蓝军在无线上投资多少，但一定要像董事们"炮轰华为"一样，架着大炮轰，他们发表的文章是按进入我的邮箱的顺序排序的。一定要把华为公司的优势去掉，没有优势就是更大的优势。终端的数据卡很赚钱，很赚钱就留给别人一个很大的空间，别人钻进来就把我们的地盘蚕食了，因此把数据卡合理盈利就是更大的优势，因为我们会赚更多长远的钱。

我们在华为内部要创造一种保护机制，一定要让蓝军有地位。蓝军可能胡说八道，有一些疯子，敢想敢说敢干，博弈之后要给他们一些宽容，你怎么知道他们不能走出一条路来呢？

任正非以马其诺防线举例："世界上有两个防线是失败的，一个就是法国的马其诺防线，法国建立了马其诺防线来防德军，但德国不直接进攻法国，而是从比利时绕到马其诺防线后面，这条防线就失败了。还有日本防止苏联进攻中国伪满洲的时候，在东北建立了十七个要塞，他们赌苏联是以坦克战为基础，不会翻大兴安岭过来，但百万苏联红军是翻大兴安岭过来的，日本的防线就失败了。

"所以我认为防不胜防，一定要以攻为主。攻就要重视蓝军的作用，蓝军想尽办法来否定红军，就算否不掉，蓝军也是动了脑筋的。三峡大坝的成功要肯定反对者的作用，虽然没有完全认同反对者，但设计上都按反对意见做了修改。我们要肯定反对者的价值和作用，要允许反对者的存在。"

《华为人》上刊登了一篇文章，介绍华为"蓝军"所发挥的作用：蓝军是相对红军而言的，是一个专门的组织，研究怎么打败华为，打败华为的产品和解决方案。换句话说，是专门挑刺、说不好听的话，而不是来迎合大家的。当年某个接入网产品，为了满足欧洲客户的需求，红军设计了一个平台架构。这时蓝军的一个专家跳出来，写了很长一篇文章，说这个产品架构有缺陷，肯定会失败，写了很多条理由，每条都有论证。红军就开始反击蓝军，召集了硬件、软件一堆的专家，不断去优化架构和设计，来证明自己正确。蓝军的"攻击"把整个红军团队激发了，这个产品2004年开始设计，2006年上市，到今年（2016年）10年了，架构还是领先的。这就是"蓝军机制"，这种机制能激发我们的潜力，使我们在产品和技术上不断创新。[①]

由此看来，自我批判在华为不仅被纳入了个人行为活动中，而且被深化为正式的组织形式，设定为专门的组织结构板块，用以促进自我批判行动成果的实现。实践证明这一做法非常成功。

任正非有这样一席话，可以说深刻揭示了华为开展自我批判的

---

① 丁耘. 从个人英雄到群体英雄 [J], 华为人, 2016(12):328.

最根本意义所在——

　　我们开展自我批判的目的不是要大家去专心致志地修身养性，或是大搞灵魂深处的革命；而是要求大家不断地去寻找外在的更广阔的服务对象，或是更有意义的奋斗目标。因为你的内心世界多么高尚，你个人修炼的境界多么超脱，别人是无法看见的，当然更是无法衡量和考核的，我们唯一能够看见的是你在外部环境中所表现出来的态度和行为，并判断它们是否有利于公司建立一个合理的运行秩序与规律，是否有利于去除一切不能使先进文化推进的障碍，是否有利于公司整体核心竞争力的发展。我们要不断地走出内心世界，向外去寻找更为广阔的服务对象和更有意义的奋斗目标，并竭尽全力地服务于他们，这将使我们收获一个幸福、美好、富有意义的人生。

第三节　制度机制：考核固化文化

　　来自 IBM 的绩效考核制度，也是华为文化传播落地到基层员工的有力武器，华为是真正把考核系统、评价系统落实到位的企业。从老板到各个层次的员工，公司对每个人的劳动态度、业绩都要进行考核和评价。华为高级管理顾问吴春波曾说：任正非讲的要追求灰度，所谓的灰度就是可以变化的，你处在哪个阵营，我用激励和约束的力量，实际上可以使它改变。这种改变的力量，就是来自于人力资源制度建设，通过制度的力量来改变人。

华为的文化不是靠《华为公司基本法》规整出来的，不是靠集体辞职形成的，也不是"华为冬天"讲出来的，而是考核出来的文化。考核实际上是通过一种制度力量来扩散文化，逼着你来认同文化。

考核这个制度使每个人真正认同文化。劳动态度考核一视同仁，上到老板，下到基层员工，任正非也不例外。

华为的劳动态度考核使用的是关键事件法，不是靠主管打分，而是用关键事件来推导员工的考核是否优秀。

任正非曾这样讲道："对基层员工的考核，劳动成果放在第一位，劳动技能放在第二位。基层员工要'爱一行、干一行、专一行'。

"既然你们把劳动成果放第一位，劳动技能放第二位，态度就要淡化，因为态度是个虚的东西。所以说，概括地考核劳动态度就容易偏左，过去形式主义还是占了很大的比例。要把劳动态度具体化，比如说按时上下班、上班时间专心本职工作等，抓住几个关键点就行。"

一个员工说，我特别有责任心，主管拿出关键事件记录，某月某日交给你一个任务，你给忘了造成严重的后果，这就是没责任心。关键事件法，就是文化考核。

文化考核，一个季度考一次，一年考五次。第五次是总评，总评得出一个总分来，今年的劳动态度评分是多少？考核完了怎么办？到 2015 年为止，华为已经考核了 12 年。也就是说劳动态度考核在华为已经存在了 12 年。

考核结果和退休金挂钩。在华为，退休金不主要取决于员工在华为的工龄，而取决于员工在华为劳动态度考核的结果，取决于晋升。工作态度考评主要是围绕华为所倡导的企业文化进行的。例如是否具有奉献精神、是否进行自我批评、是否愿意到艰苦的地方、是否服从调动、是否热衷于团队协作，等等。其实，这是华为与奋斗者分享利益的一种体现。考核直接与个人利益挂钩，工资（主要是加薪）、奖金和股金拿多少（因为华为员工持股），今年配给你多少股都跟劳动态度考核有关，这就产生了一个机制。

当然，不是每个人都认同华为文化的。华为的做法是不认同没关系，但是我们给你一种力量让你认同；而且，让你变成一种自觉的行动。

在华为，你可以反对华为的文化，你可以不认同华为的文化，你可以仇恨华为的文化，这都没问题。但你仇恨退休金吗？你仇恨晋升吗？你仇恨机会吗？你仇恨公司奖金和股金吗？

我想绝大多数人都不会仇恨，否则他不会到华为。华为的文化支撑主要是靠制度、奖金和股金。

一些企业的文化为什么不好？是因为认同文化的人老吃亏。谁认同谁吃亏，谁还认同公司的文化？当背叛变成一种潮流，谁还会在一线为客户玩命地工作？

华为考核的最终目标是不让雷锋吃亏，而是让奉献者得到合理回报，同时让偷懒者得到惩罚。用制度培养优秀企业文化，而不是仅仅用道德和说教培养文化，相信制度的力量，相信优秀文化的力量。[1]

　　企业文化建设的最高境界是让文化理念融在思想里、沉淀在流程中、落实到岗位上、体现在行动中，要达到这一境界，离不开企业文化的有效传递。华为在这方面做出了卓有成效的探索，华为的企业文化传递通过制度建设得到很好的保障，其意义非常深远：一是为企业的发展创造良好的环境；二是为企业创造文化品牌，提升产品或服务品牌的附加值；三是增强客户或消费者对企业和品牌的忠诚度和依赖感；四是以文化的感召力影响社会。

---

①吴春波.华为的文化是考核出来的，不是弘扬出来的［J］.中国企业家，2015.

企业的秩序与活力

——华为公司高级管理顾问 田涛

企业类似于军队，现代企业管理的基本体系源自于军队管理。我曾经看过《蓝血十杰》这本书。这本书讲二战期间，美国空军在进行轰炸作业时，发现经常有失误，而且是大规模的投弹失误，于是，空军就从哈佛大学召集了一批搞统计的高材生入伍，对空军作战进行数字化改革，结果大大提升了空军轰炸的命中率，也降低了飞机的失事率。

二战结束后，其中的10位退伍军官被聘请到福特公司做管理者。真正的所谓现代工业管理系统化的理论和实践，尤其是实践，是从这10个人开始的。20世纪40年代初的福特，管理上一片混乱，是这10位美国前军人，把数字化管理引入福特，拯救了日趋衰退的福特公司。他们信仰数字、崇拜效率，开创了现代企业科学管理的先河。后来，他们中有些人从政了，官阶最高的一人曾担任美国国防部长。那是一个讲究高度秩序化、讲究高效率的福特汽车文化。

这种管理带来过分清晰的层级制度，负效应是普遍的长官意志、管理过程中的冷漠、绩效评价的片面化与极端化、组织之间协同性问题，有时候协同过度还带来效率降低等各种各样的问题。《蓝血十杰》叙述了他们对福特汽车公司和现代管理的重大贡献，同时也阐述了这种管理的过度化带来的问题。

今天的西方企业，同样在管理上过度强调数字化，过度强调秩序化，华为在向西方公司全面学习的过程中，"削足适履"，过犹不及，也同样患上了某种僵化的"西方病"。企业在发展的初期、早期一定是充满活力与激情，充满了进攻性，但总是如此，就一定会陷入无序与混乱，陷入撕裂乃至于崩溃。所以这时候进行制度化、秩序化的建设就非常重要，但制度化、秩序化推进到一定程度后，制度和秩序的弊端就会产生：层级复杂、控制与监管繁琐、效率与公平的冲突、进攻与控制的冲突、前方与后方的冲突、机关与一线的冲突等等，全部都会以某种类似于"血管硬化"的方式显现出来。所以任总为什么反复强调华为要不断进行自我批判，公司每隔几年就要开展组织变革，总是来回折腾就是这个原因。

华为经过二十多年的成长，从高速发展的原始积累期，遍地是英雄，遍地是狼烟，思想多元，主义多元，架构紊乱，到后来引入 IBM 的流程管理，引进西方的各种顾问公司进行制度化建设，使公司在全球化的过程中，有了一整套能够和西方市场、西方世界、西方客户对接的共同的符号，但是在"全盘西化"的过程中，同时也把与他们相似的病症带了过来，今天华为在管理上存在的诸多问题不光是中国病，很可能主要是西方病。

另外一个因素，跟人一样，年轻的时候生机勃勃，到了中年就变得更理性了，理性的另外一面就是世故，激情不够了，不敢做决策、不敢冒险了。到老了的时候可能就变得很懈怠，没有动力与活力了，组织也是这样。所以下一个倒下的会不会是华为？不见得是下一个，但倒下是肯定的，就像人一定会死一样，人体组织所有的努力就是要延缓它的死亡，使之存活的过程能够更健康点，而且使这个健康更持久一点。激情衰退、活力衰减问题，在组织体系内会不断地滋生，要不断通过变革去消除它，当然你也别想着一劳永逸地解决它，它会不断地冒出来，像韭菜一样，割了一茬又长出一茬。任何组织概莫能外。

华为现在越来越秩序化了，也越来越结构化了，越来越讲流程了，这些东西是对的。但秩序与活力永远是一对矛盾，什么时候该打破秩序，什么时候应该更注重激发活力，其实是很难的一件事情。各个层面的管理者、领导者经常都会面对打破秩序，构建活力，约束匪性等问题；然后又要构建规则，培养英雄，又要打掉英雄的重复化选择，周而复始，循环式演进。

二十多年的华为发展史，我有另外一个总结，就是不断地培养英雄，又不断地否定英雄、打掉英雄的过程。没有英雄的华为一定会死亡，但遍地是英雄的华为也一定会崩溃。活力与秩序之间，打破秩序的僵化与激发英雄气概永远是一对矛盾，不是通过一次变革就能解决的。华为的七千人大辞职就是一次重大变革，是华为历史上一个重要的里程碑式的变革，但是这就终结了吗？非也。我相信未来还会有无数次的变革，而且面对的问题永远是相同的——构建秩序与激发活力，在两极冲突之间来回"翻烧饼"，在左右矛盾之中寻求动态平衡。这既是宿命，亦是挑战，是从来无解的千古话题，也是领导者与管理者的使命所在。

（来源：2013年《华为人合订本》）

第五章

落地：文化观念
要传播出去

企业文化的关键在于"落地生根"，无法"落地"的文化就只是口号，只有倡导者的激情，却没有响应者的行动；无法"落地"的企业文化更像是空中楼阁，即使建构起健全的文化架构体系，也只能悬在空中。因此，企业文化建设需要通过有效的方式传播，将理念转化为认知与行动，从而确保文化的"落地"，这就离不开企业文化的传播。

企业文化只有通过有效的传播，才能真正对企业的发展起到促进作用，企业的理念和价值观才能真正融入企业的生产和经营管理中去。华为文化的内部传播主要是通过员工培训、考核、内部刊物等得到有效贯彻的。

第一节 打造学习型组织

彼得·圣吉是学习型组织理论的奠基人，他指出现代企业所欠缺的就是系统思考的能力。这是一种整体动态的搭配能力，如果缺乏它，许多组织将无法有效学习。之所以会如此，是因为现代组织分工、负责的方式将组织切割，而使人们的行动与其时空上相距较远。当不需要为自己行动的结果负责时，人们就不会去修正其行为，也就是无法有效地学习。《第五项修炼》提供了一套使传统企业转变成学习型企业的方法，使企业通过学习提升整体运作的"群体智力"和持续的创新能力，成为不断创造未来的组织，从而避免了企业的"夭折"和"短寿"。组织学习普遍存在"学习智障"，个体自我保护心理必然造成团体成员间相互猜忌，这种所谓的"办公室政治"导致高智商个体，组织群体反而效率低下。从这个意义上说，班子的团结、组织上下协调以及群体环境的民主、和谐是建构学习型组织的基础。

从个人学习到组织学习，从盲目学习到理性学习的思考和实验的过程中，中国企业家已经在挪动着脚步向世界一流管理水平看齐了。

任正非曾在《我的父亲母亲》中提到了自己年轻时的一段经历："父亲说了几句话：'记住知识就是力量，别人不学，你要学，不要随大流。''学而优则仕是几千年证明了的真理。''以后有能力要帮助弟妹。'背负着这种重托，我在重庆枪林弹雨的环境下，将樊映川的高等数学习题集从头到尾做了两遍，学习了许多逻辑、哲学……还自学了三门外语，当时已到可以阅读大学课本的程度。"

注重学习的任正非往往能用科学的原理从更深层次分析问题，制定战略。这样的企业家往往能带着企业走得更快，走得更远。这一差别在企业管理方式上的影响是巨大的。

在任正非的带领之下，华为成为一个真正的学习型组织。在通信行业，技术更新速度之快，竞争之激烈是其他行业所不能比拟的。如果华为学习能力不够强大，就一定会被淘汰。所以，任正非一直强调，世上有许多欲速则不达的案例；作为华为人必须要丢掉速成的幻想，学习日本人踏踏实实、德国人一丝不苟的敬业精神。

作为一个从小作坊发展起来的民营高科技企业，学习是华为提高竞争力，不断取得进步的唯一途径。在吸收了西方先进技术的基础上，华为人发挥自己的创造力，成功研制了在华为发展历史上具有战略意义的C&C08机，这是华为善于学习、精于创造的典型案例。

任正非在答新员工提问时说道："我们都应该不断努力学习，不断提高认识事物、认识问题的能力。你们还要特别注重向别人学习，看看你身边的老员工是如何做的，学明白了再去创新，一点一滴、一步一步走向成熟。"

有资料显示，在全球500强企业中，50%以上都是学习型的企业。美国排名前25位的企业，80%是学习型企业。全世界排名前10位的企业，100%是学习型企业。

现代企业要在这样一个高速发展又瞬息万变的时代获得发展，必须仰仗和发挥人力资源与知识资本优势，使之成为企业重要的核心技能。任正非非常认同这种观点，他相信知识能改变命运，并对那些改变人类历史的科学家们充满了崇敬。

华为著名的坂田基地里所有道路都是以中外著名科学家的名字命名的，像贝尔路、冲之路、居里夫人路、稼先路、张衡路等等，这些路名都是任正非亲自命名的，而这种独特的命名方式使得原来如农村一般的坂田基地显得那么的与众不同。

向竞争对手学习

任正非平时非常注重向发达国家学习其先进的理念。他曾多次去美国参观学习，美国信息产品的兴衰更替留给任正非很深的印象。美国占据了世界60％的电子市场，而在这股信息热浪中不断出现引领时代潮流的英雄，他们和一些著名的但已经消亡的企业一样，虽然昙花一现，却留给后来人诸多的感慨和教益。任正非认为，向他们学习是避免华为过早消亡的正确做法。

伴随着华为走向海外市场，任正非接触到的外国企业也越来越多，而华为与这些企业之间的巨大的差距也让任正非感到了强大的压力和危机。

1994—1995年，任正非先后访问了阿尔卡特设在法国北部的工厂，以及德国西门子公司，他们先进的生产技术水平和员工的敬业精神，使任正非受到了很大的触动。由此，他提出了对华为明天的憧憬，即"阿尔卡特的今天就应该是我们的明天"，并希望华为人也能有德国人那种耐心和细致。

这一时期，华为在国内市场上大踏步前进，开始投入商用的C&C08机在国内迅速打开市场，成为中国广大农村通信市场的主流设备之一。1995年，华为北京研究所决定负责数据通信业务，逐步形成了"技术华为"的经营战略。可以说，华为当时在国内的发展势头大好。

然而对于任正非来说，他在周游世界的过程中清楚地看到华为与国际竞争对手的巨大差距，所以华为在国内取得的这些成就自然并不能让他感到欣喜。

1997 年年底，在西方圣诞节的前一周，任正非率队访问了美国休斯公司、IBM、贝尔实验室与惠普公司，访问的重点在于学习管理，学习这些公司如何由一个小公司向规模化转变，如何走出混沌。结束访问后，任正非等人把自己关在硅谷的一家小旅馆里，点燃壁炉，窗外是圣诞节的万家灯火。他们三天没有出门，开工作会议，消化访问笔记，并整理出一厚沓简报准备带回国内传达。任正非强调说，我们只有认真向这些大公司学习，才能使自己少走弯路，少交学费。这次经历后来记录在他的一篇《我们向美国人民学习什么》的文章中。在其中，任正非这样写道："纵观美国信息产业的兴亡史，令人胆战心惊。五百年春秋战国如果缩到一天内进行，谁是英雄？巨大的信息潮，潮起潮落。随着网络技术与处理技术的进步，新陈代谢的速度会越来越快。因此很难再有盖棺定论的英雄，任何过路的豪杰都会对信息业的发展给以推动。我们应尊重他们，学习他们，批判地继承他们。"

从 1998 年开始，以任正非为首的华为高层将这种虚心学习的精神、追求上进的热情转化为实际行动，实施了一系列向发达国家学来的管理变革。现在看来，正是这些变革使得华为能够始终保持稳定的发展和旺盛的活力，而这恰恰是许多民营企业无法做到的。

在《华为的红旗到底能打多久》中任正非就深刻地指出："我们是瞄准业界最佳，现在业界最佳是西门子、阿尔卡特、爱立信、诺基亚、朗讯、贝尔实验室……我们制定的产品和规划管理都要向他们靠拢，而且要跟随并超越他们。如在智能网业务问题上，我们的交换机已经领先于西门子了，但在产品的稳定性、可靠性上我们和西门子还有差距。我们只有瞄准业界最佳才有生存的余地。"

可以说，任正非这种重学习、追求上进的态度，不但对企业管理工作的不断改进起到了良好的推动作用，而且深深地感染了华为的员工，使他们也能够不断地追求进步。这和许多民营企业重关系、轻学习的做法形成了一个极为鲜明的对比。

除了向海外的竞争对手学习，任正非还提出向国内竞争对手学习。1996 年 6 月，在一次庆功大会上，任正非做了讲话，他要求华为人在庆祝胜利的同时也认清自己的实力，找出差距，完善公司的管理。他的讲话后来被收录在一篇名为《再论反骄破满，在思想上艰苦奋斗》的文章里。任正非这样说道："当前，我们就要认真地总结经验、教训，及时地修正，不断地完善我们的管理。当我们的发展处于上坡阶段时，要冷静正确地看自己，多找找自己与世界的差距。前不久郑宝用率团参观了上海贝尔，感叹贝尔在生产管理与工艺装备上的巨大进步，真是堪称世界一流。由于规模大，成本必然低。他们的管理很科学，质量很好，10 年的引进，使他们较快地与国际接轨。"

"我们的竞争伙伴 04 机、大唐、中兴都有十分明显的进步。04机市场的覆盖面比我们大，中央对他们也比较支持；大唐有着 10 来年国家级科研打下的底子，在科研的深度上、广度上都得天独厚，他们对电信的系统认识比我们深刻；中兴公司与我们同处深圳，朝夕相处，文化比较相近。中兴在'做实'这个方面值得我们基层员工好好学习。华为在'作势'方面比较擅长，但在做实方面没有像中兴那样一环扣一环，工作成效没有他们高。"

　　从任正非的这段讲话里，可以看出他认为国内竞争对手也有很大的优点，而且他们进步的速度很快，华为应该学习他们的优点，弥补自己的缺点。当然，与国际对手相比，华为需要学习的地方就更多了。任正非最后总结说："与国际著名公司相比，我们还缺少可比性。在国际市场的竞争中我们已明显地暴露了自己的弱点。外国公司的人评述，你们的设备很好，但队伍太年轻，缺少国际经验。我们的队伍年轻，敢想敢干，在局部上突破一些技术的前沿，取得了进入国际市场的资格，但面对国际复杂网、多网合一，我们年轻的队伍是否受得了？看看世界，对比自己，我们还需要百倍的努力。"

华为的团队学习

　　业界广为流传的是，华为内部的学习气氛十分浓郁，据说，任正非自己每周至少会读两本新书，华为内部的活动奖品大部分是书。除了自己不间断地学习，任正非还号召员工不断学习，他在讲话中多次说道："我们提倡自觉地学习，特别是在实践中学习。只要自觉地归纳与总结，就会更快地提升自己。……我（任正非）多次在员工教育会上讲过，我们要赶超发达的资本主义国家，就应向他们学习长处，任何一个人在新事物面前都是无知的。要从必然王国走向自由王国，唯有学习、学习、再学习，实践、实践、再实践。"

　　毫不夸张地说，学习，是华为人的生活方式。华为管理顾问田涛教授 2017 年 11 月在北京大学演讲时介绍："我算读书很多的了，一个礼拜差不多读一本书，但是华为有一位高管，一年读书量在 100

本左右,如饥似渴地向历史学习、向社会学习、向一切有益于组织和个人成长的知识宝库学习,这在华为是一种普遍现象。从公司的角度讲,华为30年的发展,也在很大程度上得益于充分开放地向东西方的历史、文化、制度、流程体系学习。"

华为提倡员工学习,即使是贵宾餐厅的服务人员和司机都要接受专业培训,不仅学习本职工作所需的技能,还需要学习公司的文化、服务礼仪、沟通艺术等。服务人员需要学习对贵宾楼里每幅画的欣赏与讲解、各大菜系的特点;司机需要学习英语口语等。正是因为华为如此注重培训,关注每一个员工的素质提升,才有了每个环节的五星级服务。

华为有外聘老师,有自己的专职教师,更多的是员工兼职授课。更值得一提的是华为的团队学习,华为的团队学习体现在四个方面:一是提倡老员工做讲师,教学相长;二是华为的导师制,每个新员工都有自己的导师,如果学员表现优秀,导师还会被授予优秀导师奖;三是华为将团队成员的成长列入对团队领导的绩效考核中,激励领导用心培养下属;四是华为提倡研讨式学习,甚至邀请合作伙伴共同就某个课程进行分享与研讨。华为的这种相互分享、共同成长的团队氛围促成了其整个团队的快速成长。

2015年3月11日下午,在2015年华为知识管理大会现场,知识管理能力中心负责人谭新德颇为骄傲地说:"有不少问题根本不需要一天时间得到答案,20分钟就够了!我们面向一线的知识管理方案将探索'三朵云',将一线武装到牙齿,让每个一线营销人员背后都是整个华为,实现从屯兵模式向精兵模式的转变。"一线作战人员，一分钟就能找到工作需要的知识，问题求助一天内能够得到答案或建议方案，一个月内能够获取到标杆项目的经验总结，这可不是传说，而是正在成为现实。越来越多的华为业务部门由主管亲自牵头，直指业务痛点下功夫，营造主动分享、提炼、使用知识的氛围。除了研发，行销、交付、IT 等业务领域也出现了很多在知识管理上表现突出的团队和个人，为此，那次大会特地对这些团队和个人进行表彰，并将发掘出的大批通过知识管理支撑业务有效增长的优秀实践经验分享给全公司。

华为的知识管理引进了业界最先进的知识管理框架，目前已经覆盖了包括三大 BG（事业群）在内的华为核心业务组织，建立了一套统一的知识分类系统，在 60 多个一线项目中开展同行协助、知识收割。2015 年以后，知识管理转入例行化运作，华为引入更多、更专业的知识管理方法、工具，助力公司从 CT 向 ICT 战略转型。

第二节　培训：使员工增值

华为的服务，使产品增值；华为的培训，使员工增值。目前，华为已经形成了一套完善的人才培训体系。华为每年经过层层选拔和面试后，招收大量的应届毕业生，尽管他们来自不同的学校、出身于不同的家庭背景、所学专业也不尽相同，但这些刚刚走出象牙塔的年轻人普遍存在着不谙世事、理想主义等问题。为了充分发挥他们年轻的优势，弥补因年轻导致的劣势，公司必须对他们进行快速改造，以符合华为发展的需要。

新员工入职后，首先要在华为大学进行一个星期的入职培训。对待新员工，重点是培养，提供成长的机会。新员工自己感到能力的提升往往是最好的激励手段。

随着华为招入的高校毕业生人数逐年增多，其对员工的培训越来越多，培训的时间越来越长，花费的成本也越来越大。同时，华为对新员工的要求也越来越严，每年被淘汰的人也不在少数。2001年左右，任正非曾专门谈过华为新员工的培训问题。当时，华为每年大约招聘3000名应届毕业生，公司专门成立了新员工培训大队，分若干中队，高级干部包括副总裁在内都担任小队长。新员工实行封闭式学习、军事化管理，学习时间短则半个月、三个月，长则半年、一年。

华为对新员工的培训，可以划分为三个阶段：入职前的引导培训、入职时的集中培训、入职后的实践培训。其中，入职后的实践培训是三个阶段的重点。下面分别介绍一下入职时的集中培训和入职后的实践培训。

入职时的集中培训

华为的校园招聘一般安排在每年的 11 月份，对拟录用的人员，华为会将他们安排到各个业务部门，并提前安排每人的导师。为防止拟录用人员在毕业前这个阶段的变化，华为要求导师每月必须给他们打一次电话，通过电话进行沟通，了解他们的个人情况、精神状态、毕业论文进展、毕业离校安排等，并对他们进行未来岗位情况的介绍，提出岗位知识学习要求等，让他们为顺利走向岗位做好思想上的准备。

新员工入职后，华为要对他们进行为期五天的集中培训，培训要到深圳总部进行。这个阶段的培训时间已经比过去大大压缩，培训的内容侧重在华为有关政策制度和企业文化两个方面。也就是说，作为一个新人，应该对华为了解些什么，应该清楚公司的政策制度、为什么这样规定，应该清楚自己作为华为一员的基本行为规范，等等。华为新员工培训纪律中有每人一双皮鞋、一条西裤、一件衬衫和一条领带，一样都不能少，从进入华为第一天起，每位员工都要接受严格的检查，不合格的必须立即改正，拒绝改正者，很可能被开除。只要是规定，员工必须遵守执行。

为强化华为文化，新员工到华为后六点半要起来跑操，迟到要扣分，而且还要扣同宿舍员工的分。

"这不是不人道，是培养团队精神，不能让新员工像在大学一样各自为政。否则，华为一年进来1.5万名毕业生，如果全是自由散漫的乌合之众，华为原有的文化就要被稀释掉。文化的作用既可以稀释，也可以强化。如果这个文化是很强势的文化，谁进来后都这么做，你不这样做不好意思。"

新员工的文化课程有4门，每门课程的书本都很厚，包括各种文章和案例，有专门老师教授。每个新员工到华为都要配一个导师，导师就是老员工，给新员工讲文化，讲传统，讲流程，解决思想问题和业务问题。华为对导师有严格的奖惩措施，新员工出了问题要追究导师的责任。新员工看电影也是有讲究的，华为指定的电影包括《被告山杠爷》这种激发人们对威权治理进行反思的电影。

华为内训教材里有一篇《致新员工书》，是任正非在华为创业之初写的文章，把华为的文化和对新员工的要求全部融入其中。还有一部新员工必看的电影——《那山，那人，那狗》，讲的是一个山区邮递员的故事，影片倡导的敬业精神，正是华为追求的价值观。

新员工在整个培训的过程中，首先要学习企业文化，目的是让他们从思想上统一认识。新员工培训期间写的一些个人感受，后来被编成了一本书，书名为《第一次握手》，这本书成为新员工培训的参考教材之一。

华为对所有的新员工以同样的标准来要求，从一开始就培养员工团结合作、群体奋斗的精神，提高集体奋斗的意识；当员工真正工作后，员工会放松对个性的管理，适当展现员工的个性，有了这种集体奋斗的土壤，个性的种子才能长成好的庄稼。除刚毕业的学生外，一些从社会上招聘的员工也会接受时间不等的培训。

华为新员工每年都跟老板有对话，一开始什么都问，问题都很直截了当甚至是"可怕"，但是过几天这帮人就不敢问这些问题了，这跟美国那些标榜自由民主的人到了西点军校就变规矩了是一回事。

入职后的实践培训

在经历完华为大学这一入职的前期阶段，新员工到了各部门也要适应不同的文化，同时华为会针对新员工的工作岗位安排，进行有针对性的实践培训。

2017 年 2 月入职的皮赣清，毕业于美国宾夕法尼亚大学，就职于华为集团财务部门任 PFC（Project Financial Controller, 即项目财务管理员）。皮赣清在正式入职后不久，就来到东莞参与硬装实践。硬装工程营算是华为最具特色的培训之一，参训员工需要参与上站作业，一台又一台的天线和 RRU（射频拉远单元）被架起和开通，皮赣清深刻体会到建立一个全联接的世界这项任务平凡又伟大。在 2 周到 5 周不等的时间里，硬装实践的参训员工和教官、施工队一起扛设备，一起吊装，一起布线……借由这种回归本源的方式，深入一线交付"最后一公里"，安装设备，了解工程交付流程、安装质量规范、进度和交付管理。

图 5-1　在华为，硬装工程营算是最具特色的培训之一。
引自《华为人》第 331 期

营销部门的文化是欢迎"狼性十足"的员工。华为有 70% 的业绩来自海外，但新进的营销类员工，不可能立刻被派去海外实践，必须在国内锻炼一下。对国外营销类员工，公司会安排他们在国内实习半年到一年，通过这些实践他们掌握公司的流程、掌握工作的方式方法、熟悉业务，过一段时间再被派到海外去。

生产部门的文化是"质量是我们的自尊心"。对于技术生产类员工，公司会首先带他们参观生产线，让他们对接产品，了解生产线上组装的机器，让他们看到实实在在的产品。华为曾经调查过，发现很多员工不知道基站是什么样子的。所以，公司要让他们对接产品，让他们参观展厅和生产线上组装的机器，让他们看到实实在在的产品。

研发部门的文化是"板凳要坐十年冷"。研发类员工在上岗前，会被安排做很多模拟项目，以便快速掌握一种工具或工作流程。新员工全部在导师的带领下，在一线进行实践，在实战中掌握知识、提高自己。在入职之前，华为会组织导师和新人奔赴各地，开展软件训练营。在训练营中，公司会将研发流程、研发规范、培训材料发给他们先自学两天，训练开始时会由专业讲师进行案例教学，帮助员工了解这些流程规范。之后，学生再用大约三天的时间去演练，公司会拿真实的场景和项目，让学生在机房里提前做编程。三天结束后，公司会针对之前培训的内容进行考核，检验培训的成果。 [①]

第三节　将军的摇篮：华为大学

华为除了重视新员工的教育，对于老员工的培训也是不遗余力。如同历史上的黄埔军校，华为拥有自己的干部学校——华为大学。经过华为大学培训出来的员工，大多从内心认同华为的企业文化，

---

① 庄文静.华为：如何让新员工融入"狼群"[J].中外管理，2014(6):86-87.

并把自己真正地变成了一个有着狼性血统的华为人。任正非多次强调和要求，华为大学要努力围绕对华为文化与价值观的理解与传承进行培训，为公司输送认同华为核心价值观与企业文化、技术水平出众的干部。

华为大学是一所真正具有大学规模的企业大学，华为大学是华为发展战略的重要组成部分，它不仅是企业内部人才培养体系的重要一环，还超越这一职能成为企业变革的推手以及针对包括顾客、供应商、合作伙伴等在内的外部企业培训和咨询服务不可缺少的支柱。

华为2005年正式注册了华为大学。"培养将军"一直以来是任正非成立华为大学的初衷。"你们是否能够喊出'这里是将军的摇篮'的口号？如果不这样，你们就脱离这个时代，就像在世外桃源一样，就没有和现在形势的紧迫感结合起来，你们的重要作用就没有得到公司各个部门的认同。"这是任正非对华为大学的要求。

任正非表示：

> 为什么不可以让英雄走向将军之路呢？自古以来，英雄都是班长以下的战士。那么英雄将来的出路是什么呢？要善于学习，扩大视野，提升自己的能力。不仅要产粮食，而且要把"五个一"工程提前完成。
>
> 然后，我们把他们送去需要的地方奋斗，我们暂且叫他们"准将"，准备当将军。准将并不是高于大校的职位，而是准备当将军的士兵。因为艰难环境考验了你，你是英雄；

如果只是发个奖章戴着，还只是奖章，如果我们给英雄赋能，就会不同。

这个地方需要谁，就让他在那里堵机枪，身体已经被打穿了 7 个孔，还堵得住吗？把他拉回来到重装旅、重大项目部或项目管理资源池去循环培训，然后他也达到了跟别人同级的水平，别人只能定个上尉，他就可以定高一些。这样激励那些曾经历英雄考验的人，在华为能比别人更容易担负起担子来。

华为大学的优势

华为大学坐落在美丽的深圳华为总部，一直以舒适、一流的硬件配套设施为外界所称道。华为大学总占地面积 27.5 万平方米，建筑面积超过 9 万平方米，绿化覆盖率超过 85%，分为教学区和生活住宿区，教学区占地面积 15.5 万平方米。培训教学主楼是培训中心建筑群的主体，拥有各类多媒体教室、高级管理研讨室 120 间，通信实验室 7000 平方米，可以满足课堂教学、案例教学、上机操作、工程维护实习和网络教学等多种形式的需要，可以同时容纳 3600 多名客户和员工进行培训。华为大学百草园生活区拥有三星级酒店、西餐厅、咖啡厅、网吧、祈祷室、超市、健身房、游泳池、美容中心等各种休闲健身场所，配套服务设施齐全，能充分满足不同国度、不同宗教信仰的学员学习和生活需要。华为大学优越的硬件配套设施，堪比国内一流的大学。

华为大学拥有完善的培训体系，不但可供员工上岗前进行培训，还有岗中培训和下岗培训。适时的培训，使员工能及时跟上瞬息万变的需要，更好地为公司发展做贡献。

除了为员工提供多种培训资源，帮助其进行自我提高外，华为大学还设有能力与资格鉴定体系，对员工的技术和能力进行鉴定。

华为大学拥有庞大的师资力量。企业如何稳定和管理已有的培训教师，是企业管理者的一大困扰。在企业不是专业办学单位，培训往往容易被人视为"副业"的错误意识影响下，培训教师容易产生为他人作嫁衣、吃力不讨好的思想，觉得职务无法晋升，价值难以实现，心理失衡，萌生去意，而华为的师资队伍建设则一直走在培训领域的前列。华为大学拥有专、兼职培训教师1700余名，可以用中文、英语、法语、俄语、西班牙语、阿拉伯语等进行培训。这些教师都经过了严格的程序评估和筛选。他们中间既有资深的培训师，也有经验丰富的华为专家和工程师，成为员工通过培训获得工作相关知识技能的保障。"讲师必须是有实践经验的人，没有实践经验的教官不能讲课，只能做组织工作。"任正非如是说。

此外，华为还定期特邀业内权威专家及知名大学资深教授前来授课，以保证公司总处在最新技术、业务及管理科学发展的前沿。为使广大员工以更好的心态面对工作和生活，华为还聘用了一批德高望重的退休专家和教授来华为工作，他们拥有丰富的人生经验和科学的研究方法，通过思想交流和情绪疏导，他们能有效地帮助员工树立正确观念、掌握科学方法，促进员工成长、发展。

在培养时间上，任正非明确表示，更支持短训班，绝对不支持长训。任正非在华为大学教育学院座谈会上这样说道："我们的将军不是培养出来的，一个月两个月（学习）就够了。学一点、学个方法就上战场，我们有个平台，告诉你可以在网上学习，然后你认识几个老师，网上及时交流。"

变被动学习为主动学习

为了激发华为大学的学生主动学习，任正非甚至要求华为大学采取收学费的措施，这不同于一般企业大学的免费模式。

2011 年，任正非在华为大学干部高级管理研讨班上这样说道："恭喜大家成为华为大学第一届自费大学生，我们要继续推行这种路线，在公司内部，除了收学费，停产学习还要停薪；教材也要卖高价，你想读书你就来，不想读书你就不要来。交学费不吃亏，为什么不吃亏呢？因为学好了能力就提升了，出绩效和被提拔的机会就多了；即使没学好被淘汰了，说不定是现在退一步，而将来能进两步呢？所以投资是值得的。以后收费标准可能会越来越高，交学费、停薪就是要让你有些痛，痛你才会努力。我们这样做是为了增进三个造血功能：一是学习提高了你的能力，就好像你增加了健康血液；二是华为大学有了收入，会办得更好，它的血液循环更厉害，更优秀；三是公司得到了大量的后备干部，增进新鲜的血液。"

收学费的目的是要将以往的被动培养变为自我培养。2010 年，任正非与财务体系员工座谈时提到："培养不是等待被培养，而是自我培养、自我成长。对选拔上岗的干部，重点培训，有针对性地查漏补缺，他们受到特别的关爱，不收他们一点钱，别人会心态不平衡，这叫有偿培养。要改变过去'单点输入'的培养制，在干部选拔的过程中，触发有针对性的培养。"

主动学习方式筛选下来的，大多都是精英级别的人物，华为需要普通员工，但在未来的道路上更需要这类精英员工。任正非表示："华为大学就应该是个赚钱的大学。华为大学将来要想大发展，就一定要赚到钱，将来没人拨款给你。华为大学赚的钱先拿去自己发展，财务给出结算方法，把钱算给华为大学。

"华为大学的老师在后备干部培养这一系中，是组织者，不是传授者，如果他们是传授者，水平就限制在一定高度了。我们的学习就是启发式的学习，这里没有老师上课，只有'吵架'，吵完一个月就各奔前程，不知道最后谁是将军，谁是列兵。相信真理一定会萌芽的；相信随着时间的流逝，会有香醇的酒酿成的。

"当然不同的系，教学方法不一样，他们不一定是采取案例讨论的方式，但在案例讨论冲击下的教师队伍，也会成为另一种将军，驰骋在其他讲坛上，包括你的领导力、项目管理等课程，列出收费标准，鼓励大家自学，脱产学习。"

华为大学的管理与运营架构

任正非于 2014 年 3 月 27 日在华大建设思路汇报会上的讲话中，对华为大学的管理与运营架构、激励机制均有详细的介绍，以下内容是来自这篇重要讲话。

1. 华为大学的管理架构

为保证华为大学的方向不搞错，我们在华大上面成立一个指导委员会，我来做指导员，三个轮值 CEO 做委员，半年开一次会。然后成立校级行政组织由需求拉动供给，片联代表需求，华大是供给。需求对华大的供给进行引导管理。华大是赋能管理，要根据片联提出的业务需求，把培训大纲、考试大纲拿出来。我们要什么样的干部，华大就给我们培养什么样的干部，没有老师就去找。学员学前、学后的行政管理还是落在各个行政部门，就是选谁来，华大不管，华大只管上什么课，考核什么，做赋能管理。学中管理由华大或有关机构统一管理。

华大把自己的能力做成实线管理，下面都是华大的实体能力。你们现在的下层组织，四个核心能力系（管理能力系、专业能力系、项目管理系、新员工培训系），再有一个共享平台，设计得很好，这几个系都是赋能教育。

片联代表需求，要推动干部循环赋能，关注和管理优秀种子，每个班挑选优秀学员上项目。项目实践做得好，要敢于提拔。美国军队的培养方式值得我们学习，你要出去干出点成绩，再回炉赋能，优秀种子又获得一次充电机会，充了电又去上战场。片联不是拍脑袋提拔干部，而是调动这些干部在循环过程中成长。这样三十几岁的青年也能当将军。在艰苦地区（如伊拉克、阿富汗……）待了很长时间的干部，要允许他们参加到循环赋能。参加战役，可能最初啥也听不明白，但是战争打胜后，一高兴，也开窍了。否则只表扬他们思想品德好，不给予赋能，没有能力怎么能去开航母呢？现在公司有种现象，人越优秀，越被部门抓着不放，耗干了能量，然后被末位淘汰。所以我们的循环赋能就要推动解决这个问题，释放个人能量。忠诚不能当饭吃，一定要通过循环赋能，把能力提起来，才能产生"忠诚"的价值。

华为大学主要以赋能为中心，华大的教学就是要和"客户需求"相结合，这个客户就是片联需要培养作战队伍。华大不要担忧自己没有权威性，权威性在于你对干部未来的人生出路真实赋能和有推荐的权力。第一，大家没经过华大的赋能，就不知道现代化的工作方法，不知道表格怎么填，速度慢了就赶不上别人。所以华大就有了吸引力，大家交钱也要来。第二，华大可以推荐三分之一优秀学员给片联，片联将这些优秀学员组合起来上前线。将来学员考试题目、答卷、成绩、自我评价等都贴到华大开放的网上。我们合理地去使用这些干部，干部的积极性就来了，就愿意到华大来镀金。学员在赋能期间的评价由华大说了算。你有资格但是你没有能力，你还是老红军。难道因为你参加了二万五千里长征，你就上航母，航母就会听你指挥作战？这样华大的权威就来了。

我认为华大的激励机制不完全是激励教师，华大可以对优秀学员实施表彰活动，比如毕业典礼、颁奖庆祝……项目做得好的学员，华大授予他一个称号，把奖品寄给他，然后你们自己登报表彰。他有空回来领奖，就搞一个领奖仪式，激励人们再学习。

2. 华为大学的机制和运营模式

华为大学要坚持有偿服务，基于收支平衡，摆脱羁绊；要建立一个正确的获取分享制来撬动最优秀的人培养更优秀的人；华大作为轻装子公司，要简化管理，独立核算，可以逐步实验去矩阵化的管理，首先要保证快速决策；最终华为大学要依靠正确的机制，成为公司所必须需要的组织，并且滚动循环前进，从而走向顶尖。

华大为什么要有偿服务？一是保证业务部门不会无偿利用资源，并因此学习不认真；二是让华大可以基于收支平衡，摆脱羁绊，不因为要向公司要预算，超预算后，业务就被限制住。

第一，大家不能无偿利用华大的资源，华大要基于收支平衡，根据各个项目的预算分别收费。这点你要向梁华学习，因为梁华现在也在卖项目经理。你们也要跟他们一样，用项目管理、基于项目计算费用。

华大不收钱，其实就是华大的灾难，你就会被无穷地调用，直到你累死。每个代表处的代表都说，"我们这里有个问题，请你们华大来搞一下培训"，然后他打完一个电话就算完了，就不管了。打完电话若是要付钱的，那么他就有成本管理了，学习也认真了。所以华大一定要收一些费用，但要合理。但是一定要卖，因为你不增加他的成本，他就无偿利用资源。

第二，华大基于收支平衡，有偿服务，就可以摆脱羁绊。如果华大向公司要预算，公司不会给太多，超预算后，业务就会被限制住。如果华大培训服务是产生价值的，每个部门都愿意出钱让你服务；赚钱多了，还可以增加资源，提高教学能力，使华大更受欢迎。华大不用什么事情、每一件事都请示，培训也要批准，批啥呢？只要跟教导队谈好，华大来给平台做咨询要给钱，而且比 IBM、外面的咨询公司要便宜。

所以华大就是坚持收费模式，主要是赚内部钱，而不是到外面去赚钱。华大赚的钱，就是给你们建立更好的学习平台和教学能力。收入预算和分配预算你要有一个机制，如果你们挣了钱，在一定范围内，你们就可以自己做事情。这样华大有作战权，该花钱就花，但同时战果管理要接受公司审计。

还可以建立华大的教育基金，每个人只要愿意都可以捐献基金，就像哈佛大学一样，谁想捐立基金，捐多捐少都是光荣，不在乎捐多少，也不强迫，捐1元也是好的。只要有这个机制，也不用号召，因为公司的进步都会给每个人带来具体的利益，因此渴望公司进步的人就会支持，不在乎基金起什么作用，而在乎大家会关注华为大学对整个公司的赋能。

华大要建立一个正确的获取分享制，来撬动最优秀的人培养更优秀的人。

兼职讲师队伍需要建起来，在华为是重要的，特别是对训战结合模式。抗大成功了，为什么成功？我觉得教师就是一定要最优秀的人，才能培养更优秀的人。谁叫最优秀的人？每个人都不能说他最优秀，比如我年轻时很优秀，我89岁还优秀吗？人的优秀、人生的优秀，只有短短的一段，你把这段输出去，然后你再干其他事情。所以我们要解决这个问题，抗大就是教师的循环、教员的循环，我们今天要延伸过去的模范传统，但不是做一个清华或北大，教师终身制。将来的师资队伍要强调每个人的时段，华为公司的兼职教师，模式是能做到的，人最优秀的是哪段你就输出哪段。兼职教师是在人生最好的时刻来给学生讲课，他给了你许多实际启迪。建立一个微信学习圈，作战若有不明白，发个微信咨询，朋友多了，你能力就提升了。而且讲课对讲师本人促进也很大，等于把自己的思维过一遍，别人一提问就补全漏洞了。华大有一部分专职教师，希望逐渐变成专职的组织教师，而不是自己上战场的教师。就像洛桑管理学院一样，它总共只有三四十个核心教授，却能办成世界第三的学校，它就是经验。

华大要建立对专兼职讲师队伍真正有效的物质和精神激励机制。

你首先要有著作权，著作权开放后有人可以改版，改版一定要注释，我引用了谁的讲稿，这个人以后写个人自传的时候，可以写产生什么社会影响，不信你去查！我们要向国家版权管理一样进行著作权管理，这也是一种激励。

第三，我们也要进行物质激励，最主要是要有正确的机制，你想一想，我们现在有钱要分，为什么只能有一种分配模式，谁作战成功了，就分钱嘛。讲课也是冲上山头，就是你要把这个机制制订出来，公司同意这个机制就可以了。

先有鸡还是先有蛋的问题，一定要明确。我们明确先有鸡，鸡先生蛋，我们是先给予，再贡献。你们现在不要强行想象能建立一所理想的华为大学，不理想也是大学，来讲课的讲师差一点也是讲课。若不先给差的讲师奖励，就没人相信你会改革，就吸引不了优秀的讲师进来。华大现在是万事在求人，必须要有正确的导向。谁都可以来讲课，应该是开放的，但是要跟得上这个时代的步伐，你们要和片联联合起来，一定要找会开航母的人来教开航母，不然就触礁了。

华大专职教师的职级、工资、配股等，总体沿用大平台机制。

第四，精神激励，讲得好的形成了威望以后，你有影响为什么不能让你当领导呢？华为公司现在的领导都是打上来的，那你现在也要允许他们（指华大教师）打上来。

总之，我们一个人最有生命力的一段时间，你讲课我是付钱的，你的教案是卖给公司的，我可以上网公开的，你有著作权，但我向你付了稿费，这些都是可以开放的。这样的话你的教师队伍将是个强大的教师队伍，而不是一个弱小的教师队伍。

最终华为大学要依靠正确的机制，成为公司所必须需要的组织，并且滚动循环前进，从而走向顶尖。

如果没有一个正确的机制，华为大学做做就被淹没下去了。没有机制，精神是不能永存的。你一定要建立一个正确的机制，很多时候要无为而治。

这个模式和机制不是你控制和垄断需求，而是它需要你，如果它天天想要甩掉你，你去行政控制也没有用。你有能力和平台，有许多东西能够协调和调动，你调动的机制一定是比它好，特别是系统性的设计它就更难做到。它需要你，就会让你服务。华大有这么多的人员做系统设计，也可以下去蹲点，然后新的机制就又出来了。因为整个公司都在滚动循环前进，华大的老师自己对自己的赋能也是在滚动中前进。华大就是在赋能过程中不断地走向顶尖。

即使 10 年后你们要办开放大学，也只讲顶尖这一点，就像美国教育机制一样，5% 的院校培养了美国的领袖。你们也不是全能学校。我这里出去要么是领袖，要么是统帅，当然上战场，枪一响，不死人的是电影，我也不能保证学员个个是将军。

即使未来要走向对外，也要抛弃基础教育，因为这些基础的东西在真正的大学，已经做了。

华为大学的主要任务和教学要求

华为大学只管教学赋能，要培养作战队伍。华为大学赋能时，不考虑个人命运的公平问题，赋能要有教无类。训战结合的责任是培养将军，哲学是培养统帅的；训战结合的队伍就是要整齐划一，纪律严格，不能躁动；管理哲学班可以躁动，思想可以更解放、更复杂。华为大学的网络教学平台要做大。华为大学的培训中，文化是一个基础，能力是在上面长出来的东西。

任正非说："华为大学赋能时，不考虑个人命运的公平问题。说小国家不出将军，你怎么知道？赋能要有教无类，我们是要选拔人才，但是不要老是排斥一部分人，那些被爱情遗忘了的角落也应得到循环赋能。为什么汉元帝不知道王昭君？是因为人才没有循环起来，所以只能我们加强培养。在赋能过程中也不要忽略了有经验干部的教育，他们也可以在新的战争中赋能，赋了以后还可以再上前线。"

"华为网络教学平台会越来越厉害，这个厉害在于案例教学，有亲身经历的人亲自讲。华大的网络教育平台，我主张更开放，华大可以有多个平台，比如学员的心得平台，他自己可维护，自己写的文章要回去修改一下再贴上去，也是可以的。要让这些案例循环起来，将来我们逐渐把评价分类一下，有些文章大家觉得没有意义，自然就淘汰了。网络教学平台其实是可以做大的。第一是要可以推送到代表处去。将来的网络教学平台可以像展厅的体验中心一样，这段时间这个区域里的学习内容，哪方面的点击率会比较高，我们就把内容推送到前端服务器去，员工晚上闲了就可以自行学习。第二，将来项目合同都可以移动互联了，教学更应该允许移动互联。在网络教育平台上我们先给你们初期投资，然后演变成一种商业模式。"

"无论华大做什么样的培训，文化都是一个平面的基础的东西，文化是应该普及所有人的。我认为美国有一种文化，欧洲也有一种文化，统一了，人们才会有一种能力产生。文化是一个基础，能力是在上面长起来的东西，这两点互相不矛盾。文化要具有开放性，华为就是因为开放，才冲到世界最前面来了。" ①

重视案例教学

案例教学是华为大学一直以来沿用的重要教学方法。在任正非看来，"所有的教学案例都要来自于华为和社会的真实性案例，本本主义的案例一个也不要。真实的案例虽然不可能成为很好的培训教材，至少它是正在使用的，这是别人做成功的，如果你认为案例还有欠缺，你可以去补充。关起门来编的案例，都是想当然的，打起仗来绝不会用到。课程不要盲目正规化"。②

2010 年，任正非在《以"选拔制"建设干部队伍，按流程梳理

① 任正非：在华大建设思路汇报会上的讲话 [EB/OL]. 心声社区，[2014-03-27].http://xinsheng.huawei.com/cn/index.php?app=forum&mod=Detail&act=index&id=2002251&search_result=1.

② 杜丽敏. 培训有"道" [J]. 学习型中国杂志，2013.

和精简组织，推进组织公开性和均衡性建设》文章中详细说明了干部后备队的案例学习。任正非表示："我认为干部后备队的案例学习，可以分四个阶段：第一阶段先从启发式学习开始，先读好教义，最好每天都考试一次，来促进学员的通读。胡厚崑、徐直军领导主编的这些教义很好，我想不到会编得这么好，它凝聚了全体编委及大家的心血，也许他们的努力会被记入史册的。考试完以后老师先别改卷子，直接把考卷贴到'心声社区'，贴到网上去，让他的部下、他的周边看看他考得怎么样，给他学习的压力。

"第二阶段自己来演讲，演讲的内容不能说我学了好多理论，我就背那个条条，这种演讲是垃圾。应该讲你在实践中，你做了哪些事符合或不符合这个价值观，只要你自己讲，我认为都是合格者，不合格者就是那些不动脑筋混的，喊着口号、拍马屁拍得最响的，这些人就是不合格分子。你的演讲稿子和你讲的故事，必须有三个证明人，没有证明人就说明你是编出来的，你在造假，你在骗人。要把证明人的职务、工号、姓名写清楚。你一写完一讲完，我们马上将你写的、讲的贴到'心声社区'，连你的证明人都公示上去了，看谁在帮你作假。报告也不要写得又臭又长，抓不住重点，抓不住主要矛盾和矛盾的主要方面。

"第三阶段就是大辩论，把观点和故事都讲出来。凡是没有实践的纯理论的东西，就不要让他上讲台，讲纯理论性的东西就扣分。演讲完了大家就辩论，不一定要每个人都拥护我们的文化，我们的文化没有特殊性，是普适的，都是从别人那儿学来的，抄来的。以客户为中心，以奋斗者为本，外籍员工听得懂，喊拥护的人也未必就是真心实意地拥护。大辩论中有反对的观点，我认为也是开动了脑筋的，也是有水平的，我们要授予管理老师权力，让反对者过关。我们华为公司允许有反对者，相反对于正面的观点，我们恰恰要看他是否真正认识到了规律性的东西，还是只是陈词滥调、被动接收。

"第四个阶段，大辩论阶段个人观点展开了，人家好的你吸取了，人家差的你也知道了，然后就是写论文和答辩。你写的论文也要是非理论性的，只要是理论性的就是零分。就是要讲你的实践，你实践了没有，你实践的例子是什么。没有实践，你看到别人做了一件事情做得特别好，你从中学到了东西，你看到别人的实践你也可以写，要让当事人当个证明人。找不到证明人这个阶段就不算过，以后可以补课。"

任正非于 2014 年 3 月 27 日在华大建设思路汇报会上的讲话指出："华为大学要为华为主航道业务培育和输送人才，特色是训战结合，最终就是要作战胜利。"他还说："华大不是一个正规院校，正规院校是培养大学生、培养硕士博士。我们和学员都是完成了基础训练才进来的。华大本质是对已经受过正规教育的人再教育，再教育应该跟职能有关系，不再是与基础有关系。我们需要你从事这个工作，就给你赋能，赋能不是全面赋能。"

由此可见，任正非对华为大学的定位非常明确，就是要能培养出会带兵打仗的将军，培养出实干家，这与一般的企业大学有区别。华为大学的使命非常具体，特别强调实践，也就是说实战能力及业绩。这一点也充分体现了华为的组织文化，华为的管理层和领导层都是干出来的，华为需要的是会打仗的将军，而不是纸上谈兵的理论家，要想获得发展，就要到一线去，要到实践中去。

华为大学并不把定非常高远的目标作为使命，而是很明确地知道，他们的根本使命是成为公司的使能器，这个使能器帮助企业输出两样东西：1. 更符合公司价值观、有精神的人；2. 更好地被总结和提炼的知识和经验，即作战的能力。

第四节　企业内刊

企业内刊，顾名思义，就是一个企业的内部刊物，不具有正式刊号的内部交流刊物，或为周报，或为月刊、半月刊、双月刊等等不一而足。有的企业内刊重于对外宣传，有的则重于对内教化，但有一点始终是明确的，那就是为企业文化服务。

在英国，发行量最大的杂志不是《花花公子》，也不是《哈泼斯与名媛》，而是一本名叫 SKY 的企业杂志。英国发行量位居第二的 TESCO 杂志，是一家零售业公司的杂志，目前发行量为 250 万册。在发达国家，企业出版物已经发展得相当成熟，他们针对企业的具体客户群，影响专业而深入，有效发行量大。虽然一般的企业内部刊物免费发行，收入几乎为零，却替企业节省了庞大的广告开销。在中国，人们最熟悉的企业内部刊物，包括《华为人》《万科周刊》等。

一位社会学家曾说，整部人类史其实就是一部媒体发展史。那么，企业内刊从一张张单页快报的内部通信发展到现在成为既有一定专业性又颇具品位，并逐渐引起人们关注的财经类杂志，也算是一种独特的声音。现在很多企业都办了企业内刊，不同的企业会有不同名称、不同文化内涵、不同表现风格的企业内刊；不同的企业，其内刊在企业里的角色和作用也会不同。尽管有这么多的不同，但办企业内刊的企业，都有一个共同点，那就是希望企业内刊尽可能地起到促进企业发展的作用。

对一个企业来说，优秀企业文化的形成非一朝一夕之功，是企业长期建设的结果，作为为企业文化服务的企业内刊，它的战略是根据企业文化的长期建设战略而制订，因此也具备企业文化战略的一些特点，比如长期性、连贯性等等。

过去，无论是职业经理还是搞 CI（企业识别）战略的咨询顾问，都感到搞企业文化太虚，只可议论，不可操作，甚至认为企业文化纯粹是一种时髦的话语，一种学究式的空谈，对企业经营管理没有实际的操作意义。

然而，企业报刊的媒体性质，使它天然地成为企业沟通和文化建设的桥梁。在企业文化建设中，企业内刊不仅扮演了沟通内外、上下的重要角色，更重要的是启发、引导员工多了解自己的企业，不断认识和提升自身的价值。它可以让企业外的人多了解企业内部的动态，也可以把外面的情况介绍给员工，拓宽员工的视野。

"发出自己的声音"是企业内刊火爆的重要原因之一。华为的低调是出了名的。然而，华为却会通过其内刊适时地对外发出自己的声音。外界对华为的了解，也大都是从其内刊《华为人》上得知的。任正非的内部谈话与文章，如《天道酬勤》《华为的冬天》等文章也是被放入华为的内刊中，然后被外界媒体广泛转载的。

企业的文化不仅是企业领导者的文化，也是全体员工认同的文化，有必要把员工的典型事例记载下来，加以倡导，就像当年我们在上小学、初中的时候，所记下来的班级的好人好事。最感人的往往是老百姓自己的故事，这些企业员工中的凡人琐事是最能说明问题的，也是最能反映企业文化的。华为员工的酸甜苦辣在《华为人》上都有记录。

华为公司的官方内刊有 3 份：《管理优化》《华为人》《华为技术》。其中，《华为技术》是为客户了解华为的技术和产品服务的。《华为人》是宣传华为精神和理念的报纸。而《管理优化》是专门针对管理问题进行深入剖析、自我批评的一份刊物。很多运营商的主管点名要求送阅《管理优化》，因为这份刊物是一份实事求是、改进管理水平的刊物，只谈管理问题，运营商可以从中学到很多管理经验和方法。高质量的华为企业内刊，既是华为打造学习型组织的重要体现，更是成为华为建设学习型组织的重要抓手和主要阵地。

第五节　构建质量体系

2014 年 9 月，华为墨西哥、巴西、印度和欧洲四个海外供应中心先后一次性通过了第三方认证机构的认证审核，正式宣布华为海外供应中心达到 TL9000 质量体系标准的各项要求。这标志着华为的质量管理体系认证范围成功扩展到了海外供应中心，为华为公司打造全球统一的质量管理体系迈出了坚实的一步。通过认证不是华为的终极目标，供应中心将按公司"以质取胜"的质量方针要求，持续维护和不断改进质量管理体系，保证供应质量，提升运作效率，让客户满意。

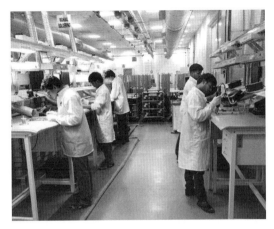

图 5-2 华为印度供应中心工作场景，引自 2015 年《华为人合订本》

其实，华为自创办之日起，就视质量为企业的生命。《华为公司基本法》第一章"公司的宗旨"里面的第一条基本目标就是："我们的目标是以优异的产品、可靠的质量、优越的终生效能费用比和有效的服务，满足顾客日益增长的需要。质量是我们的自尊心。"

质量是华为的生命

质量文化是以质量为中心，建立在物质文化基础上，与质量意识和质量行为密切相关的物质活动和精神活动的总和，其精神层面的价值观表现为员工对待质量工作的道德观念、质量意识、价值取向、思想方式及精神态度和作风等。

　　在构建企业或产品品牌的过程中，企业人的思想和行为始终在起着主导作用。它一方面表现为"产品即是人品"，品牌无时无刻不在展示企业人的精神风貌、服务态度和内涵品质；另一方面则表现在人的创造性上，即设计理念、产品适用性及服务质量上的持续改进。①

　　质量文化的形成与发展正是人类自20世纪以来的质量实践活动的自然结果。作为人类社会的基本实践活动之一，质量实践活动是伴随着工业文明的脚步共同成长起来的。随着质量实践活动的不断积累，质量实践逐步超越了其纯技术的范畴而演变为一种文化现象——质量文化。

　　质量文化建设工作必须全员参与，才能真正有效果，并且要长期坚持。发动全员参与质量文化建设工作，这是提高质量的根本。企业向社会提供产品，需要由很多个环节来共同完成，从产品的设计、开发、制造、生产、销售直到售后服务。而所有这些环节都是由各部门、各岗位的人员共同完成的，任何一个环节出问题都将影响产品的最终质量。因此，要通过质量文化建设和管理工作的互动，使员工更深入理解质量文化的内涵。

　　华为人认为，质量的原动力来自一种愿望：一种把工作做好的意识和愿望，基于这种愿望，才能把质量的基础建立起来。2008年，华为内刊《华为人》中对质量文化有过这样的记载："大家都知道德国车好，但德国车为什么好？研究质量的人有没有研究一下

---

①王喜增，王战芹. 质量文化：外秀而内刚 [N/OL]. 中国质量新闻网，2007-03-07.http://www.cqn.com.cn/zgzlb/content/2007-03/07/content_613530.htm.

原因呢？从历史上看，这个问题和宗教很有渊源。现代社会文明是建立在欧洲工业革命基础上的，而欧洲工业革命的社会基础来自马丁·路德推动的宗教革命。人们把对上帝的爱和崇拜，从教堂融入生活之中，转变为工业革命的一种精神力量。对上帝的爱，可以体现为人与人之间的爱，进而体现在社会分工上：我做的工作都是为别人服务的，同时我也享受了别人的服务。为别人创造了价值，体现了对别人的一种爱。这个理念通过马丁·路德在德国的推动，促进了整个工业文明的发展。再通过几百年的发展，这个理念融入德国人的思维深处，德国人本能地就认为应该把工作做好，体现对他人的一种爱，对人类的爱，这已经形成了一种'习惯'。可见质量文化的形成是有它的历史渊源的。"

"'做好自己的工作是对别人的爱'，这个观点与华为的理念'丰富人们的沟通和生活'是一致的。社会分工使得自身的工作体现为对别人的一种爱，当这个理念根植于人的思维深处时，力量将非常强大。质量文化做到一定境界，就成为一种习惯，表现为一种强烈的把事情做好的愿望和基于这种愿望的长期行动。"

为了共享华为内外部的质量优秀实践，交流新的质量理念和先进的质量管理方法、工具，传播质量文化，华为质量体系自2006年10月份开始，每季度举办一次质量行业大会。前三届质量大会的主题分别是"共享、交流、提高""累积点滴改进，成就卓越质量"和"全员改进，交流共享"。

任正非有很多次讲话都是围绕华为的质量展开的，他在2002年与智能、主控等部分员工座谈时的讲话——《加强道德素养教育，提高人均效益，满怀信心迎接未来》中说道："我想问问大家，人能不能把脑袋放第二位？不能！产品质量其实就是我们的脑袋！如果没有了质量，我们公司就没有了生命，所以质量永远是第一位的。但在质量改进的过程中，不能靠通过增加维修人员来解决质量问题，而要从经理开始重视质量问题。产品线、资源线的人员都需要在质量工作上下功夫，质量管理体系的人最主要的是把质量管理方针、措施、验收的目标，分解到产品线、资源线上去。产品线和资源线就是要交给你们满意的答卷，否则产品线和资源线就不应该得到很好的评价。所以必须全民皆兵地抓质量，光靠少部分人抓质量是不行的。"

随着华为的发展和电信行业的转型，华为在产品质量方面肩负了更多的责任。20 世纪 90 年代，华为质量管理已经从质量控制演进到质量保证，进而演进到全面质量管理。质量部门不仅对质量负责，也对交付、成本、服务负责，它负责改进企业的绩效。

21 世纪初，华为的业务在全球开花，产品和服务的质量更是关系到华为的生命线。任正非深知，未来网络容量越来越大，维护安全稳定越来越困难，质量是华为的生命。2015 年，任正非在第四季度区域总裁会上的讲话中再次强调质量的重要性："在短缺经济时代，只要把生产的量放大，满足需求就可以赚很多钱；现在是过剩经济时代，生产量超过了实际需求，不管是搞降价这样的残酷竞争，还是生产地沟油这样的恶劣行为，最后都会把自己搞死。这样烧钱的最终目的不是为客户服务，是想把竞争对手烧死以后赚客户大钱。华为公司的价值观是坚持以客户为中心，要把自己的质量做好，让运营商通过与我们合作得到好处，从而使他们坚定不移地选择我们。

我们也不卖低价，卖低价发低工资，那样我们的人都跑光了。我们要真正地提高质量，竞争最本质的问题是提高质量。" ①

确保产品质量，销毁 1.7 万余台新手机

在中央电视台《寻找顶级制造》节目中，华为人在节目中讲述了一个曾经引起社会关注的故事——荣耀品牌销毁价值近 2000 万元的手机。

作为故事的亲历者，华为员工张明聪详细回顾了这个故事的始末："2014 年 8 月的一天，我正在厂里做测试，主管老刘急匆匆地过来，让我赶紧去一趟东莞的仓库。原来，有一辆运送荣耀 3C 手机的货车在深圳出现轮胎起火，老刘让我作为产品导入的代表，去对货物做一次质量检测，看看还有没有部分货物可以回收利用。我赶到东莞，被烧的货物已经安置在仓库。同事告诉我，由于天气炎热，运输车辆轮胎起火导致货柜箱内部分货物着火，火势较大，加之高温天气等原因，火灾持续了大约 20 分钟后，才被消防队扑灭。我发现，由于货柜箱内部已经着火，距离火源较近的几箱包装纸皮出现炭化现象，部分货物的手机包装胶套因受热而收缩。但是里面的手机，从外观看还是常规状态，开机就能正常使用，并且系统运行流畅。经过质量检测，不良率为 1.4%，良品达到 98.6%。这表明，大部分手机都没问题，回收后再进行可靠性测试，仍然可以上市。

然而，这批手机经过烘烤、烟熏和水淋，如此折腾，远超手机的

---

①黄卫伟.以客户为中心 [M]. 北京：中信出版社,2016:41.

常规使用场景，我们无法保证在几年后是否会有隐患出现。最重要的是，我们根据车轮烧毁情况和包装箱的熔化情况判断，当时现场的着火温度超过 500 摄氏度，而手机电池高温存储极限是 70 度，其他部分零件高温存储极限是 80~85 摄氏度，着火温度远超产品规格限制要求。"

"我们怎么能拿质量和消费者开玩笑呢？最终我们统一了汇报建议，已经没有回收做可靠性实验的必要了，更加不能让它们流入市场，建议把这批手机报废销毁。"

2015 年 5 月 28 日，华为荣耀销毁了近 1.3 万台手机，加上此前已经销毁的 4000 多台，两次总计销毁 1.7 万多台，总价值近 2000 万元。

看着一台一台从产品线上"诞生"的新手机被销毁，张明聪感慨地说："真有点舍不得。可是没有办法，质量标准就在那里，我们绝不能妥协，为自己的良心，也为华为的金字招牌和消费者。"①

2016 年，在华为获得 2015 年度深圳市"市长质量奖特别贡献奖"之后，又获得了中国质量领域最高政府性荣誉"中国质量奖"。更为难能可贵的是，华为在该奖项制造领域位列第一名。

华为消费者业务负责人余承东还讲过两例华为的质量故事：为了消除一个在跌落环境下致损概率为三千分之一的手机摄像头的质量缺陷，华为前后总共投入了数百万元人民币不断进行测试，最终找到了问题所在并圆满解决这一隐患；为了消除一款正在热销的手机生产中一个非常小的缺陷，华为旗下荣耀手机曾经关停生产线重

---

① 张明聪 . 筑桥人 [J]. 华为人 .2017(329).

新严格整改，因此影响了数十万台手机的发货。华为以"工匠精神"来制造产品，以"零缺陷"的挑战来保证客户的完美体验，这就是华为质量文化的具体体现。

建立大流量的大质量体系

大数据流量时代的到来，对质量的要求越来越高，制造要确保华为公司的出货质量。任正非创造性地提出"建立大质量体系"的全新概念，要求华为对大质量体系的认识，要有一个全球视野的大的架构。

2015 年，他在《变革的目的就是要多产粮食和增加土地肥力》讲话中，对大质量体系有精彩论述："我们不仅仅要在技术、市场、服务等方面取得优势，更要关注质量体系的建设，未来网络的容量越来越大，维护安全稳定越来越困难，质量是我们的生命。我们要关注大流量的大质量体系建设，过去我们的质量建设大多是关注产品、工程等。我说的大质量体系，是个系统工程，要确保我们在未来大流量时代的及时、准确，传送大的数据流量的安全、稳定、可靠，对大质量体系的认识，要有一个大的架构。这涉及文化、哲学等众多领域，我们要充分利用世界各国的优势，首先形成以中、德、日为基础的大质量能力中心。"

2015 年 5 月 20 日，任正非在华为公司质量工作汇报会上发表了一篇讲话，再次重申华为公司也要加强质量文化的建设。他说：

一、什么是大质量管理体系？第一，大质量管理体系需要介入到公司的思想建设、哲学建设、管理理论建设等方面，形成华为的质量文化。你们讲了很多"术"，我想讲讲"道"。你们看，法国波尔多产区只有优质红酒，从种子、土壤、种植……形成了一整套完整的文化，这就是产品文化，没有这种文化就不可能有好产品。瑞士的钟表为什么能做到世界第一？法国大革命时要杀掉那些有钱人和有学问的人，这些人都跑去了瑞士，所以瑞士的钟表主要是在法语区，其中很多精密机件是德语区的。我再讲一个例子，德国斯图加特大学机械工程院院长带我去参观一个德国工学院，大学一年级入学的学生，他们都在车间里面对着图纸做零件，把这些零件装到汽车上去跑，跑完回来再评价多少分。经过这一轮，再开始学习几何、理论力学、结构力学等学科，所以德国制造的汽车永远是天下无敌。

每个人都愿意兢兢业业地做一些小事，这就是德国、日本的质量科学，没有这种文化就不可能有德国、日本这样的精密制造大国。我们为什么不能有这种文化？我们要借鉴日本和德国的先进文化，最终形成华为的质量文化。如果公司从上到下没有建立这种大质量体系，你们所提出的严格要求则是不可靠的城墙，最终都会被推翻。

我们要建立起大质量体系架构，在中国、德国、日本建立大质量体系的能力中心。日本的材料科学非常发达，你们不要轻视京瓷，氮化镓就是陶瓷，那是无线电最主要的材料。我们要用日本的材料做全世界最好的产品；德国人很严谨，工艺、管理非常优秀；中国人善于胡思乱想，架构思维问题。
我们把三者结合起来，就能支持华为全局性的质量。而且我
们用工具、手段来代替人，购买世界上最好的工具，做出别
人不可替代的产品，做到无敌，最后就能在世界领先别人。

在任正非眼里，华为公司最宝贵的是无生命的管理体系，以规
则、制度的确定性来应对不确定性，争夺大数据流量时代的胜利，
而质量体系正是这套无生命的管理体系中最重要的组成部分。他斩
钉截铁地说："华为公司最重要的基础就是质量。我们要从以产品、
工程为中心的质量管理，扩展到涵盖公司各个方面的大质量管理体
系。"因此，建立大质量体系是华为公司顺应大数据流量时代的重
要举措，也是华为质量文化建设的新目标。

第六节　细节培养习惯

如今，每家大型企业都会有自己的展厅，里面陈列着企业的各
项新产品和各类荣誉，展厅好比企业的"脸面"，企业"一把手"
都会对展厅的建设给予高度关注。任正非也不例外。

2017 年 12 月 25 日，任正非在听取展厅工作汇报时，对咨询师
的培养有一番重要的讲话，在这番讲话里，恰恰体现出华为文化中
的细节文化，给人留下非常深刻的印象。

任正非说："展厅是最前线的作战平台，是高级解决方案师预

备队实习的地方。我们要提高展厅咨询师的标准、定位和作战能力，以考促训，培养他们文武双全，能讲、能实践的能力。"

他对展厅咨询师的要求非常具体：首先咨询师的语言表达一定要清晰，中文发音和英语发音要标准，发音不标准的要向中央台主播学习发音。同时，咨询师一定要深刻地理解解决方案，并实践过。咨询师要增强内涵，理论加实践，讲解才会生动。咨询师要建立一个垂直循环系统，所有咨询师必须具备实战经验，成为明白人。最后，他表达了通过以考促训的方式提高咨询师水平的希望："军队的作战方式是以考促训，希望我们的展厅也是以考促训。当没有客人参观时就进行考试，每个人都上台来讲解。"

细节决定成败，这在华为体现得淋漓尽致：卫生间中永远都有质地很好的手纸、面巾纸、洗手液，有些还有擦手的湿毛巾、一次性梳子；华为人在推行职业化管理后始终坚持了"放置水笔的时候笔尖朝下"等行为规范；员工购餐也是清一色一字长龙，秩序井然……

华为很多部门的墙上都贴有"下班之前过五关"的卡通画，意在提醒工作人员下班之前别忘了关掉电灯、电脑、门窗等。华为内部曾经做过统计，通过加强随手关闭电源的习惯，每月可节约电费几十万元人民币。

能把小事情按照大事情的标准做，这就是有着独特"细节"情怀的华为。

大礼不辞小让，细节决定成败。仅从华为的司机就可以看出华为企业的细致入微，司机在驾驶室应该采取怎样的坐姿，迎接客人为客人开门的姿势如何等，华为对司机的要求真可谓细致入微，所以有客人戏说如果你要去华为，一下飞机不用看招牌就可以找到华为的司机，因为他们是与众不同的。人们在谈及这些时总是不断发出由衷的赞美之声，这样的管理难道不漂亮吗？如果你是华为的客户，难道你还会担心它的产品和服务的质量吗？

华为有非常独特的文化氛围，它是无形的，就像空气一样，华为人每天必须得呼吸它。《华为公司基本法》的起草人之一彭剑锋说道："你不由自主地进入到华为创业的文化里面。效益文化、激情文化，再加上任正非的煽动性……他确实对华为人实现市场目标有很大的推动能力。""华为从一开始就比较注重文化，通过文化的力量使得员工能够自觉、自愿地去承担一些责任，去承担市场压力。在华为做咨询那几年，我们这些教授都被改造过来了，从懒人变成勤奋人了。我们过去都是九、十点钟才起床，晃荡晃荡中午睡一觉，到了华为就没有觉睡了。""文化的力量让你不得不这样做，那些假积极的最后都变成了真积极了。在人力资源管理上，依据企业不同阶段竞争的需要，它的整个待遇体系是向最优秀的人才去倾斜，去激励那些优秀的人，使这些人发挥出战斗力，这样能够影响一大批的人才。"

《华为公司基本法》的起草人之一，如今每年都要在华为工作100多天的中国人民大学教授吴春波说道："到华为去上班，走路要比平时快。""组织小的时候领导的魅力可以辐射到。但组织大的时候，好多员工都见不到老板。一开始我觉得个人魅力是很重要的，但现在文化变成了一种习惯，具有惯性了。看见大家都这么做，不这么做就不好意思，这就是文化的力量。"

修"心"人

十二年前，我研究生毕业后加入华为制造工程部，参与公司所有产品的芯片维修工作。我至今还清晰记得和部门主管第一次谈话的情景。

主管问我："你知道 BGA（球栅阵列）维修吗？"

我知道 BGA 芯片是产品的"心脏"，但我对它的维修知识却了解不多，只能摇了摇头坦言："不知道，但我送修过家电和手机，我看他们维修很简单，就是直接换板。"

"那只是一线维修的一种方式。而我们作为技术部门，需要指导他们用什么设备、方式，将换下来的故障主板维修好。"

随后主管指着我的实验数据问："你为什么认为 360℃ 这个温度值最好？ 361℃、362℃ 怎么样呢？"

在学校做了三年实验的我，从来没想过这样的问题，只好无奈地再次摇头。

主管随后给我推荐了两本书——《再流焊接工艺及缺陷侦断》和《六西格玛管理知识》，并且明确后续由我来接管芯片维修业务。

这次谈话让我感觉像被人在背上抽了一鞭子。我曾以为自己寒窗苦读多年，还有在外企生产线的实习经历，胜任这份工作不在话下，可主管的几个问题就把我问得哑口无言。于是我当晚就开始破卷阅读，决定一切从"心"开始。

方案创新，从 10 分钟到 2 分钟

我找到之前负责维修业务的同事石工，希望能从他那里得到一些资料及指导，结果他给了我一份"BGA返修操作指导书"，把我介绍给维修的操作员就走了。

那会儿两位老维修工都在忙，还时不时地指导一下新维修工小周植锡球，就是用锡球填充拆除下来的零部件上的焊点。

我观察了半天，觉得这个似乎很简单，就提出来让我试试。没想到我在植锡球的过程中就遇到了不少困难，好不容易植好了，有个锡球用镊子轻轻一碰又脱落了。正当我手足无措时，老维修工赵师傅一手用镊子夹起锡球，一手拿着烙铁对锡球加热，不到一分钟就补好了。我赞叹赵师傅妙手回春，对小周感慨道："没想到植球这么难，比绣花的针线活还难。相信我，一个月后，我会努力将这个操作变简单，让咱们这种小白鼠也能快速植好。"

谁知，一直没说话的另一位老维修工郑师傅开口了："是吗？你能扛住一个月再说。"

我后来才知道，在我之前的几任工程师都没人真正研究过这门技术，半年内我已是第三任了。

于是，我深扎生产线，仔细观察分析植球的每个动作以及焊接出现的问题，优化植球钢网和细化作业手法，但改善效果不明显。我又

查阅大量资料，调研了业界多个芯片生产商，但大批量生产模式不适合我公司零星业务需求。难道植球方案真的很难改进了吗？

芯片植球是芯片维修中一项非常重要和通用的技能，如果能提高其成功率，将极大地提升我们的维修效率。我不愿意放弃，继续冥思苦想，后来在一次与芯片返修供应商沟通交流时，偶然发现他们的简易工装植球方式成功率在80%左右，缺点是每种芯片要制作一套工装和植球钢网。我经过多次工装改版设计，首创使用阶梯植球钢网设计，打破了原有流程，最终将植球时间从10分钟降至2分钟，成功率由不足60%提升至95%以上，还实现了批量植球，并解决了细间距植球成功率"0"的窘境，我也因此荣获了一项国家专利。

但这项新的改进方案在推行中又遇到了困难：老维修工们熟悉自己旧有的工作方法，不愿改变。我就先找小周和一些刚入职的菜鸟让他们试用新方案，他们很轻松就完成了植球，效率高质量好。两位老师傅看到徒弟比自己速度还快，顿觉脸上无光，于是请徒弟吃饭，偷偷让他们传授操作方法。终于大家都慢慢接受了新方案。

这件事情让我和维修工们拉近了距离，通过他们了解到了芯片返修的痛点，做了几个有关芯片返修能力提升的六西格玛项目。项目中的各项措施他们都积极配合落实，芯片返修也由之前的"自管自营"过渡到"规范化"，返修成功率从 70%提升至 95%以上，达到业界主流厂商同等水平以上。

在此过程中，我也逐渐成长为这一业务的专家，研发的同事在开发新单板涉及器件布局及新器件应用时，都会主动找我评审确认可维修性。遇到贵重单板维修时，看到我在现场坐镇指导，他们心里就非常踏实、有信心。在他们看来，只要我确认芯片可以维修就一定能修，不能维修的就肯定修不了，那他们的布局就要适当调整。

这样的认可让我感觉到了自己肩上责任更重，不断鞭策自己提升返修技术水平，减少对单板布局的局限性，提升单板布局密度，尽量避免因为器件布局的可维修性问题而影响单板开发进度。

"疑案"探测，解决业界难题

转眼间到了 2012年，随着欧盟环保要求的发布，无铅器件应用越来越多，有铅与无铅器件并存，衍生出一种新组装工艺叫"混装工艺"。如何在解决无铅器件维修的同时不损坏有铅器件？这给维修带来了前所未有的挑战。

同年11月，泛网络MRRU模块在老化前测试发现告警，打开模块时发现芯片从单板上脱落，反查同一任务令共有20片不良，不良率高达10%，是共性问题还是偶发事件？

此时，我已从"菜鸟"逐渐成长为同事眼中的"维修工艺专家"。我根据经验初步判断是开焊的问题，就是因焊点未有效连接导致电路不通。

我首先使用高倍显微镜对断口外观形貌进行观察分析，发现断口呈大面积重熔现象；接着用红墨水倒在其他单板相同位置的芯片上，然后通过外力将芯片从单板上拔起，发现芯片的焊球上存在不同程度的染色，由此可以明确缺陷为开焊导致。

那么是什么原因导致了开焊？我又反查单板的加工记录，发现此批单板均返修更换过芯片，且返修芯片离脱落芯片8mm左右。我按照原有工艺返修后测试，故障复现，其他任务令单板返修也存在同样问题，因此明确了此问题是由于单板返修过程中，相邻芯片焊点出现重熔，导致开焊。

要解决此问题，重点是找到隔热或快速降温技术。我查阅大量技术文献，翻看了早已落满灰尘的热力学书，尝试了各种各样的隔热方法及散热方案，都无法达到理想效果。后来我在一次电脑维修中得到启发：维修人员只在 CPU 下方刷涂了一层新的导热硅酯，就解决了主板发烫的问题。那我是否也可以采用类似方法散热降温？于是我结合水蒸气散热原理，设计出一款适合我公司所有产品的芯片散热块，并加装吸水海绵，有效达成了降温效果。

但实验测试结果与实际返修能一样吗？方案评审时大家提出了各式各样的疑问：水蒸气散热时，水珠会不会滴落在单板上导致芯片受潮分层？水蒸气挥发时，会不会烫伤人？于是，我们最终决定用 5 块单板进行小批量现场验证。

在确认每一个动作都按照我的要求做到位后，我启动了程序按钮。大概过了 4 分钟后，有水蒸气从散热槽中冒了出来。不一会儿，水蒸气越冒越多，最后形成小白雾，但来不及停留在单板上就消失得无影无踪。待程序运行到最高温度时，设备伸出吸杆，干脆利落地将芯片从单板上分离。水蒸气还在不停地挥发，直至程序运行完毕。随后负责质量的同事拿着放大镜将单板仔仔细细地检查了一遍，肯定地说道："单板上没有任何水迹，芯片焊盘完好无损。"

听到这句话，在场的同事都开心地笑了，我紧皱的眉头也稍微舒展。后来，我们又经过了芯片的焊盘清理和焊接、外观检测、功能及温循测试，以及 2012 实验室的验证。最终所有测试通过后，大家全票通过此方案。历经1个月悬而未决的故障板，终于有机会完好无损地修复出货了。

经历这件事情之后，我越发觉得开阔思维的重要性，要善于观察，成功也许就蕴藏在生活的一些细节中，正是"细节决定成败"。

实现维修业界首创，并非"痴人说梦"

虽然每次批量维修都能"有惊无险"地完成，但是在实施过程中"弦"一直紧绷，还要协调维修技能熟练的操作员，压力和成本都很大。那我们是否能实现"全自动化维修"呢？若是有一条这样的样板线，一切问题都可以迎刃而解。

当我提出这个想法时，同事都说我是"痴人说梦"。在他们看来维修是手工作业，断点多、维修的芯片种类多、布局受限太多，难以实现自动化。但我却不愿放弃这个梦想。我抓住一切与业界交流学习的机会，参加各种自动化展，与供应商交流，寻找技术实现的可能性，成功吸引了几家供应商一起投入工程人员进行技术研究。

我组建团队和供应商讨论技术方案，要想实现自动化维修，首先得将芯片维修动作进行拆分，实现由设备完成。我遇到的第一道难题就是：如何将离线作业的拆焊设备更改为在线作业？

有人提议采用上板机自动进板，拆焊设备实现"左进右出"，但如何从"人机结合定位"过渡到由"设备自动定位"？这些问题对于前端SMT（表面贴装技术）加工来说是很成熟的技术，可对于维修却是首次大胆的尝试。为了保证设备走位精度，我们将步进马达更改为控制精度更高的伺服马达，芯片的拆卸方案总算有点眉目了。

可是接下来的难题又让大家犯了难——"单板焊盘的清理"没有成熟的技术方案可以借鉴，需要自主设计。就在大家对方案争论不休时，我脑海里闪现出多年前老赵一手拿着烙铁、一手拿着真空吸锡枪维修插件孔的画面，当即拍板定了"非接触式真空吸锡"方案。

后来，我们又讨论确定了助焊膏涂覆和芯片焊接的方案。历经一年的攻关，我们总算在2017年2月初步完成了自动化维修样板线的搭建。但在试跑的过程中，问题又接二连三出现，一会自动除锡设备感应失灵，除锡喷嘴距离焊盘太高，无法有效完成除锡；一会又是出现自动焊接设备软件漏洞，运行程序不显示。

难道花费一年孵化出来的"婴儿"就要这样夭折了？这可是花了上百万元人民币呢！虽有合同条款保护，明确规定不达到工艺验收标准可以无条件退货，但花费的心血是无法弥补的，并且会直接导致我们几年都不敢在这方面投入，维修工艺技术很可能几年都停滞不前，想想就不寒而栗，所以绝不能轻言放弃！

我和设备供应商技术人员逐项仔细检查，发现只是感应器接线松脱，设备软件与杀毒软件不兼容而已。我们重新接好后，又检查了一遍，然后启动试维修，看到第一块单板完成器件自动拆卸、除锡、点锡、贴片和焊接，并且成功通过各项功能测试时，攻关团队都露出了欣慰的笑容。

接下来我们加大验证量，进行小批量生产，统计的维修质量比手工维修质量提升了5个百分点，效率提升了5倍，为"全自动化"维修迈出坚实的一步，实现业界首条全自动化维修线体。虽然在应用中还存在这样那样的问题，但至少我们已走在前进的路上，相信在不久的将来，维修也可能跟上工业4.0的步伐，实现专属于维修的工业4.0。

回顾这十二年来的成长历程，我指导维修了150多万PCS芯片，从只懂理论的学堂到实践的战场，从心高气傲的懵懂少年，变成终于知道"路漫漫其修远兮"的维修工匠。

现在，我带领的团队负责所有泛网络产品和终端产品的芯片维修，每年维修量都接近200万PCS。前路仍多磨难，改善永无止境。我们目前正在开发数字化维修方案，维修BOP和全球物理维修能力管理系统等，相信在不久的将来，芯片维修能力会迈上一个新台阶。

（作者：袁均平，来源：《华为人》第334期）

第六章

企业文化的国际化

华为在世界各地聘用来自不同民族不同地区的员工，如何让他们水乳交融，相得益彰？答案就是充分吸取跨国公司管理文化的精华。华为时刻寻求东西方文化的最佳结合点，扬长避短，打造独具一格充满活力的企业文化。

第一节　播种机和宣传队

在规划《华为公司基本法》时，任正非就明确提出，要把华为做成一家国际化公司。与此同时，华为的国际化行动也跌跌撞撞地开始了。2000 年，华为真正大踏步地走出国门。但是，在国内推行成功的华为文化，能否和华为的业务一起走向世界，就又成为一个问题。华为对于跨文化管理并没有做过多的思考。在华为内部，任正非提出过一句名言："你到别人家做客，就不能抠脚丫子。"

华为也有意识地将文化灌注到在海外的公司。在设立海外代表处的时候，华为特意挑选性格鲜明的员工派驻过去担任负责人，让这些负责人起到"播种机和宣传队"的作用。比如，华为压强原则，讲究集中优势兵力在自己擅长的领域做擅长的事情，要么不做，要做就做最好的；在战略上是以十当一，杀鸡用牛刀，一旦认准就大力去做。华为文化强大的执行能力，从其曾在短短一年内就在国外建立了 32 个代表处的速度可见一斑。

"海外早期员工都是华为的人，就像一个女人嫁入一个大家庭，你得顺着这个家庭的文化来，所以即使后来的海外人员比华为的人多，文化还是华为的。"华为高级顾问吴春波说。

华为的员工在出国之前都会在培训部门接受相关培训，比如文化之间的差异以及相关产品等课程。日常培训还包括研讨会、语言训练、书籍、网站、讨论和模拟演练，等等。这些培训加强了具有不同文化背景的员工的适应能力，促进了不同文化背景的人之间的沟通和理解。通过持续不断的跨文化培训，在公司员工中逐渐形成了跨文化意识，学会了将文化差异只作为差异而不区分好坏，有助于员工在与不同文化背景的人打交道时，善于站在对方的角度考虑问题，大大减少了跨文化冲突。

华为的员工在派驻所在国之前都会接受相关培训，培训所在国的历史文化和风土人情，但那只是得之皮毛，不同的文化、价值观、宗教和生活习惯给华为人带来的是水土不服、了解的浅薄、沟通的障碍，认识的误区往往让初临异国他乡的华为人备感沮丧。华为前党委书记陈珠芳也形象地将华为的国际化文化战略比喻为"削足适履"，改变自己，与对方融为一体，虽然有阵痛，但阵痛过后就是和谐。陈珠芳将这种策略归纳为从僵化、优化再到固化，循序渐进。通俗地说，就是先被动地适应，被动地服从，然后再改良，再形成统一的规范。

图 6-1　2013 年 11 月 28 日至 2014 年 1 月，由斯里兰卡最大的电台"Sri FM"组织的路演活动在斯里兰卡全国 55 个不同地方陆续开展，群众不仅可近距离参与"Unlock Possibility"、华为"品牌汽车"绕城，Facebook 还同步开展照片人气评选大赛。来源：2014 年《华为人合订本》

　　为了更好地融入当地社会文化，华为在各个国家的营销推广都具有非常浓郁的当地文化色彩，受到当地消费者的喜爱。比如，2013 年 11 月 28 日至 2014 年 1 月，由斯里兰卡最大的电台"Sri FM"组织的路演活动在斯里兰卡全国 55 个不同地方陆续开展，群众不仅可近距离参与"Unlock Possibility"、华为"品牌汽车"绕城，Facebook 还同步开展照片人气评选大赛，参与者将有机会角逐终极 P6 大奖，让当地的消费者感受到圣诞未到礼物先到的快乐。为了让马来族群消费者以他们喜欢的方式认识华为的 nova 手机产品，华为销售人员还请当地知名的词曲家，写了一首朗朗上口的本地语言歌曲，邀请马来西亚新星 Hannah Delisha 来演唱，并制作成 MV 在各大电视台轮番播放。截至 2017 年初，华为人用了短短两年时间，把华为从"站在远处的陌生人"，荣升为马来西亚最受欢迎品牌榜第六和品牌最快提升榜第一，一跃成为马来西亚冉冉升起的品牌手机"新星"，销售收入也实现了跨越式的增长。

受到外界广泛称赞的是，任正非鼓励 18 万华为人要"一杯咖啡吸收宇宙能量"，喝咖啡的目的在于与外界交流思想，吸收能量，走开放的创新之路。2016 年 6 月 15 日，法国杰出数学家、菲尔兹奖获得者赛德里克·维拉尼应邀到华为欧洲创新日演讲。他的演讲，真正切题的标题应该叫"论到海边度假的必要性"。这位气质超酷的学者说，他喜欢到海边去度假，正是在海边闲逛的放松时刻会带来灵感，使他在数学上的难题迎刃而解。这恰恰是与咖啡带来的放松感相似。2016 年 2 月，华为在伦敦皇家工程院举行首届欧洲学术沙龙，50 多位来自英国、德国、法国、比利时的教授和学者出席，华为的顶级科学家和欧洲高手在咖啡芬芳的气味中友好地交流对话。"一杯咖啡吸收宇宙能量"的背后，说明了华为文化更具开放性，更为人性化，融合越来越多的全球各地文化，成为一个全球文化的大平台，打造一个全球化人才的大舞台。

第二节　为本地骨干提供培训

2015 年 5 月初，为了帮助艰苦地区打造具有宽广视野的国际化财务组织，时任华为公司 CFO 孟晚舟带领机关财务专家来到尼日利亚，给西非代表处送上了一场财务知识的饕餮盛宴。孟晚舟首先主讲《行业趋势和公司战略》，她说，快速发展的网络正改变着 ICT 的商业模式，而商业模式的改变正在重构着产业格局，这正是华为的机会，抓住机会的关键则在于大家要拥有适应新趋势、新变化的能力。李壮实老师主讲了《国家 CFO 关键业务活动》，让西非代表处员工清楚地看到财务人员职业发展路径，也更明确了"国家 CFO"肩上的重任。人们常说在埋头赶路时，要不时抬头看路，和专家的培训交流就是指引这些代表处的员工抬头看路最好的方式之一。

其实，华为的销服体系从 2007 年 8 月就开始推行"掺沙子"行动。这项计划，为一些优秀的本地骨干提供培训，让他们承担更大的职责，同时，提升机关工作人员英文能力，更多地倾听本地员工的声音。

"掺沙子"是 20 世纪 80 年代以前农村建简易住房打土坯垒墙的一种工艺程序：在泥土里要掺上一定的沙子和少量的麦秸和稻草，增加泥土的附着力，减少土坯裂缝现象。或者栽种农作物、花卉时，在较肥沃的腐殖质土中掺沙子，目的是为了增强土壤的透水性，避免积水，防止植物烂根。

这种民间建筑工艺和农业耕作土壤改良技巧，曾被毛泽东借用来喻指治理党内、军内"山头"割据的政治策略、管理技巧。引申开去，所有通过改变组织机构人员结构，注入不同于原有班子的新因素，达到改变某组织的力量对比，改变其性质、方向之目的的办法，都可以称之为"掺沙子"。

伴随华为海外业务的发展步伐，海外本地员工队伍也迅速壮大起来。为减少跨文化、语言、地域的障碍，让海外本地员工了解公司、认同华为，真正成为华为的同路人，在多种合力的推动下，销服体系开始推行"掺沙子"行动。在"掺沙子"行动中，华为海外代表处先推选出一些优秀本地员工到中国。机关部门为他们量身定制详细的培训和项目实践计划，并指定导师为其提供指导、答疑解惑。本地员工按计划参加项目实践、技能培训、文化培训、参观交流……通过耳濡目染，他们感受、学习、思考公司的管理运作和文化。部门定期组织相关人员与他们沟通，分享经验，同时倾听本地员工的需求与困惑、思考和收获。2~6个月的实践结束，公司组织正式的培训答辩检验"沙子"们的学习成果。华为业务导师给出评价意见，指出优点、不足及改进的方向。华为销服各干部对"沙子"们回国后的表现进行了跟踪调查，结果表明，"沙子"们的业务能力有所提升；对华为公司的价值观更认同；与中方员工、中方主管的相处、沟通和互动更加和谐融洽；本地员工将在深圳的所见所学与其他本地员工分享，对周围的同事产生了非常积极的影响。

2017年4月的《华为人》上刊登了外籍员工 Mark Atkins 的故事，他曾任职于摩托罗拉十年多，曾在加拿大帝国商业银行（CIBC）、汇达证券、德意志银行、摩根和花旗投资银行等企业工作。Mark Atkins 认为自己能在华为工作9年多的时间，得益于在中国出差数月的经历，他说："我曾在投资银行供职20年之久，之后才转战电信行业。截至今日，我在华为已经待了9年有余，有人问我为何能在华为待这么久。我觉得这得完全归功于当时在中国出差的数月经历。那段时间，我通过社交和实地体验，了解到了更多的中国文化。

我切实融入了当地的文化和环境，得以用一种在海外时从未有过的视角，看待中国人民、体味企业文化。现在我能够看到两国文化的不同，甚至能够欣赏差异。"

　　Mark Atkins 不仅理解并欣赏中国文化，而且对华为文化十分赞赏，还成为向外籍同行传播华为文化的使者。他说："我分享一个关于商业文化的例子。2010 年，华为效益非常好，奖金高，大家非常高兴。但任总却在一次公开讲话中表达了自己的忧虑。大家觉得奇怪，为什么利润高，反而要不开心呢？任总说，利润高说明我们从客户那收的钱太多了，这就意味着客户没有足够的钱去投资未来。任总是站在一个更高的生态圈去看待问题，关注自己也关注客户的成功，而西方商业文化往往关注自身成功（而这种成功往往是以他人的损失为代价）。我从这简单的一句话学到很多，后来，我把任总的哲学思想慢慢分享给我的外籍同行听，他们也慢慢能理解中西方商业文化的差异了。"　①

第三节　包容不同文化

　　中国人民大学商学院教授、《华为公司基本法》的起草者之一杨杜表示："华为的外籍员工比较多，世界各个国家、各种宗教的都有，核心文化和做事风格有很大的不同。针对不同点，企业有些原

---

① Mark Atkins. 理解文化及人才保留 [J]. 华为人，2017（330）.

则的改变，比如说语言上和国际化的礼仪上，商业贸易的规则上等，华为的做法是收敛，收敛到大家都能接受的地步，来形成企业的核心价值观。"

华为在国际化市场拓展中，依靠本地员工快速切入市场，迅速了解当地法律法规、客户特点和文化习俗，并节省了费用成本，提高了核心竞争力。

但随着海外市场的拓展，本地员工与中方员工的矛盾也凸显出来，首先是文化的"摩擦"。中东北非地区部在发展进程中，也出现过这种中外员工文化上的摩擦：一位中方员工与本地外籍员工开玩笑时，拍了一下对方的臀部，这在中国，没人会介意，但在阿拉伯地区，情况就不同了，那里的习俗是男人的身体不能被触摸。以此为契机，华为组织了"伊斯兰文化"培训，并制作光碟发放给中东北非地区代表处培训学习，要求中方员工尊重并了解当地的文化、宗教、习俗，了解当地的法律法规。最重要的是，华为认为要从制度、流程开始，以规范化的国际大公司形象出现。通过跨文化培训和制度流程规范建设，中方员工的言谈举止更加职业化了，不像以前那么随意，本地员工与中方员工的关系也更加和谐友好了。

2005 年，华为全球优秀国际营销人员辛文说，做海外市场，首先要理解当地的文化。唯有理解，才能化解其中种种的排他性，真正把外在的东西内化为自己的思维，接受它，爱它，享受它。任何企业，只有适应当地的文化，才能获得当地市场。所以做工程要保证工期，须提前考虑这些因素，提前准备、提前预警、规避延期风险。另外，沙特的特点是节奏没有国内快，很重视亲情，所以不能像在国内常利用业余时间与客户联系，在这里需要采用全新的方式。

　　《华为人》曾经记载了这样一则跨文化沟通的趣事：一位在俄罗斯工作一年的中国籍员工，通过与俄籍员工共事，发现跨文化沟通是一项非常重要的工作，往往派驻的中国员工和俄罗斯员工在许多方面会有不同的看法，因此会影响工作效率。有一次，市场部员工就日本某著名公司的一个案例讨论应如何满足客户需求，案例讲述了该公司总裁早年陪同一个重要客户参观公司，结果客户不小心，将自己的一块名表掉到厕所里。总裁二话不说，立即亲自在厕所里捡起这块名表，洗干净并烘干，然后还给客户，从而感动了客户，赢得了合同。例子刚说完，立即引起了中俄员工激烈的争论，大家对这位总裁的做法有着截然不同的看法。在中国人的眼里，客户总是第一位的，尤其是按华为公司市场部的传统规则，客户满意是非常重要的，只有对客户服务好，公司才有可能获得订单。在例子中，这位总裁的做法虽然显得有失总裁的风度，但可能恰恰是这种做法，赢得了客户的心。总体来说大多数中国员工对此表示理解，而俄籍员工则非常不解，他们认为，如果在俄罗斯这样做，不但不能赢得客户，反而会失去客户。俄籍员工认为，服务客户的指导思想是正确的，但是服务有两种，一种是仆人式的服务，一种是朋友式的服务，仆人式的服务虽然能暂时获得客户的满意，但是失去了客户的尊重；只有通过朋友式的服务，才能够既使客户满意又获得客户尊重。如果他们处在这种情况下，他们会去找来一名清洁工，把表捡出来，请他去洗干净，烘干再洒上香水，放在一个盘子里还给客户。然后，大家又继续加上一些假设讨论，比如这个客户恰好赶时间，而此时又没有清洁工，在这种情况下，怎么办呢？有不少中国员工表示也会采用这位总裁的做法，而大部分俄籍员工表示不会采取这种行动，因为他们认为这会伤害他们的尊严，会损害以后和客户的交往。于是大家激烈地争论起来，谁都难以说服谁。最后，大家得出了一个结论：既要随时随地把客户需求放在第一位，又要针对不同客户背景采用符合当地习惯的做法，并不是所有在东方国家适用的方法在俄罗斯都适用。"这次讨论，进一步加强了中方员工和俄籍员工之间的沟通交流，也让我们了解到不同文化背景下的不同做事方法，因此要因地制宜地针对不同客户的文化背景来处事。" [①]

在墨西哥，华为的本土化战略相对而言比较彻底。华为完全按照本地的节假日安排员工作息，按照本地的风俗给员工过生日。即使如此，华为强势的企业文化还是遇到了一些阻力。但华为的军事化管理方式毕竟名不虚传，尤其在中方员工没有加班费却也常常深夜加班的拼命精神影响下，当地员工终于也接受了华为文化，工作卖力起来。而在印度，华为在印度正展开"魅力攻势"，以应对来自印度安全部门的"严格审视"，而这其中的一大措施就是推动华为的本土化，包括要求中方员工取"印度名"，任命印度本土高管，推动企业融入印度文化等。目前，华为在印度85%的员工为本土员工。

任正非曾这样说过："华为文化的核心是什么，其实就两点：一个是以客户为中心，一个是以奋斗者为本。这些不是我们独特的文

---

① 文安. 跨文化沟通趣事 [J]. 华为人 ,2005(160).

化，是普适的，而且都是从别人那儿学来的。没有什么掌握不了的，只要认真体会，就都能做得到。有人总说华为文化外籍员工听不懂，以客户为中心首先是外国公司推行客户需求的解决方案，解决方案就是要以客户为中心，做好才能拿到合同。以客户为中心，外籍员工为什么听不懂？以奋斗者为本，换个说法，外籍员工就听懂了。为什么他会多拿钱呢？是因为他多干活了。这就是我们的各尽所能，按劳分配，多劳多得，外籍员工也知道多劳多得，多劳多得不就是以奋斗者为本吗？"

华为在世界各地聘用来自不同民族不同地区的员工，如何让他们水乳交融，相得益彰，那就要充分吸取跨国公司管理文化的精华。华为时刻寻求东西方文化的最佳结合点，扬长避短，打造独具一格、充满活力的企业文化。华为的企业文化既弥漫西方跨国企业的味道，又充满中国传统文化的神韵，那就是热情地专注于为客户创造最大价值，创造卓越，鄙视官僚主义，尊重智力资本。华为在其国际化进程中实施了一系列有效的跨文化管理策略。

第四节　勇于承担企业社会责任

尼日利亚是非洲第一人口大国，人口数量 1.9 亿，但失业率一直居高不下，达到 14.2%，尤其是大量青年失业人口，容易产生社会问题。2017 年，华为联合联邦政府向尼日利亚无偿提供了 2000 人的 "ICT For Change" 的培训项目，向当地失业青年提供网站设计、电脑维修、华为认证数据通信工程师（HCDA）等实用课程，帮助当地青年重新获得就业技能、促进当地就业，获得了尼日利亚社会各界的广泛认可。

2017 年 3 月，秘鲁 24 个大区有 13 个大区遭遇严重的暴雨和泥石流灾害，受灾人数近 10 万，近百人死亡，有 62.7 万人生活受到不同程度的影响，华为在当地为 80% 的秘鲁用户提供网络，保障通信网络稳定是华为最重要的社会责任。华为秘鲁投入大量工程师和资源，与秘鲁运营商合作伙伴一起抢修设备，在最短时间内恢复受灾地区通信网络，保障人民通信与救援工作照常进行。另外一方面，灾区人民也需要救灾物资。华为为灾区人民捐赠重达 20 吨、价值 10 万新索尔的物资。华为还捐赠了一套价值 60 万美元的 eLTE 应急通信设备，协助秘鲁政府更好地完成救援工作。

由此可见，华为作为一家成功的跨国企业，企业文化中包含了承担本地化的企业社会责任。华为在自身发展的同时，积极承担社会责任，坚持可持续发展战略，带动当地社区共同发展。华为利用 ICT 技术优势和管理经验，与全球各国政府、客户和非营利组织共同开展各种公益活动，包括支持 ICT 创新，支持当地教育事业和人才培养，支持社区环保活动和传统文化活动，帮助当地社区改善民生，关爱弱势群体，向当地公益组织提供各种形式的支持，致力于做负责任、受各地尊重的企业公民。

2018 年 7 月，华为发布了《2017 年可持续发展报告》，这是华为连续第十年主动向社会公众报告公司的可持续发展状况。报告主要介绍了华为在消除数字鸿沟、保障网络稳定安全运行和用户隐私、推进绿色环保和构建和谐健康生态四大领域所采取的行动。过去一年，华为积极将自身行动与联合国可持续发展目标（SDGs）对标，推进可持续发展战略目标的落地。2017 年，华为实现全球销售收入 6036 亿元人民币，华为全球员工保障投入约 126.4 亿元人民币。

2016 年 10 月 30 日，中国社科院连续第八年发布《企业社会责任蓝皮书》，蓝皮书系统地披露了国企 100 强、民企 100 强和外企 100 强，以及电力、银行、食品等 16 个重点行业的社会责任发展指数。华为的社会责任指数达到 88.6 分，位居中国民营企业第一名。2017 年，华为荣获联合国全球契约组织中国网络颁发的"实现可持续发展目标中国企业——全球伙伴关系最佳实践奖"，以表彰华为公司为实现 2030 年可持续发展议程所做的努力。

为确保向客户和消费者提供有竞争力的 ICT 解决方案、产品和服务，华为通过了一系列的独立第三方认证，包括 ISO 9001/TL 9000（质量管理），ISO 14001（环境），OHSAS 18001（职业健康与安全），ISO 50001（能源管理），ISO/IEC 20000（IT 服务管理），ISO/IEC 27001（信息安全），ISO 28000（供应链安全），并在终端领域获得了 SA 8000（企业社会责任）和 ISO/TS 16949（汽车行业质量）认证。

华为成功地通过了全球 50 家顶尖运营商中的 31 家以及重点企业客户的全面认证和例行评估、审核，范围覆盖了如财务稳健性、质量管理、风险管理、交付与服务、供应链管理、知识管理、项目管理、网络安全、信息安全、EHS（环境、职业健康安全管理）、企业社会责任、可持续发展、业务连续性管理等方面。华为在这些核心领域赢得客户充分、广泛的认可，成为客户面向未来转型的战略合作伙伴。

为了培养本地 ICT 人才，促进知识传递，加强人们对 ICT 行业的了解和兴趣，华为开展"未来种子"项目，鼓励和吸引更多人加入到数字社会中来。作为华为全球企业社会责任旗舰项目，截至2017年年底，"未来种子"项目已在全球108个国家和地区实施，超过3万名学生从中受益。

华为手机已经位列全球智能手机前三强，除了手机销售业绩在全球范围直线攀升，华为还主动履行生产者责任延伸义务，建设全球回收体系，进行手机、平板电脑等废旧电子产品回收。通过开展各种形式的手机回收和扩大环保回收活动范围，让更多消费者了解华为的回收渠道并参与回收活动，推动废旧电子产品最大化价值利用，促进循环经济发展。截至2017年底，回收中心建设已覆盖全球48个国家和地区，总数达到1025个。2017年华为继续扩大以旧换新回收业务，在中国区开展线上以旧换新业务的基础上，陆续开展线下以旧换新和以旧换新上门回收。在海外，华为也积极开展线上以旧换新业务，此项业务已经覆盖马来西亚、意大利、德国、英国、南非等15个国家。2017年中国区线上以旧换新业务回收废旧手机20多万台。

融入海外，由"吃"开始

刚来拉美的时候，先来的同事告诉我，看一个华为中方员工有没有融入拉美的海外生活，不是看他是否能够说一口流利的西班牙语，而是看他在饮食上是否符合三个标准：一是能不能吃惯西餐；二是会不会品尝奶酪；三是会不会品尝葡萄酒。刚开始我不是很理解这三个简单奇特的判断标准，时间久了，才明白其中深厚的内涵。

能够习惯吃西餐，不是指能够接受吃，而是指能够经常、习惯性地吃西餐。如果能够做到这一点，至少说明你能够经常"脱离"公司的食堂，跟本地员工一起进餐，与他们交流和沟通。这种轻松氛围中的沟通，往往比在办公室的沟通要更加有效。我们不仅可以聊工作，还可以聊家庭、生活，聊这个国家的历史和文化。通过这种交流，不仅可以知道本地员工内心真实的想法，对工作、对人真实的意见，而且能够使本地员工的压力和情绪得到舒缓，获得他们发自内心的认同。

通常愿意跟中方员工这样深入交流和沟通的本地员工，都是心向华为的。他们愿意提意见、抒发自己的感情，愿意持续改进以便更好地工作，这类员工的主动性和稳定性都是相对较强的，很少有辞职的现象。有时即使被竞争对手以双倍甚至三倍的收入挖走，也会主动向我们道歉，觉得很对不起华为。

西餐吃习惯了，我自己也学着开始搞一点中西结合，用做中国菜的方式来做西餐，并请本地员工共进晚餐。采用中国的作料来做牛排，加入了花椒粉、辣椒粉、孜然粉、白糖等，配以较多的香菜、葱、姜、蒜等，甚至加入了一点蚝油，微火炸上几分钟，做出来的牛排汁水较多，非常香甜滑嫩，与本地的牛排味道大不相同。

到了周末，几个员工约在一起聚餐，有人"贡献"一瓶好酒，有人带上鱼子酱，我则专心烹制中式牛排。大家分工合作，其乐融融。基本上每个吃过我做的牛排的本地员工都是交口称赞，不过有时也有人笑说"有点微辣了"。这样的小聚会，让交流和沟通变得自然和谐，也增进了彼此的友谊。

会品尝奶酪，是指喜欢吃，主动买来吃，并且会识别不同奶酪的区别。这比吃西餐还要更上一个层次，证明这个人能克服心理上的障碍，主动接受自己以前难以接受的东西。如果说常吃西餐能够创造一种本地化沟通的环境的话，那么品尝奶酪就是进一步突破自己内心的障碍，从而使与本地员工的交流沟通更积极热情、无障碍。而在本地员工眼里，能够吃奶酪，是对西方文化的认同和融入。能够做到这一点，大部分本地员工就会承认你比较 Localized（本地化）了，就会主动跟你沟通，这样你所需要的信息就源源而来。

起初，我的确也吃不惯奶酪，甚至闻不了那股味道。但还是开始尝试着吃当地的"Arepa Con Queso（西语：一种夹着奶酪的甜玉米饼）"；渐渐地，早餐的面包也逐渐改成掺着奶酪的了；后来，原来不敢碰而本地员工非常喜欢的"Quesadillo（西语：一种夹着果酱的奶酪）"，也成了我喜欢的小食品了。每当拿起"Quesadillo"向本地员工示意的时候，他们都会会心地向我微笑。现在，法国、荷兰、巴拉圭等国进口的很多奶酪，我也大致能分清楚产地了。

会品尝葡萄酒，是指具备较多的葡萄酒背景知识，能品尝出葡萄酒的大致产地、葡萄品种、价位等，更高层次的是能判断出年份来。葡萄酒文化是西方文化的精髓之一。了解之后，跟高层次的西方人就有了更多的共同语言和共鸣。很多拉美运营商的高层都是既懂得工作，又很懂得享受生活的。他们喜欢谈谈智利、法国的红酒，探讨一下里面的专业话题。记得一个客户的工程主管对葡萄酒很有研究，甚至能够品尝出葡萄酒的年份。某次吃饭，他席间滔滔不绝地谈起葡萄酒的故事，有时英语表达不上了就用上西班牙语。当我耐心听他讲完之后，他就开始主动问我有什么需要帮忙的。这种对葡萄酒的兴趣和了解，对提升客户高层对华为的认同，有时可能起到非常微妙的作用。

这三个小小的饮食习惯，看似无足轻重，但对我们了解本地员工、加强与客户的沟通，是大有裨益的。"工夫在诗外"，华为国际化的征程，也正是从这些小小的地方迈开步去的。

（本文摘编自《华为人》2007年第184期）

第七章

启示录

以客户的需求为目标，以新的技术手段去实现客户的需求，技术只是一个工具。新技术一定是能促进质量好、服务好、成本低，非此是没有商业意义的。世界将来不会缺少高科技，缺少的是自然资源，这也许会成为真理。好几次在贝尔实验室交流的时候，他们问我华为为什么能成功。我说我们理解了中国的客户需求，我借用了中国古时候婆婆跟媳妇说的一句话，"新三年，旧三年，缝缝补补又三年"来说明华为对技术与产品的看法。

—— 任正非

第一节　客户需求是华为发展的原动力

10多年以前，华为就提出：华为的追求是实现客户的梦想。历史证明，这已成为华为人共同的使命。华为公司创始人任正非认为："从企业活下去的根本来看，企业要有利润，但利润只能从客户那里来。华为的生存本身是靠满足客户需求，提供客户所需的产品和服务并获得合理的回报来支撑；员工是要给工资的，股东是要给回报的，天底下唯一给华为钱的，只有客户。我们不为客户服务，还能为谁服务？客户是我们生存的唯一理由！既然决定企业生死存亡的是客户，提供企业生存价值的是客户，企业就必须为客户服务。"

在全球化和个性化的大趋势下，业务需求必然是海量的。与此同时，行业长尾化的特征也十分显著，没有哪一家服务供应商能够满足所有需求，因此必然会有海量的服务供应商出现。但海量需求和海量供应商之间，如何找到彼此？这就需要一个整合的平台为双方服务，提供需求与供应间的匹配。2005 年 9 月，任正非表示："为客户服务是华为存在的唯一理由，客户需求是华为发展的原动力。"

为此，华为再次强调产品的发展路标是客户需求导向。以客户的需求为目标，以新的技术手段去实现客户的需求，技术只是一个工具。新技术一定是能促进质量好、服务好、成本低，非此是没有商业意义的。世界将来不会缺少高科技，缺少的是自然资源，这也许会成为真理。

任正非表示：

> 好几次在贝尔实验室交流的时候，他们问我华为为什么能成功。我说我们理解了中国的客户需求，我借用了中国古时候婆婆跟媳妇说的一句话，"新三年，旧三年，缝缝补补又三年"来说明华为对技术与产品的看法。
>
> 我们认为客户一般都是希望在已安装的设备上进一步改进功能，而不会因新技术的出现而抛弃现在的设备重建一个网。因此，当 IT 泡沫疯狂的时候，全球的主要通信设备制造

厂家放弃了对现有的交换机的研究开发，而全面转入了未来的下一代 NGN 交换机研究时，我公司仍然继续对传统交换机的研究投入不动摇。幸运的是全世界的运营商在 IT 泡沫破灭后，都是与中国电信的观点一致，不再盲目追求新技术，而更多地考虑网络的优化与建设成本，结果我公司在传统交换机供应量上，成了世界第一。西方泡沫经济破灭后，西方公司又开始对他们推崇的下一代 NGN 交换机产生了动摇，不知道世界下一步的潮流走向，有两年产生了前进的迷惘；又由于财务状况不好而开始大量裁员，以至精力顾不过来。我们却坚信 NGN 一定会取代传统的交换机的，只不过这是一个漫长的过程。在 NGN 上也一直加大投入往前冲，下一代交换机我们又赶上他们，进入了世界前列。传统交换机我公司占世界总量的百分之十六，但下一代有可能就占世界总量的百分之二十八。这就是因为我们真正理解客户需求，把满足客户需求看作真理，才能在世界市场上得到很好的结果。当时我们认为，不发达国家一定会走这条道路的。今天，发达国家也在走这样的路。

"关注客户需求"，才能做到使客户满意。华为经常进行客户满意度调查，收集信息，以用户的意见为努力的方向。为了能更好地贴近客户，华为还专门提出了六个必须防止的误区："高高在上，听不到客户的声音""以我为重，强行引导客户需求，听不进客户的意见""听到了表象，没有抓住实质""'花花绿绿'不加分析，全盘照收""抓大放小，略掉了潜在增长点""面对变化的环境，却固守以前的规则、理念"。由此可见，华为对客户的细心之处，也把关注客户的工作落到了实处。

为了深层次地了解最终用户的需求，华为曾在多个国家和地区对影响用户选择业务的 10 个因素进行过调研。调查结果显示：人们对通信业务的选择已经呈现出多种因素共同影响的局面，其中最重要的因素是收入与年龄。在进一步对不同年龄消费人群的分组调研中，我们发现不同的年龄段，在业务选择上存在较大的差异。其中，对于年轻人来说，增值业务提供能力、群体业务同质化等因素则成为选择业务的重要考虑因素。

由此可见，不同用户群的差异化业务需求，既为通信行业带来了进一步细分市场、将"蛋糕"做大的机遇，也带来了如何吸引用户、变机会为盈利空间的挑战。传统的粗放式经营显然已经无法满足不同用户群的差异化业务需求，只有进一步地细分市场、细分用户、细化需求，才能敏锐地发现和挖掘通信市场的"蓝海"领域，成为更加宽泛的新一轮竞争环境中的赢家。

当华为的设备出问题的时候，华为的技术人员往往会以最快的速度赶到现场日夜守护，立马维修。客户深受感动，由衷地说："就算人家产品有问题，人家给你成天守着，还要怎么样？"对于突发性事件的解决办法和态度，反而增进了与客户的关系。

任正非在访问利比亚时，听取了北非地区部的汇报后，有了一些启发。任正非说道：

北非地区部努力做厚客户界面，以客户经理、解决方案专家、交付专家组成的工作小组，形成面向客户的"铁三角"作战单元，有效地提升了客户的信任，较深地理解了客户需求，关注良好有效的交付和及时的回款。

铁三角的精髓是为了目标，为了打破功能壁垒，形成以项目为中心的团队运作模式。公司业务开展的各领域、各环节，都会存在"铁三角"。"三角"只是形象说法，不是简单理解为"三角"、"四角"、"五角"，更多也是可能的。这给下一阶段组织整改提供了很好的思路和借鉴，公司主要的资源要用在找目标、找机会，并将机会转化成结果上。我们后方配备的先进设备、优质资源，应该在前线一发现目标和机会时就能及时发挥作用，提供有效的支持，而不是被拥有资源的人用来指挥战争、拥兵自重。

如今，以云计算为契机，华为通过以客户为中心的持续创新，提供服务器、存储、虚拟化以及 IT 应用的系列产品，与合作伙伴携手，打造针对媒资行业的端到端 IT 解决方案，帮助客户实现业务便捷和商业成功。

第二节　高绩效的企业文化

"过去华为讲奉献，讲'床垫文化'，讲营销，讲'狼性文化'，讲内部，讲服务文化，所有的这些表现，最后都会找到一个企业文化的核心，这个核心就是高绩效文化。"中国人民大学组织与人力资源研究所所长，《华为公司基本法》起草人之一的吴春波说。

从企业史上来说，高绩效文化来源于IBM。1993年，这家超大型企业因为机构臃肿和孤立封闭的企业文化而变得步履蹒跚，亏损高达160亿美元，正面临着被拆分的危险。面对这样一个烂摊子，众多职业经理人都不敢接手，没有人能够有自信教会这头大象跳舞。最终，不懂技术懂管理的郭士纳接过了这个烫手山芋。郭士纳后来回忆为什么有胆量接手IBM时说："高科技企业都不是技术问题，而是管理问题。"

郭士纳在拯救蓝色巨人时，明确地改变了IBM企业文化的基本价值观，创立了IBM的新文化。更为重要的是，他还提出了IBM企业文化核心，并以此核心价值观把各项基本价值体系连接起来。新IBM文化的内核，就是"高绩效文化"。所以，郭士纳认为："拥有高绩效文化的公司，就一定是商业领域的赢家，而且该公司的员工对公司的忠诚程度也很高，除了自己的公司不愿到其他任何公司。"

通用电气前CEO韦尔奇也认为："我们的活力曲线之所以能有效发挥作用，是因为我们花了10年的时间在我们企业建立起一种绩效文化。"

管理大师德鲁克认为："工商企业的实质，决定其性质的根本原理，就是经济绩效。""一个组织只有在集中精力于其任务时才有效。组织必须有一项明确的和集中的共同任务才能把其成员凝聚起来。组织成员为组织作贡献的绝对先决条件就是让其知道组织的任务和使命。"这就是企业文化的源头和基本的假设,高绩效文化来自企业的使命。

2006 年 11 月 19 日,《华为公司基本法》起草人之一吴春波在"第五届全国企业文化年会"上说道:"企业文化有各种表达方式,不同的企业文化,愿景使命、核心价值观是不一样的,但是成功的世界级的企业中的核心都是高绩效文化。为什么说是高绩效文化?有几个原因:企业要生存在激烈的市场中;管理的本质是要提高效率,经营的本质是要盈利;员工的使命是要付出,竞争的使命在现阶段主要是价值;客户的需求是价值,市场经济的本质是投入和产出。这些都要求我们的企业文化必须聚焦高绩效。但是比较遗憾的是,能够把自己的企业文化、核心价值观旗帜鲜明地提出,并推崇高绩效文化的企业,不太多见。为什么是高绩效?实际上这个问题在国外已经早有研究,我们有一份资料,高绩效企业文化的属性包括:员工有参与感;有明确的价值观体系;高层领导以身作则,推动文化和战略;高层关注组织绩效;良好的氛围;以结果为重;有序的流程、量化的管理。"

2004 年,任正非在华为干部会议上首次提出了"人均效率"这个概念。这是因为华为经过快速扩张,已经出现效率增速减慢的现象,如果不尽力分析并改进所存在的问题,若再进一步扩张规模,华为的效率将会很快达到边际。而与业界巨头对比,一方面华为的人均效率比对手低很多;另一方面表明华为的边际也比对手小很多。

对于企业而言,一个企业初期规模增长,效率加速增长;但是当增长到一定程度以后,效率增速减慢;随着企业规模的进一步扩大，效率增长出现拐点，开始不增反降。这个拐点所在处就是该企业的边际。

2006 年，华为某高层在华为内刊《华为人》上发表文章称，"很多人认为现在是华为的好时光。市场捷报频传，新员工不断加入，上上下下都洋溢着一股喜庆的气氛。这种喜庆的气氛直接反映在我们宽松的费用习惯上。根据财务部门的统计，无论是国内外营销、海内外用服，还是产品体系，在诸如人均移动电话费、人均差旅费、人均办公 / 低值易耗品等方面都出现了大幅度的增长。请注意，这些都是人均费用！"华为人经过调查发现，华为人均效率为西方发达友商平均水平的 1/2.5，与业界相对较差的 A 公司和 B 公司相比，是其效率的 1/1.8，这两年差距都没有缩小。

华为认为，企业做大一定要居于高绩效的基础上，这是企业经营的铁律。华为正处在从销售拉动型转变为精细运营的关键时期，未来的利润会更多来自华为的效率提升。

第三节　国际化：从学习先进开始

华为的研发本质上是一种积极跟随的模式，它模仿国外的先进设备，然后做改良，增加更多的功能模块。到后来，发展到挺进"无人区"，这是华为长期坚持向先进学习的一种必然结果。

十多年前，任正非曾经公开承认："至今为止，华为并没有一项原创性的产品发明。我们主要是在西方公司的研发成果上进行了一些功能、特性上的改进，以及集成能力的提升，我们的研发成果更多表现在工程设计、工程实现方面的技术进步上。"任正非并非不想做原创性的发明，不过，知识和专利的积累需要时间，更需要大量有创新能力的人才，而中国的资源禀赋并非如此。

除了向国外学习先进的技术，华为还积极地学习国外的先进管理理念。

向先进学习

如何治理一个国家，中国有大把经验可学；如何治人，经验更是多不胜数；但要成为一个具有全球竞争力的国际化现代企业，在中国找不到师傅，必须眼光向外。任正非对跨国公司的管理方法和管理手段倍加推崇，曾非常明确地指出："我坚决反对搞中国版的管理、华为特色的管理。所谓管理创新，在现阶段就是要去消化西方成熟的管理。"

诞生于 1995 年的《华为之歌》唱道："学习美国的先进技术，吸取日本的优良管理，像德国人那样一丝不苟，踏踏实实，兢兢业业。"华为最终决定向美国学习管理。

在中国由于历史原因，对资本主义国家和人民的固有成见根深蒂固，人们一提到资本主义就会联想到剥削、堕落等不好的词。任正非却认为资本主义国家有很多值得学习的地方，比如西方企业的先进的管理经验以及资本主义国家企业员工所具有的敬业精神、开拓进取的精神就值得中国企业学习。

"我走过许多国家，考察过众多的工厂，无一不为资本主义国家的员工的敬业精神所感动。我多次在员工教育会上讲过，我们要赶超发达的资本主义国家，就应向他们学习长处。"在任正非看来，身处激烈竞争中的华为，只有向西方先进的企业学习，不断创新、有效管理，才能在通向世界级企业的道路上持续地走下去。

1997 年 1 月，日本神户钢铁公司的岩谷真弓女士在给华为市场部进行培训后曾非常坦率地指出了华为存在的 7 个问题，其中的核心问题就是华为与日本同类公司相比管理效率和劳动生产率都还很低。华为的管理者从中感受到了与先进企业的巨大差距。任正非听过汇报之后说："一本权威管理杂志曾经提到，一个企业的问题中只有 15% 是因普通员工工作过程的失误所产生的，而 85% 源于管理者和管理制度。没有在管理上认真地进步，我们将会吃它的苦头，华为到了在管理上认认真真下功夫的时候了！"

从 1997 年开始，华为从 IBM、韬睿咨询、合益咨询、普华永道以及弗劳恩霍夫协会，引入了流程变革、员工股权计划、人力资源管理、财务管理和质量控制各个方面的外部咨询。

另外，1999 年，华为又与 IBM 合作，重整了业务流程，建立了集成产品开发流程（IPD）和优化集成供应链（ISC），随着 IT 建设的全面展开，"华为"Intranet（企业内部网）网络专线连接了其国内所有机构及拉美、欧洲、海外研究所等海外机构。

只向一个顾问学习

1997 年底，任正非到美国参观考察，其间他访问了美国休斯公司、IBM、贝尔实验室和惠普公司。在这 4 家企业中，任正非从 IBM

身上受到的震撼和启发最大。

1993 年，51 岁的郭士纳（Louis V. Gerstner Jr.）临危受命接管 IBM，当时 IBM 累计亏损高达 160 亿美元，美国许多媒体称："IBM 一只脚已经迈进了坟墓。"经过几年艰苦卓绝的改革，IBM 终于起死回生，郭士纳创造了一个奇迹。任正非在其文章《我们向美国人民学习什么》中写道：

> IBM 作为巨无霸一直处在优越的产业地位，但个人电脑及网络技术的发展，严重地打击了它赖以生存的大型机市场。（20 世纪）80 年代初期 IBM 处在盈利的顶峰，它的股票市值超过联邦德国股票之和，也成为世界上有史以来盈利最大的公司。经过 13 年后，它发现自己危机重重，才痛下决心，实行改革，在 1992 年开始大裁员，从 41 万人裁到现在的 26 万人，付出了 80 亿美元的行政改革费用。由于长期处于胜利状态，历史原因造成的冗员、官僚主义，使之困难重重。公司中的聪明人十分多，主意十分多，产品线又多又长，集中不了投资优势；又以年度作计划，反应速度不快。管理的混乱，几乎令 IBM 解体。
>
> 1993 年初，当郭士纳以首位非 IBM 内部晋升的人士出任 IBM 总裁时，他提出了四项主张：1. 保持技术领先；2. 以客户的价值观为导向，按对象组建营销部门，针对不同行业提供全套解决方案；3. 强化服务、追求客户满意度；4. 集中精力在网络类电子商务产品上发挥 IBM 的规模优势。

历时 5 年，IBM 裁减了 15 万名职工（其中因裁员方法的不当，也裁走了不少优秀的人才）。销售额增长 100 亿美元，达 750 亿美元，股票市值增长了 4 倍。

参观 IBM 给任正非留下的最深刻的印象，就是像 IBM 这样的大企业管理制度既规范但又不失灵活。而这正是面对华为已经进入高速发展阶段、规模扩张速度开始超越自身把握能力的任正非最希望寻求的答案。为了实现世界级企业的梦想，为了华为更快地发展，他决定向 IBM 学习，进行改革。

企业缩小规模就会失去竞争力，而扩大规模的同时如果不能有效地管理的话也会面临死亡。规模小，是难以以人的意志为转移的。而管理是内部因素，是可以努力的。

因此，我们只有加强管理与服务，才有生存的基础。这就是华为要走规模化，搞活内部动力机制，加强管理与服务的战略出发点。这些是 IBM 付出数十亿美元的直接代价总结出来的，他们经历的痛苦是人类的宝贵财富。

对于很多中国企业来说，IBM 是学习的榜样。对于任正非来说，学习 IBM 似乎是走向规范化、职业化和国际化管理的必由之路。

《我们向美国人民学习什么》一文，任正非为华为定下了义无反顾地师从 IBM 的管理变革目标。在这场此后被任正非定义为"革自己的命"的管理转型之路中，任正非运用其强大的个人感召力和影响力，力排众议，定下了"削足适履"，以及"先僵化，后优化，再固化"的目标进程，从 IBM 引进代表美国先进流程和管理模式的集成产品开发（英文简称 IPD）及集成供应链管理（英文简称 ISC）体系，以建立一种与世界对话的"语言"。

从IBM的经历当中，任正非显然已经看到华为未来所需要面对的挑战和前进路径。1998年8月，华为与IBM合作启动了"IT策略与规划（ITS&P）"项目，开始规划华为未来3～5年需要开展的业务变革和IT项目，其中包括IPD、ISC、IT系统重整、财务四统一等8个项目，IPD和ISC是其中的重点。1998年，是华为历史上的分水岭，因为华为引入的世界级的管理经验，将对华为产生极为深远的影响。

在学习 IBM 的管理经验时，任正非特别强调："世界上还有非常多好的管理，但是我们不能什么都学，那样做的结果只能成为一个白痴。因为这个往这边管，那个往那边管，综合起来就抵消为零。所以我们只向一个顾问学习，只学习 IBM……要学明白 IBM 是怎样做的，学习人家的先进经验，多听取顾问的意见。"

基于对先进管理经验的渴求以及对知识的尊重，个人生活一向节俭的任正非对于有助于促进公司管理进步的变革从来都不吝于投入重金。对于 IBM 这样一位世界级的老师，华为也付出了世界级的学费作代价。

"IBM 在我们公司推进管理变革的时候，每小时付给他们专家的费用是 300 美元到 680 美元，70 位专家就住在我们楼上办公 7 年，你算算我们付了多少钱啊。但是今天我们知道，付出的几十个亿推动了我们管理的进步，因此是值得的。"

为什么要花这么大代价聘请 IBM 的咨询师呢？任正非这样解释："沃尔玛的老板就是在买东西时给人付更多的钱，因为他同时向别人学习管理，所以沃尔玛现在发展成为世界上第二强企业。我们也是在向 IBM 买管理、买经验。"

而任正非对于 IBM 这位老师的信任和认同感也几乎是无以复加的。他甚至对员工说："IBM 专家都很敬业、很积极，他们对我们提供了巨大的帮助，我们是应该感谢的。华为公司如果以后站起来，更不要忘了这一段历史。"

2008 年 2 月，华为给为自己做了 10 年管理咨询的 IBM 咨询师们送行。由于长期密切地并肩作战，在送别现场，华为一位副总失声痛哭。尽管对 IBM 来说，这只是一个商业咨询项目，但对华为而言，却意味着脱胎换骨。

第四节　创新是华为文化的最好表达

著名经济学家熊彼特认为，企业精神的核心是创新，是进行创造性破坏，重新组合生产要素，重建生产体系。他对创新讲过一句名言：做新的工作或以新的方法做旧的工作。企业家在创新活动中表现出其特有的创新精神；表现出一种改变现状的强烈冲动和欲望；表现出一种不畏艰险、勇往直前的信念；表现出一种超出他人、扩张自我、实现理想的坚定信心；表现出对社会经济发展、人类进步的高度的责任感。

　　企业文化是一个有机的整体系统，它是企业文化体系共有的、共同的，因而具有明显的一体化倾向。在企业文化修炼过程中，必须对企业文化进行整合与创新。创新是企业文化的生命，是提升企业竞争力的关键之所在。正是因为高度的创新精神能为企业带来无限的发展空间和机会，进而促使企业家在市场经济的风口浪尖搏击，领导着企业持续不断地创新。

　　中国通信业发展30多年，取得了全球瞩目的成就，通信业的创新也走在了所有行业的前面。这个历程虽然充满艰险，典型案例有巨龙的消亡、凯明的轰然倒下，但也成就了像华为这类在国际通信舞台上长袖善舞、独领风骚的中国企业。

　　2008年国际金融危机爆发以来，很多国内外企业遇到订单不足、用工量下降、业绩下滑等逆境，但中国华为公司的销售额却实现逆势增长，2009年，华为合同销售额达302亿美元，比上年增长约30%。华为海外研发中心的专家认为，华为经营业绩逆势增长说明，金融危机的压力有可能促使创新能力强的企业取得更大发展，中国本土企业只有通过创新，才能在危机中立于不败之地。

　　30多年来，通过不懈地追求，华为对创新形成了自己独有的观点：其一，不创新是华为最大的风险，这个观点是对创新的肯定。因为华为的研发能力与国外同行相比差距很大，有人据此认为华为没有必要创新。其二，华为创新的动力来自客户的需求和竞争对手的优秀，同时也来自华为内部员工的奋斗。这个观点解决了华为创新动力来源的问题，为华为找到了开启创新之门的钥匙。其三，创新的内容主要在技术上和管理上。目前后者是关键。这个观点回答了华为要在什么地方创新。其四，在创新方式上，主张有重点，集中力量，各个击破；主张团队作战，不赞成个人英雄主义。这个观点解决了华为的创新方式。集中了华为的有限力量，为确保华为创新的成功提供了方法保障。也就是说，华为的企业文化创新性整合，不光是在企业文化内容实质性上的创新，而且非常注意在企业文化资源整合工作中表达形式的创新。

概念更新

作为一家高新技术企业，许多人一谈起创新马上会想到科技创新。不可否认，科技创新的确是一家技术企业发展的核心。科技创新虽然十分重要，是基础，是根本，但对于一家企业而言同样重要的还有经营管理创新、营销创新、企业文化的创新。有时后者比前者可能还重要，很多时候，一个金点子往往能够救活一家企业。

GE（通用电气）前任 CEO 杰克·韦尔奇曾经说过：不要等到需要的时候才改变。在华为，每个团队中的每个成员都会全力以赴地以最饱满昂扬的斗志完成自己的工作，因为他们不单单是华为的员工，他们还是华为的主人，华为的效益越好，他们的物质收入就越丰厚，并且华为在业界的地位越高，这些员工本身的价值自然也会有所提高。

塑造品牌个性

在同质化越来越严重的今天，人们通常会根据个性来认证一个产品或一家公司，因此，一个品牌的个性化设计将会使这个品牌深入人心。

华为在品牌的个性塑造方式上有自己的独特之处，在激烈的市场竞争中，企业品牌的个性要以产品以及服务的特征为基础，也就是产品和服务都必须要真正地具有创新性。

华为的技术就代表了先进性，华为始终坚持不断创新。截至2008年12月底，华为公司累计申请国内外专利35773件。世界知识产权组织（WIPO）2009年公布的数据再次印证了这一点：华为公司2008年《专利合作条约》申请数达到1737件，首次成为全球第一大国际专利申请公司。至此，华为公司已连续6年夺得中国企业专利申请数量第一，连续3年占据中国发明专利申请数量第一。

放弃小灵通而主攻3G的专业精神使得华为给中国的通信界带来了一场革命，它的目的就是能够在众多品牌中创出自己的特色。为鼓励创新，华为公司还会在每年颁发一些类似企业精神的奖项，奖励那些在研究和市场领域有突破性创新的员工。

许多成功品牌都会形成自己鲜明的广告风格，并且其所有的广告都会遵循这个风格，以使这个风格越来越清晰，越来越被广大顾客所接受。

设风险资本

较高的生产率很大程度上来自不断地创新，而创新必然意味着不断地出错，如果公司希望自己有明天，有希望，那么在创新的道路上允许员工犯错误，愿意交学费是必不可少的。

华为每年都会拿出营业额10%以上的资金用来进行技术研发，鼓励和允许自己的研究人员用一半时间做实验，用另一半时间做市场调查，使有发展前途的想法尽快地投入实际的生产中，产生实际的效益。

优化组织结构

创新是学问、是技术、是工作，但更是一种生活态度、一种人生观、一种生活勇气，创新无所不在。从理念创新到产品创新，从内部管理机制创新到客户服务创新，应该不间断地、积极地尝试。

现代企业最明显的特征莫过于专业化对员工和企业本身的深远影响，随着分工的越来越精细，这种影响也会愈发深远。

也就是说，一个成熟的组织必须要能够持续不断地创新，要能够打破传统的严格的部门分工界限，这样才能够使企业的员工时刻处于一种活跃的状态，使企业能够始终保持活力。

在华为企业内部，通过协作创造整合力量和放大效应，实现企业与员工价值共享。企业组织结构由"层级式"向"网络式"组织转化，与外部环境发生物质、能量、信息的交换和传递，形成一个开放的动态系统。开放的结果是增进交流，促进合作。华为与大学、研究机构广泛地合作，促进企业树立开放意识，采取开放战略，完善组织架构，充分地体现出一种创新文化。

美国著名商业杂志 *Fast Company*2010 年全球最具创新力公司的50 强评选中，Facebook（脸书）、亚马逊、苹果、谷歌、华为公司分别位列前 5 名，其中华为公司是首次位列这一名单当中。

"华为一大独特的创新战略就是立足于用户需求并快速制订客户化网络解决方案以创造最大的市场价值。对持续创新的长期投资是我们迎接挑战获取成功的秘诀。"华为全球市场副总裁曾这样表示。

华为在创新方面的最新表现如下：

——华为 2017 年年报显示：截至 2017 年 12 月 31 日，累计获得专利授权 74307 件，华为累计申请中国专利 64091 件，外国专利 48758 件，其中，90% 以上专利为发明专利。

——2017 年华为持续投入未来研发费用达 897 亿元人民币，同比增长 17.4%，近 10 年投入研发费用超过 3940 亿元人民币。

——2017 年，华为研发人员约 8 万名，占公司总人数 45%。

——华为创新研究计划已与全球 30 多个国家和地区的 400 多所研究机构及 900 多家企业开展创新合作；在 5G 算法、AI 技术、网络智能、纳米材料等前沿领域，多学科联合创新，技术创新突破驱动产业发展与商业成功。

——截至 2017 年底，华为加入了 360 多个标准组织、产业联盟和开源社区，积极参与和支持主流标准的制订，构建共赢的生态圈。面向云计算、NFV/SDN、5G 等新兴热点领域，与产业伙伴分工协作，推动产业持续良性发展。

——华为 2017 年销售收入在全球四大通信设备制造商中傲视群雄，2017 年全年实现销售收入 6036 亿元人民币，其中企业业务高速增长，强化云计算、大数据、企业园区、数据中心、物联网等领域的技术创新，推动新技术在各行业的广泛应用，2017 年华为企业业务实现了销售收入 549 亿元人民币，相比 2015 年翻了一番，197 家世界 500 强企业、45 家世界 100 强企业选择华为作为数字化转型的合作伙伴。华为 2018 年上半年实现销售收入 3257 亿元人民币，同比增长 15%。2018 年第二季度，华为智能手机全球市场份额跃升至 15.8%，首次成为全球第二大智能手机厂商。

只有开放包容、与时俱进、持续创新的企业文化，才能在不断变化的商业世界中应对各种未知的变化，确保企业在残酷的商业竞争中立于不败之地。正因为坚持了开放和创新，才有了今天一骑绝尘的华为。华为用 30 年的创新实践告诉我们：有创新，才会有创造；有创造，才会有未来！

参考书目

[1] 陈广.华为的企业文化:第3版[M].深圳:海天出版社,2012.

[2] 杰克•韦尔奇,苏茜•韦尔奇.赢[M].余江,玉书,译.北京:中信出版社,2005.

[3] 田涛,吴春波.下一个倒下的会不会是华为:故事、哲学与华为的兴衰逻辑[M].北京:中信出版社,2015.

[4] 陈春花.从理念到行为习惯:企业文化管理[M].北京:机械工业出版社,2011.

[5] 陈明.华为如何有效激励人才[J].商业财经,2006.

[6] 郄永忠,李夏.华为出海[J].经济导刊,2004.

[7] 郄永忠.华为出海之后……[J].企业管理,2005.

[8] 若然.激励规范关怀——谈新外派补助制度[J].华为人,2008.

[9] 庄文静.华为:如何让新员工融入"狼群"[J].中外管理,2014.

[10] 杜丽敏.华为大学,培训有"道"[J].学习型中国杂志,2013.

[11] 吴春波.华为的文化是考核出来的,不是弘扬出来的[J].中国企业家,2015.

[12] 华为中兴高薪抢人:华为本科生起薪9000元[N].新快报,2013.

[13] 吴春波.企业文化的核心是绩效文化[OL].华夏基石e洞察,2015.

[14] 黄卫伟.以客户为中心[M].北京:中信出版社,2016.

[15] 周留征.华为创新[M].北京:机械工业出版社,2018.

◖ 后记

进入 21世纪以来，全球科技创新进入空前密集活跃的时期，新一轮科技革命和产业变革正在重构全球创新版图、重塑全球经济结构。科学技术从来没有像今天这样深刻影响着国家前途命运，从来没有像今天这样深刻影响着人民的生活福祉。习近平总书记反复强调，要充分认识创新是第一动力，提供高质量科技供给，着力支撑现代化经济体系建设。

在这样一个时代背景下，广大企业纷纷重视研发创新，华为三十年来在研发战略、研发流程、研发风险管理、研发团队管理等方面积累了丰富的经验，值得广大企业学习和借鉴。可以说，创新意识是华为成功的基石。任正非把创新看作是企业的灵魂，创新是使企业产生核心竞争力和保持企业核心竞争优势的至关重要的因素。

在《华为之企业文化》写作过程中，作者查阅、参考了与华为和任正非有关的大量文献作品，并从中得到了不少启悟，也借鉴了许多非常有价值的观点及案例。但由于资料来源广泛，兼时间仓促，部分资料未能（正确）注明来源及联系版权拥有者并支付稿酬，希望相关版权拥有者见到本声明后及时与我们联系（zkjhwh2016@163.com），我们都将按国家有关规定向版权拥有者支付稿酬。在此，表示深深的歉意与感谢。

由于写作者水平有限，书中存在不足之处在所难免，诚请广大读者指正。同时，为了给读者奉献较好的作品，本书在写作过程中的资料搜集、查阅、检索与整理的工作量巨大，得到了许多人的热心支持与帮助，在此对他们的辛勤劳动与精益求精的敬业精神表示衷心感谢。